形而上学的欲望

列维纳斯《总体与无限》笔记

邱晓林 著

总体不无限，无限不总体

四川大学出版社
SICHUAN UNIVERSITY PRESS

图书在版编目（CIP）数据

形而上学的欲望：列维纳斯《总体与无限》笔记 /
邱晓林著 . — 成都：四川大学出版社，2023.3
　ISBN 978-7-5690-6044-7

Ⅰ . ①形… Ⅱ . ①邱… Ⅲ . ①列维纳斯 (Levinas,
Emmanuel 1905-1995) —哲学思想—研究 Ⅳ . ① B565.59

中国国家版本馆 CIP 数据核字 (2023) 第 050369 号

书　　名：形而上学的欲望：列维纳斯《总体与无限》笔记
　　　　　Xing'ershangxue de Yuwang: Lieweinasi《Zongti yu Wuxian》Biji
著　　者：邱晓林

选题策划：黄蕴婷
责任编辑：黄蕴婷
责任校对：罗永平　毛张琳
装帧设计：胜翔设计
责任印制：王　炜

出版发行：四川大学出版社有限责任公司
　　　　　地址：成都市一环路南一段 24 号（610065）
　　　　　电话：（028）85408311（发行部）、85400276（总编室）
　　　　　电子邮箱：scupress@vip.163.com
　　　　　网址：https://press.scu.edu.cn
印前制作：四川胜翔数码印务设计有限公司
印刷装订：四川盛图彩色印刷有限公司

成品尺寸：152mm×230mm
印　　张：21.5
插　　页：2
字　　数：253 千字

版　　次：2023 年 4 月　第 1 版
印　　次：2023 年 4 月　第 1 次印刷
定　　价：82.00 元

本社图书如有印装质量问题，请联系发行部调换

扫码获取数字资源

四川大学出版社
微信公众号

序　言

写这个小序，主要是想说说为什么写这样一本书，以及为什么这样写。

对列维纳斯的兴趣，源于读到他的早期著作《从存在到存在者》。我虽不懂法文，不知翻译是否准确，但觉得吴惠仪的译文非常漂亮，其修辞魅力似不亚于陈嘉映版的《存在与时间》，读起来相当过瘾。在新冠疫情第一年的研究生线上课上，我选了这本书和同学们一起学习，分五次学完，每次由一个同学先做报告，然后我再就相关内容讲一遍我的理解，并跟大家一起讨论。这个工作算是解了我的一个心结，也就是把我喜欢的这本小书从头到尾地捋一遍。

之后自然就读到了朱刚先生译的《总体与无限》，译文同样非常讲究，至于内容，我拿它跟英文版做过一些比对，发现几乎没有什么出入。然而，这本书读起来的难度明显高于上面提到的那本小书。我找了朱刚先生研究列维纳斯的专著《多元与无端》来看，特别阅读了其中有关《总体与无限》的部分，可谓受益匪浅。朱刚先生的表述清晰易懂，让我对列氏哲学的问题意识和整体架构有了大致的了解，尤其对《总体与无限》

这本书在列氏哲学中的位置和重要性有了更好的认识。可以说，如果不打算阅读列氏的原著，又想知道列氏说了些什么，朱刚先生的书是个可靠的捷径。而且我建议，如果打算读我的这个笔记，除了最好先看列氏的原文，还可以参看朱刚先生的书，以免被我的絮叨带入比列氏原著更深的迷雾之中。当然，如果想看难度大一点的，可以选择德里达那篇研究《总体与无限》的长文。[①] 同时，我也推荐本书读者先行阅读所罗门·马尔卡撰写的《列维纳斯传》，通过传记了解列氏的命运轨迹和思想演变，尤其是他与海德格尔哲学的矛盾关系。[②]

写作此书的具体缘由在于，我读过朱刚先生以及其他一些学者的研究之后，发现我虽然可以读懂这些研究，但当我重新阅读列氏本人的著作时仍有很多地方不知所云。想必大多数哲学读者也有类似的困扰。所以我就想，有没有可能，就像我带着学生一起读《从存在到存在者》一样，把《总体与无限》也捋上一遍。但这一回，只能我一个人来干这件事了，因为这么厚的一本书不太适合在课堂上细读。有了这个念头，我就试着写了两章的笔记，又恰逢一笔可资利用的出版经费，所以就跟川大出版社签了出版合同。但此后的写作并不顺利。主要是因为写法，我原打算每读完一节就合上书本，尽可能用自己的话把我的理解写下来，但随着难点越来越多，我发现这样的写法难以为继；另一方面，我感觉这样写下来恐怕又会造成新的问

---

① 参〔法〕雅克·德里达：《暴力与形而上学论埃马纽埃尔·勒维纳斯的思想》，载《书写与差异》（上册），张宁译，北京：生活·读书·新知三联书店，2001年。

② 参〔法〕所罗门·马尔卡：《列维纳斯传》，公维敏译，桂林：广西师范大学出版社，2022年。

题，即就算别人读懂了我的理解，却仍然读不懂列氏的原文。所以现在的稿子差不多只保留了针对"前言"部分的自由领会尝试，而从第一章开始就结合列氏本人的关键表述来谈自己的理解。读者可以看到，有时我会针对列氏的一句话做很多阐释，而有时虽然引用了不少话，但阐释只是点到为止。当然，被我漏掉的句子更多，所以本书完全谈不上所谓句读，只是基本做到了在思路上逐段理解而已。另外需要特别说明的是，第三部分因为写起来太过艰难（跟一时状态有关），我就采取了先跟老婆讲一遍，然后再据录音做文字整理的方式。想必读者可以感受到这一部分的风格有所不同，至于是不是更好（或更差）我就不知道了。

这样的写作一方面困难重重，另一方面也常常让我产生自我怀疑：写这样的东西真的有什么价值吗？看看这些年窗外发生的种种事情，虚无感愈益深重。可以说，要是没有合同的约束，这本书十有八九是泡汤了。现在书稿虽已交给出版社，但这样的疑问仍然没有消除。如果一定要说服自己并说服读者来读的话，我恐怕只能这样说：思想的魅力不在于结论而在于过程，而且再伟大的思想，其主要意义似乎也只是一场头脑风暴，指望用它去改变世界，效果往往适得其反。

本书自谓笔记，读者看过就知道，绝非我自谦，因为真的就是一个笔记，随章随节记录理解，不做额外提炼。这样一种生吃硬读的解法，几乎没有参考相关学者的研究，也较少联系列氏的其他著作进行阐释，原因很简单，就是要做到这些的话，估计再过两年也交不了稿。这一点必须如实相告。

其他似乎没什么好说的了。最后还是要特别感谢这本书的责编黄蕴婷女士，这是我经她手出的第四本书了，差不多三年前，签过出版合同之后，她就去买了《总体与无限》来读，并且真的完整地读了一遍。世上还有这么负责的编辑吗？恐怕难找。希望我的写作没有辜负她的这股子认真劲儿。

邱晓林
2022 年初冬于川大与文里

目　录

目
录

前　言

前言中的几个核心词汇是：战争，伦理，总体性，无限性，主体性，外在性，相即性，不相即性。

总体来说要表达这样一个意思：这本书要探讨的是一种对于无限的意识，一种不同于一般主体性的主体性。一般主体性乃是一种同一性意识，即在意识与意识相关项的关系中产生的主体性。在此种主体性中，主体所认识的东西，本身就在主体性之中，故所谓认识不过是一种反顾而已。此即康德哲学的含义，所谓哥白尼式的革命。总体由此主体性产生。总体是一个封闭的圆，其内各因素环环相扣，各因素也在此环环相扣中获取其意义，而其单独本身则无意义可言，不过是一种抽象而已。黑格尔哲学是此总体思想的经典表达，所谓辩证法，即部分纳入整体之法，是其要义。黑格尔说，主体本身就是整体，明晓其义，则知总体乃由主体产生也。这一切都是传统形而上学的东西。然而战争摧毁了这一切。列氏认为，在战争中，和平状态下的同一性幻象燃烧起来了，在不可逃避的客观秩序中，原先内在于同一性之中的诸存在者无不变身为异己者，在战争的黑色光芒下，这些异己者回归同一性之途已被斩断。

与传统形而上学不同，列氏认为并非所有意识都有与传统主体性意识相连的意识相关项，比如无限的观念。无限与总体相对，总体不无限，无限不总体。但对非总体的无限之观念何以可能呢？列维纳斯解释为一种"溢出"，其义为对传统主体性意识同一性的超越。按一般传统形而上学的思路，超越是不可能的，即内在不可超越，但列维纳斯似乎通过回溯到一种朴素的外在性信仰来解决这个问题，并将其上升到一种伦理的高度。朴素的外在性信仰，即客体的优先性，从常识上容易理解，在哲学上反倒说不清了。

有意思的是，列维纳斯将此信仰称为"好客"。这个词用得精彩。传统形而上学思想显然是不好客的。这个好客，指的是对陌生性、异己性的接纳，这说起来容易，但做起来很难。霍克海默、阿多诺曾把启蒙的根本目标归结为"使人们摆脱恐惧，树立自主"①。何来恐惧？其实就是对陌生性、异己性的恐惧。全部传统形而上学做的事情就是消除世界的陌生性、异己性。甚至可以说，全部技术行为（包括思想）所做的都是这件事情，全部文明所做的都是这件事情。由此可知，要反其道而行之是何等艰难。海德格尔后期做了一些工作，即他所谓解蔽之思。但列维纳斯对海氏也并不认可，在他看来，这个解蔽也还是陷于传统的主体性之中。按我的理解，说解蔽某物，自然对某物就了然于胸了。列维纳斯不满海氏的地方可能即在于此。或许在他看来，我们不能这么自负，相反，我们只能对他

---

① 〔德〕霍克海默、阿多诺：《启蒙辩证法——哲学断片》，渠敬东、曹卫东译，上海：上海人民出版社，2006年，页1。

者的"溢出"于"我思"的存在保持某种意识，即"不相即"的意识，它相对于传统形而上学总是"相即"的意识，在这种意识中，海氏所谓自然之阴森才真正得以保留。

列氏的现象学不同于胡塞尔的现象学，但他仍从胡塞尔的现象学中得到启示。这个启示来源于胡氏所谓"境域"的思想。胡氏虽然专注于对意识内在的厘清，但列氏认为是意识所处之境域才使得其关于意识内在的概念得以可能。列氏认为重要的不是胡塞尔是否把这个境域再次解释为瞄向对象的概念，而是这个概念所包含的他所谓"溢出"的思想。

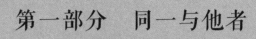

第一部分　同一与他者

第一章　形而上学与超越

第一节　对不可见者的欲望

这一节的关键词是"欲望"和"形而上学"。它们之间的关系是，形而上学乃对不可见者的欲望。中心意思很简单，但列维纳斯回环往复地述说，像是作诗，颇有催眠效果。重要的是区分一般意义上的欲望和所谓不可见的欲望。列氏认为就一般性欲望中的被欲望者而言，"它们的他异性就被吸收在我的同一性中，思考者或占有者的同一性中。形而上学的欲望则趋向完全别样的事物，趋向绝对他者"①。列氏还有一个有意思的说法，一般性欲望本质是一种怀乡病，是对曾经丧失之物的欲望，但"形而上学的欲望并不渴望返回，因为它是对一块我们根本不是在其中诞生的土地的欲望"。不可见的欲望之欲望和被欲望者之间的关系，是"其肯定性来自于疏离和分离"。

---

① 〔法〕伊曼纽尔·列维纳斯：《总体与无限：论外在性》，朱刚译，北京：北京大学出版社，2016年，页4。以下凡引该书只在文中标注页码，页码相同处承前省略。

其意是说，正因为疏离和不可相即，才会有欲望。然而，这欲望又是盲目的，因为它根本不知可欲望者为何物。这可能是一般性欲望和形而上欲望之间最大的差别，即在后者那里，被欲望者并不可见。不过，不可见并不意味着没有关联，不相即也不意味着单纯的否定，而是"欲望的过度"。也可以说是对一般性欲望的"溢出"，即列氏所谓"形而上学欲望着满足之彼岸的他者"（页5）。

还有一个值得重点关注的关键词在这里出现了，即"他人"。列氏以"他人"来说明形而上学欲望所趋向的他异性，所谓"至高者的他异性"。

第二节　总体的破裂

此一节至为关键。列氏意在表述一种关于绝对他者的哲学，即所谓论外在性的哲学，故须对其对立面，即同一性或总体性的哲学进行清算。它们之间的关系正如列氏所言，关于绝对他者的哲学，源于"总体的破碎"。

可以说，要对哲学具有起码的敏感，就要对同一性和总体性思想有所理解。有一个关键点，即同一性不是单纯的自我等同，所谓A＝A。在传统形而上学中，既有自我，也有他者，这个他者不只是指一般异于自我的他者，还指自我在自身之中意识到的他者，即所谓"令人惊异的自我"。然而这个他者和列氏形而上学中的他者是完全不同的，在传统形而上学中，这个他者和自我其实共处于一个关系之中，它们之间的关系是可逆的，所谓总体，也就是指这个关系系统，而同一性也就是指该系统中各因素的相互可逆性。这方面仍然以黑格尔的哲学为其经典表达。

有意思的是，列氏较为明显地吸收了海德格尔的"在世界之中存在"的思想，以此来说明在传统形而上学的总体中自我和他者的关系形态："自我反对世界的'他者'的方式，就在于逗留，在于通过在世界之中的居家的实存而自身同一化。在世界之中，自我乍一看是他者，但其实是本土性的。它是这种变异的转向本身。它在世界之中找到一块位置，一个居所。"（页 8）而在说明这种居所之义时，也可以看到海氏的"去远与定向"之思。①

但列氏并不否定自我，正如他所说，"他异性只有从自我出发才有可能"（页 11）；那么，尖锐的问题就在于，"作为自我主义而产生的同一，如何能够进入与他者的关系之中而又不立即剥夺他者的他异性？这种关联的本性究竟怎样？"（页 9）

关键是，在关于绝对他者的形而上学中，虽然自我的位置仍不可或缺，但他者却不再成为自我的表象。尤其是，列氏至为关注的论题，即他人，不能成为自我的表象，也就是说，不能与自我同一："绝对他者，这就是他人。后者并不与我构成一组数字。我在其中说'你'或'我们'的集体并不是'我'的复数。我、你，这些并不是一个共同概念下的个体。"（页 10）总之，自我不能将自己的权能施于他者，尤其是他人身上。

---

① 参〔德〕马丁·海德格尔：《存在与时间》，陈嘉映、王庆节译，熊伟校，北京：生活·读书·新知三联书店，1987 年，第二章和第三章，特别参见页 65—74、130—136。

此节结尾部分出现了一个至关重要的思想，即关于语言的论述。这是要回答前面提出的那个尖锐的问题，即自我仍要保留，但如何进入他者又不损伤他者的他异性？这何以可能？列氏的回答是诉诸"语言"："同一与他者的关联——我们似乎把一些如此特别的条件强加其上——是语言。"这个回答不得不说令人吃惊，因为，语言，不正是同一性的利器吗？总体之关系系统不正是通过语言才得以可能吗？然而，列氏点出了语言作为一个文化事实的核心："话语，在自我与他人之间维系一种距离、一种根本的分离，这种分离阻止总体的重构，并在超越之中被宣称出来。"（页11）是啊，如果没有对绝对他者（人）这个绝对事实，话语还有什么意义呢？说话，总是对他者说话，语言，也是在和他者的关系中产生出来的，这个事实本身就是对同一性自我的超越。

列氏以此金句作结此节："并不是我在拒绝体系，如克尔凯郭尔认为的那样，而是他者在拒绝。"

第三节　超越不是否定

正如标题所示，该节的关键词是"越越"和"否定"。与之相关的是，否定（和肯定）是同一性哲学的范畴，而超越则是非同一性哲学即列氏形而上学的范畴。辨析二者之间的不同，旨在进一步说明列氏形而上学。

与第二节相关，因为自我不是单纯重复，而是"在世界之中展开"，其展开的方式之一就是否定，而被其否定者却也构成其内涵："抵抗仍然内在于同一。否定与被否定者一起出现，它们构成一个系统，就是说，构成总体。"（页 12）生活在别处，但别处同样属于世界。

从否定中导引不出绝对他者的他异性。列氏将绝对他者之他异性的呈现称为完美，而此种完美却不能经由对不完美的否定而得出。这个完美超出了概念把握，它指示着对自我和绝对他者之间的无限距离的跨越。完美即向绝对他者的超越：

> 超越指示着一种与实在的关系，这种实在和我的实在无限遥远，然而这种距离又没有摧毁这种关系，这种关系也没有摧毁这种距离，一如同一的内部关系所发生的那样；这种关系也没有变成一种向他者中的移入和与他者的混合，没有损害同一的同一性本身、没有损害它的自我性；这种关系也没有让申辩沉默，没有变成背弃和忘我。（页 13）

毫无疑问，这段文字将是整本著作的核心，可谓文眼。列氏把上述段落中所描述的关系称为形而上学的。

第四节　形而上学先于存在论

首先一个关键词是"理论"，再一个关键词是"中介"。

有两种理论，存在论的理论和形而上学的理论。在存在论的理论中，进行认识的存在者（此在）把被认识的存在者吃掉，同一化，促进和加强的不过是前者的自由，而牺牲掉的则是后者的他异性，用列氏的话说："在这里，理论进入了这样

一条道路：这条道路放弃了形而上学的欲望，放弃了这种欲望赖以存活的外在性的奇迹。"（页 14）

注意一个非常重要的论述，即在存在论的理论中，同一性实现的机制，是通过中介，或第三方即概念来运作的。概念起到的作用就是把个别性归并到一般物中（黑格尔在《精神现象学》里对此有精辟的论述[①]）。列氏认为，"西方哲学在大多数情况下是存在论：通过置入一个对存在的理解进行确保的中间项和中立项而把他者还原为同一"（页 15）。与此相对，在形而上学的理论中，"进行认识的存在者让被认识的存在者显示自身，同时尊重它的他异性，并且无论如何，没有以这种知识关系来标记被认识的存在者"（页 14）。正是在这个意义上，"他人"这个特别的绝对他者在这一节里又出现了。他人的绝对他异性，相对于自我的不可还原性，被作为一种伦理提了出来。

像尼采一样，苏格拉底作为一个同一性哲学家也被列氏注意到了。这里再次强调了同一性的自由不是单纯意志的任意的自发性，而是自我借助于中介对他者的穿透，掏空，收纳。"存在论上的认识，就是在所遇到的存在者中突然发现这样一种事物：因了这种事物，所遇到的存在者就不再是那个存在者、这个陌生者"（页 15）。据此，列氏提到了一个核心词，即"光"，也就是理性之光，而"照亮，就是去除存在者的抵抗"。可以看出，列氏的着眼点和尼采是一样的。列氏关注的

---

① 参〔德〕黑格尔：《精神现象学》（上卷），贺麟、王玖兴译，北京：商务印书馆，1979 年，页 74—87。

是苏格拉底式思维对存在者之他异性的剿灭，而尼采痛惜的则是理性的日神之光对酒神精神的阉割。

贝克莱的哲学也被列氏视为典型的存在论，即把他者等同于感受体验："他在那让事物最大限度地远离我们的性质中辨认出了它们的被体验的本质"（页16）。

现象学是最根本意义上的存在论，列氏称之为"存在论的帝国主义"。现象学也诉诸中介，即"存在者的存在"，也就是海德格尔所谓的此在。此在的先行筹划规定了世内诸存在者展开的"境域"，在此境域中，诸存在者方可理解和把握，方与此在相勾连，建立所谓因缘之联络。列氏认为："对于现象学来说，境域所担当的角色与古典观念论中的概念相当；存在者从一个越出它的基底中浮现出来，一如个体从概念中浮现出来一样……《存在与时间》或许只支持着一个论断：存在与对存在的理解（它展开为时间）不可分割，存在已经是对主体性的诉求。"

列氏把海氏存在优先于存在者的思想推论到人与人的关系上，认为由此出发，自由就将优先于正义，在此，自由的含义是指"在他者中间保持同一的方式"（页17）。海氏后期的思想也不为列氏所认同，因为虽然海氏最终的自由不是指人相对于他人的自由，而是指对存在的顺从，但只要在说顺从，那就必然有对顺从者的吞噬："在揭露出人的技术权力的统治的同时，海德格尔也颂扬着占有的前技术的权力。""海德格尔的这种存在论仍处于对匿名者的服从中，并且不可避免地导致另外一种强力，导致帝国主义式的统治，导致专制。"（页18）在此，列氏表达了他对于"国家共同体"的看法，即认为在这样的共同体中，尊重不可还原的他人的伦理不过是一种意见而已。

与存在论的取向不同，列氏本著的目标是对他者或正义的考虑："具体说来，我们的努力在于：在匿名的共同体中保持自我与他人的社会关联——语言与善良。"（页19）注意，这里再次提到了语言。为什么？因为，"这个'向他人说'——这种与作为对话者的他人的关系，与一个存在者的关系——先于任何存在论。它是存在中的最终的关系，存在论预设了形而上学"（页20）。

第五节　作为无限观念的超越

这一部分一开始的关键词是"分离"。唯有意识到自我和他者的分离，才有列氏所谓形而上学的超越。在存在论理论中，进行认识的存在者恰恰是忘我的，这意思是说，没有意识到自我和他者的分别，才有肆无忌惮的同一化扩张。

列氏形而上学则奠基于分离。此一分离可由"表象"的优先权唤起。按我的理解，就是让自我意识到有不同于自我之物，虽然在传统理论中这一表象常常被视为主体同一的产物。在此意义上，列氏又肯定了苏格拉底，因为苏格拉底肯定知识获取的艰难进程，而且拒绝那种关于和神灵结合的虚假的唯灵论，而是把此种结合视为逃离。笛卡尔也受到了肯定，因为他确立了明见性的两端，即自我和上帝，没有将它们混为一谈。在此种分离的前提下，哲学的超越不同于宗教的超越，在后者那里，超越所向的存在者对向之超越的存在者施加暴力，并将其收纳。

在不同于宗教超越的哲学超越中所形成的是这样一种关系，在其中，同一与他者的关联未被切断，但二者之间的纽带又没有把它们统一在一个全体之中。这个思想在前面也已经提到过了。但这究竟是一种什么样的关系呢？列氏以所谓"无限观念"说明之。无限观念和一般观念的区分是，在一般观念中，我们当然也知道观念与被赋观念者之间的距离、不同、差异，等等，但并没有悬置两者（客观与形式）之间相符或等同的可能性；然而在无限观念中，观念与被赋观念者（即无限）不仅仅是不同，而是后者永远超出前者，正是这个永远无法克服的距离构成了无限本身的内容。无限即绝对他者，它永远地远离其观念，在这个意义上，它无法成为一个思考对象。

列氏认为亚里士多德的"能动理智"理论以及柏拉图反对"神志清醒"之人的思想的观点，都证明了一种其所观念化者溢出思想之能力所及的观念的出现。在此意义上，列氏认为柏拉图所谓的"迷狂"，并非一种非理性，而是如柏氏所说，只是一种"本质上神圣的、与习俗和惯例的分离"，或如列氏本人所说，"内在思想的终结，是对新事物和对本体的真正经验的开始——而这已经是欲望"（页22）。

但问题是，一个有限者拥有对无限者的观念，这不是矛盾的吗？通过一个有限者谈论无限，不会让无限相对化和降格吗？这是和笛卡尔哲学相关的话题。列氏认为，应该把这样的矛盾看成是纯粹抽象和形式的，而"外在存在者的绝对外在性并不由于它的显示而完全丧失；它从它出现于其中的关系那里'解脱'出来"。

但单纯形式化的分析还不够，"陌生者的无限距离仍然应当得到描述"。与此相关的是两个构成一组的关键词，即"欲望"和"善良"。这两个词在前面已经出现过了，在此重提，目的是说明无限观念的去形式化或具体化问题。有限中的无限观念由欲望产生出来，但此欲望"不是作为对可欲者的占有所能满足的欲望，而是作为对无限的欲望，可欲者激起而非满足这种欲望。这是完全无利害的欲望——善良"（页22-23）。由此，"欲望和善良预设了一种关系：在这种关系中，可欲望者中止了在同一中起作用的自我的'否定性'，中止了权能和控制"（页23）。

接下来是几个至关重要的关键词，即"他人""面容""话语"。它们之间的关系是："他人的面容在任何时候都摧毁和溢出它留给我的可塑的形象，摧毁和溢出与我相称的、与其ideatum（所观念化者）相称的观念——相即的观念。它并不是通过那些性质显示自身，而是καυ'αὐτό（据其自身）显示自身。它自行表达（s'exprime）"；而"在话语中接近他人，就是欢迎他的表达：在这种表达中，他人每时每刻都溢出思想会从此表达中引进的观念"。在这个意义上，接受他人亦即接受无限，因为他人乃自我能力所及之外，故此，接受他人也就是被"教导"。这个"教导"不同于苏格拉底的"助产术"。后者似乎只是让本有但隐而不显的东西彰显出来，但教导是"那种破门而入的、绝对外在的能动的理智"。

面容，无限，外在性，这些概念引向的是一种先于自我的意义概念，"它意味着相对于存在而言，存在者在哲学上具有优先性"（页24）。最终，它们想实现的是一种面对面的哲学，而不是接触或相即的哲学。

这些思想的现实关怀落脚于伦理学层面的对他人的思考："历史不会是摆脱了各种视角之特殊主义（反思仍会带有它的缺陷）的存在显示自身的优先平台。如果它要求在一种非人格的精神中整合自我与他者，那么这种被要求的整合就是粗暴的和非正义的，就是说，忽视了他人。"

第二章　分离与话语

第一节　非神论或意志

　　所谓非神论或意志，其实就是对分离的同一性的另一种说法，所以本节一上来就探讨使无限观念或形而上学欲望得以成立的分离观念。所谓分离，指的是（自我）同一与他者的分离。分离的两端不构成对立，不然它们就会成为辩证法的正题和反题，就有待含括它们二者的总体对它们做合题式的弥合。所以，分离拒绝辩证法。正如他者不是自我的相关物、对应物，自我也不是他者的相关物、对应物。列氏认为这涉及一种道德经验，即"我准许对我自己要求的东西，不能与我有权对他人要求的东西相比"（页 27）。此外，在自我和他人之间，不能构想一个能够将二者同一化的总体。唯其如此，导向社会经验的交互主体性才有可能。所以在真正的交互主体性中，双方既不为对方所同化，也不能为一个囊括他们的总体所同化，或者用列氏后文的说法，不能在他们之外有一个全景的视角。

　　对于形而上学欲望及与其相关的道德经验而言，分离是如此的不可或缺，那么它是如何实现的呢？列氏说："同一的分离以内在生活和心灵现象（psychisme）的形式产生。"内在生活或心灵现象之所以是分离产生的形式，是因为在列氏看来它是存在中的事件，而并非对于存在的反映，"它已经是存在的一种方式，是对总体的抵抗"。关键表述就是这个"对总体的抵抗"，它是心灵现象作为分离形式的本质所在。

列氏以笛卡尔哲学中的我思为例对这样的心灵现象做具体分析。列氏说，"我思证明着分离"。凭什么这么说呢？这里有一个关键点，即上帝作为我思明见性的基础。这个说法听起来很奇怪，因为上帝作为一种超越性的存在似乎与我思的理性水火不容，所以它怎么可能成为我思明见性的基础呢？但我们都知道，笛卡尔的确以他的方式证明了上帝的存在。其证明路径是这样的：我虽有限，却拥有无限的上帝观念，根据原因中的现实性与结果中的现实性相等的原则，除非上帝存在，否则我不可能有关于上帝的观念。列氏把笛卡尔的这个证明过程称为逻辑秩序，亦即从结果推导原因。对于这样的证明方式，有人认为其不过是笛卡尔在宗教权威时代的一种妥协，所以并不当回事，但列氏却非常看重笛卡尔的这个思想。他说："人们通过存在者的结果来思考或认识存在者的原因，似乎它后于它的结果。人们轻率地谈论着这种'似乎'的可能性，它可能只暗示着幻觉。然而，这种幻觉并不是没有根据的，相反，它构成了一种肯定的事件。"肯定什么呢？其实就是肯定原因先于结果的实在性。在这个意义上，它意味着一种不同于逻辑秩序的时间秩序，也就是时间的先后次序，其意是说，存在者是从别处来到这里的，亦即"把它维系在与它自身的一定距离之外"。

或者说，在我思之前，上帝已经存在了，但不是在我思及它的意义上存在，而是自在。这便是"我思证明着分离"的缘由。

我思作为心灵现象亦即分离形式的关键在于，它一方面有一种从时间之链中解放出来的自由，另一方面又发现了与其分离的原因或支撑（上帝），这便是以下这段话的含义："哪怕只是在一个瞬间，在一个我思的空间。如果能有这样一个完全年轻的瞬间，一个既不担忧滑入过去、也不在乎于未来中重新掌握自己（为了我思的自我能悬挂在绝对上，这种拔根是必要的）的瞬间；总之，如果有时间的秩序或者距离本身——那么这整个就构成了形而上学者与形而上者之间的存在论上的分离。"（页 28）"年轻的瞬间"这个说法形象而准确，年轻人嘛，能够没心没肺地享受当下，毫无瞻前顾后的优柔寡断。另外注意"形而上学者与形而上者"这个说法，按我的理解，指的就是我思和上帝，或普泛地说，就是分离的存在者及其超越所向的绝对他者。

从以上对我思作为分离形式的分析可以看出，抵抗总体性的关键就在于心灵现象的内在性，这就是接下来大谈特谈内在性的原因。"生命让这样的存在者持守于自身，允许它休假，让它延期，而这恰恰就是内在性。"这话说得感性而漂亮，被"996"工作制捆绑的现代人即便从未接触过哲学也知道它在讲什么，说白了，内在性就是摆脱整体性、系统性的自治，它要"休假"，它要"延期"，它要脱离束缚而成为自己。为此，它必须挣脱列氏所谓"普遍历史的时间"，因为"普遍历史的时间一直是存在论式的基础，特殊的存在者们消失其间，被列入其中，至少，它们的本质被综括其中"。但问题是怎么挣脱呢？

这就涉及对诞生和死亡的全新理解。

世人常用生老病死概括人的一生，把从生到死的过程理解为一个线性的整体，而居于两端的生与死则被视为这一整体的开端和终结。列氏完全反对这样的理解。他认为这种理解就是把生与死作为点状的瞬间纳入普遍历史的时间之中，而其实质则是否定内在性的可能性。为什么这样讲呢？"内在性是诞生与死亡的可能性本身，而诞生与死亡无法从历史中汲取它们的意义。内在性创建了一种不同于历史时间的秩序；在历史时间中，总体得以构建；而在内在性创建的秩序中，一切都悬而未决（pendant），那历史地看不再可能的东西在它之中也总是可能的。"（页29）在这里我们看到，内在性如何挣脱普遍历史时间之束缚的问题，转化成了如何让诞生与死亡挣脱普遍历史时间之收编的问题。如何做到？首先，关于死亡，列氏认为我们不能将其作为一个终结归入存在者的总体之中，事实上这也绝无可能。我们都知道列氏反对海德格尔的向死而生的观念，其原因就在于他认为我们根本不可能遭遇死亡，所以死亡不在此在的筹划之列，它"是一个绝对的事件，绝对后天的事件，它不承受任何权能，甚至不承受否定"（页30），也正是在这个意义上，它不可能成为此在的终结。但不把死亡视为此在的终结究竟意味着什么呢？其实就是因此而获得一种摆脱存在之整体向度的属己的"悬而未决"的可能性，亦即内在的可能性。这就是死亡和内在性的关系，同时也就是它和诞生的关系，因为内在性就是诞生。

列氏说："一个必定源自虚无的、分离的存在者的诞生，那绝对的开端，从历史上看乃是一个悖谬的事件。同样，行动源出于意志，后者在历史的连续性中、在任何时刻，都标志着一个新的本原点。这些悖论都被心灵现象克服了。"（页29）这段话是需要好好阐释的。什么叫作"一个必定源自虚无的、分离的存在者的诞生"？什么叫作"绝对的开端"？为什么可以这样讲？如前所述，分离的存在者其实是有来处的，那怎么可以说它源自虚无，甚至是绝对的开端？这里的虚无和绝对的开端，和一般意义上的虚无和绝对的开端是不一样的。关键是理解这样一个观念：既有来处，但又绝对自持。其实这就是页32所讲的非神论的含义："这种分离是如此彻底，以致分离的存在者在实存中完全独立地维持着自身而并不参与到它被从中分离出来的那种存在——它或许能够通过信仰加入这种存在；我们可以把这种分离称为非神论。"或者用列氏更为形象的话来说就是，"我们在上帝外面生活，我们与自己在一起"。有来处，但又绝对自持，这才是分离同时也是诞生的完整的含义。此处是说明我们和上帝的关系，但它同样适用于诞生和死亡的关系，以及列氏在第四部分要大谈特谈的父子关系。

所以我们看到，诞生乃是一个逃脱总体的内在性事件，所谓"我们在上帝外面生活"，也正是在这个意义上，"从历史上看乃是一个悖谬的事件"，因为一方面在延伸，但另一方面却不是连续性和整体性的，这看起来就是一个悖论。领会了这个含义，上引页29那段话的后半段就不难理解了。要说明一下的就是"意志"这个概念，页32—33是这样解释的："我们把以下述方式受制约的存在者称为意志：这种存在者并非causa sui，相对于其原因来说，它是第一者。心灵现象就是这种存在者的可能性。"这个解释很清楚，其实也就是我们上文所说的既有来处（并非自因）但又绝对自持的意思。

如上所述，我们看到诞生与死亡均属于内在性的维度，而内在性之所以必要，是因为只有借助内在性，我们才有无限观念的产生，才能够抵抗历史的总体化。列氏说："心灵生活并不在历史中展开。内在生活的非连续性中断了历史时间。对于存在理解来说，历史首要性的论断构成了这样一个选择，在这一选择中，内在性被牺牲掉了。（我们）当前的工作提出另外一种选择。实在之物不仅必须在其历史客观性中得到规定，而且也应当从打断历史时间连续性的秘密出发，从各种内在意图出发得到规定。只有从这种秘密出发，社会的多元论才是可能的。"（页31）这里的关键词是"社会的多元论"，而它之所以关键，是因为它是内在性维度的伦理学落实，没有这个落实，谈论内在性的维度就是纯粹抽象的，甚至没有任何意义。但"社会的多元论"不是什么神秘的东西，它就是反总体化。"社会的多元论证明着这种秘密。我们总是知道，不可能形成一种人类总体的观念，因为人们各有其封闭在其内心的内在生活，而各人同时又都理解人类群体的囊括一切的运动。通往社会现实的道路是从自我之分离出发的，这一通道并不被只有各种总体显现其中的'普遍历史'所吞没。"（页31—32）这段话可谓极其精辟。我不知道列氏是否了解卢卡契和布莱希特等人的现实主义与表现主义之争，但在我看来，这段话几乎完美地回应了双方的理论诉求，同时又让我们看到他们各自的问题所在。[①]

---

① 参〔德〕格奥尔格·卢卡契、贝托特·布莱希特等：《表现主义论争》，张黎编选，上海：华东师范大学出版社，1992年。

此节最后部分继续说明内在性维度相对于总体而言的不可整合性。有一个关键词已经出现过好几次了，这就是"享受"："心灵现象将把自己明确为感性，明确为享受的元素，明确为自我主义。自我（l'ego）、意志的源泉，就从享受的自我主义中破土而出。正是心灵现象而非物质，提供了个体化原则。"（页 33）按照我的理解，"享受"之意，正如列氏后边指出，乃在于"自我指涉"，也就是说，它是陶醉于自身而不外向服务的，所以它拒绝整合，所以它能成就个体化。列氏最终将此享受落实为感觉，而"感觉摧毁任何系统"。正是在这个意义上，列氏甚至说，人一次也不能踏进同一条河流。

第二节　真　理

这一节还是此前熟悉的那些道理。

追求真理，就是追求绝对他者。但自我对真理的追求，却并非出于自身的匮乏，因为绝对他者于它而言，并不是一个需要的对象，而只是欲望之所向。很明显，在列氏这里，欲望和需要完全不同。"欲望是可欲者激发起的渴望；它诞生于它的'对象'，它是启示。而需要是灵魂的空乏，它源自主体。"（页 36）

所以欲望是自足者的欲望："欲望是一个已经是幸福的存在者中的欲望：欲望是幸者的不幸，是奢侈的需要。"（页 37）然而，欲望的自我仍是对自我的提升："但是在欲望中，自我的存在显得还要更高……自我就处于存在之上，或者处于存在之峰、存在之巅……在欲望中，存在变为善良：在其存在之巅，它幸福地伸展着，它在自我主义之中将自己确立为自我

（ego），看哪，它打破了自己的记录，它为其他的存在者忧心忡忡。"列氏认为这是对存在之运作的根本颠倒。这么说是什么意思呢？关键在于理解这里的"善良"二字。结合后文的论述，我们可以给列氏所谓的善良一个简明的定义，即走出自我，朝向他者。理解了这个含义，也就能理解这段话中"它打破了自己的记录，它为其他的存在者忧心忡忡"这样的表达，而所谓存在之运作的根本颠倒也是在这个意义上言说的，即欲望他者，而非陷于此在的存在论操心。

因为欲望并非基于对匮乏或残缺的弥补，所以欲望或哲学没有思乡病。它不是自我主义的，它的名字叫"正义"。与此相关，有重要的两个点，一是语言，一是宗教。语言被列氏称作追求真理的处境："真理在这样的地方出现：一个从他者那里分离开的存在者并没有陷入他者之中，而是对他说话……分离与内在性，真理与语言——它们构成了无限观念或形而上学的范畴。"（页36－37）宗教之被提到，则是因为在列氏看来，创世神话中的创造之所以伟大，不是因为创世者的赋形，而是无中生有，所以被创造者并不单纯地源自父亲。在这个意义上，列氏认为宗教与政治分离，因为前者追求绝对他者，而后者诉诸承认。

第三节 话 语

紧承上节，要思考的是这样一个问题：绝对者在同一性的筹划之外，在辩证法之外，当如何谈论它呢？也就是说，如何才能达到真理（同一与他者的关系）呢？对此，列氏其实在上一节就说了，即"对他说话"。这是什么意思呢？

首先再次强调"存在者的自治"问题。这也是上节之旧调重弹了。但这就是列氏的风格，或许可以说是很多大哲学家（如海德格尔）的风格，即总是回环往复地谈论问题。但要注意的是，回环往复不是简单的重复。

"存在者的自治"的提法是要解决形而上者（绝对他者）不被形而上学者（分离的存在者）统筹规划的问题，不然所谓形而上学的欲望又将退化为存在者的辩证法运作了。那么，既要建立关系，又要摆脱辩证法，如何做到呢？列氏说："这种同时既跨越距离又没有跨越距离——没有与'彼岸'形成总体——的真理关联，建立在语言之上：（作为）关系（的语言），在这种关系中，诸端点从关系中解脱出来，在关系内保持着绝对。没有这种解脱，形而上者的绝对距离就会是幻想。"（页39）这些话似乎并不好理解，然而不要着急。事实上，列氏在再一次正面阐释这个问题之前，先做了一个关于海德格尔之解蔽的批判性迂回。

海德格尔的解蔽之思想必学道中人非常熟悉了，其意图和内涵亦众所周知，即让我们的思想和存在摆脱那把人从大地上连根拔起的技术之思，摆脱海氏所谓的"人道主义"，也就是人类中心主义。然而在列氏看来，解蔽之思同样是一个问题，因为"被解蔽的存在是相对于我们而不是 καυ'αιτό（据其自身的）……根据现代术语，我们只有参照某种筹划才能进行解蔽"。基于此，所谓客观知识（假如无蔽之思的意图在此）其实是一种参照计划和认识者的工作，在此参照中，对象（比如历史）被主题化了。历史被溶解在现象世界中，而此现象世界

"并不回应对真实的追求，它满足的是享受，后者是自足本身，根本不为外在性之逃避所烦扰，外在性用这种逃避来对抗对真实的追求"（页40）。

那么，所谓本身自足者（或者说就是康德的物自体？）和我们之间究竟是一种怎样的"关系"呢？列氏说，它不被解蔽，也不暴露在某种立场的目光之下，但它显示和自行表达："对于存在来说，καυʼαὶτό（据其自身的）显示就在于向我们言说自身，就在于独立于我们可能已经会对它采取的任何立场而自行表达（s'exprimer）。"这自行表达不为任何光所笼罩，它仅在其"宣告（annoncer）"中显示自身。

在此意义上，列氏终于亮出了这番思辨的用心所在："绝对经验并不是解蔽而是启示：被表达者与表达者的一致，因此这甚至是他人的被赋予优先性的显示，超出于形式之外的面容的显示。"（页40—41）短短的一句话里出现了两个关键词："他人"和"面容"。面容与形式相对。形式把存在者主题化，因而遮蔽存在者。但"面容说话。面容的显示已经是话语"（页41）。说话就是把自身作为他者显现出来，列氏把它叫作"进行表示（signifier）或拥有意义"。"以有所表示的方式呈现自身，这就是说话。"我们要牢牢记住这个界定，虽然就我们对"说话"一词的一般理解而言，这个说法过于专断，但我们还是选择接受它吧，权且将其作为列氏的一个方便法门，不必过于纠缠。

列氏继续对这个"表示"进行界定。此前有过一个词，"宣告"，在我看来差不多是一个意思。或许可以感性地把它理解为"圣旨"的宣示，它来了，只为其"卓越的呈现"，你主观上接不接受并不重要。这个表示，这个说话，它是意义之源，但它只教导，而不能被还原为属于同一性之思的感性直观或理性直观。"此事件并不进入直观……此呈现支配着那迎接它的人，它来自高处，它未被预见，因此它教以其新颖性本身。"就我的感受而言，这些话会让人想起圣经。因为是这样一种"来自高处"的存在，所以它有一种特权："真理与谎言，真诚与隐蔽，此中的取舍，乃是这样一个存在者的特权：他持守于绝对坦率的关系中，持守于不能遮蔽自身的绝对坦率中。"（页42）

列氏进一步从反面来说明这个"表示"或"表达"的意思，这就是行动。行动和行动者直接关联，在同一性中汇聚，所以我们不能把语言设想为动作举止，设若以理解动作举止的方式理解语言，那么对文本作者的重构就只是"科学的作品"，亦即我们的主观同一性的产物。我们固然能通过作品通达某人，进入其内在，在其私密性中与其遭遇，但在此遭遇中暴露出来的东西却并非某人的表达，它只与某人具有间接的关联。

这也就是说他者是不可能被真正解蔽的："绝对经验并不是解蔽。解蔽，从主观视域出发的解蔽，已经是错失本体，唯有对话者才是纯粹经验的端点，在纯粹经验中，他人进入关系，同时又保持为 καυ'αιτό（据其自身）；他表达自身，同时我们并没有从一个'视角'出发，在一道借来的光中对它进行解蔽。作为一种完满知识的知识所寻求的'客观性'，在对象的客观性之彼岸实现。那独立于任何主观运动而呈现自身者，乃是对话者，其（呈现自身的）样式在于从自身出发，在于它既是陌生者而又向我们呈现其自身。"

在此，列氏对胡塞尔的《笛卡尔的沉思》之第五沉思进行了批判。如果说绝对经验意味着一种与自在之物的关联，那么就算是登峰造极的知识也不可能触及它。列氏由此认为，胡塞尔那个所谓在"原真领域"中对他人身体的构造，不过是内在体验的"我能"之先验的"结对"而已，他人并没有在此得到真正的对待；相反，与他人的关系这一原初的层面却被对他人的"构造"掩盖了。同样地，列氏认为海德格尔虽然指出与他人的共在关系不能被还原为客观知识，但其以此在为中心的存在论视域同样囿于同一性的观照；与此相反，"面对面，则既预示了社会，又允许维持一个分离的自我"（页43）。

在此意义上，列氏认同涂尔干以宗教刻画社会的做法，因为这超出了"对于与他者之关联的光学解释"。所谓光学解释，即由某一视角给出的同一性认知。他人不等同于我们的光学解释，社会也不是一个个具有光学解释能力的个体之聚合。列氏认为涂尔干"让人隐约看到一种不同于客观事物之超越的超越"，其意是说，作为一个个绝对他者所构成的社会，绝非追求所谓客观事物的知识所能照亮。然而列氏又指出，涂尔干最终还是令人惋惜地把宗教事物看成是集体意向性结构的客体化，也就是说，他对宗教进行了"光学解释"。

列氏接着批判了马丁·布伯以由实践引导的与对象的关系取代将他人作为你、伙伴以及朋友的关系的做法。[①] 在他看来，这种做法混淆了人与物象和人与人这两种关系。我-你关

---

① 参〔德〕马丁·布伯：《我与你》，陈维纲译，北京：商务印书馆，2021年。

系是一种事件，震惊性的事件，它不同于我们在物质生活中与实践对象之间的那种操作性关系。这种对于他人的实践论视角，被列氏视为傲慢的唯灵论。

接下来就是本节之核心段落："认知他者与通达他者的要求，在与他人的关系中实现，后者适合于语言关系，而语言关系的本质因素是呼唤（l'interpellation），是呼告（le vocatif）。一旦呼唤他者，即使是为了告诉他人们不再和他说话，为了把他归为病人，为了对他宣判死刑，他者也在其异质性中维持自身、证实自身；在被抓住、损害、强暴的同时，他也被'尊重'。被呼告者并不是我所统握者：他并不处于范畴之下。他是我对之说话者——他只参照他自身，他并没有实质。"（页44）这里的"实质"，按我的理解，就是从同一性视角给出的本质性理解。

最后两段对语言（言辞、话语）不同于知识之处进行了关键阐述。在言辞中，瞬间获得在场，获得涌现，而这个瞬间不是绵延中的瞬间：在绵延中，每个瞬间的存在是为了引向下一个瞬间，它只在语境中获得意义；而言辞中的瞬间表达则从境域中抽离出来，推迟甚至拒绝语境。言辞重新夺回自身的掌控权，这是写下的言辞（知识）所丧失的，而后者不过是观念的肉身化，为自我意识的同一性所收摄。

第四节　修辞与非正义

这一节的意思是明确而易懂的。如何企达绝对者？这是列氏整个形而上学旨之所在。绝对者不在辩证法（传统形而上学的法门）所能触及的范围之内，但可以"对他说话"，这是上一节的主要思想。但如何说话呢？这就是本节的核心所在。如标题所示，"修辞与非正义"，其意是说，以修辞为其手段或技巧的话语是一种坏的话语，亦即非正义的话语。所以本节开宗明义："并非无论什么样的话语都是与外在性的关系。"（页45）为什么强调外在性？因为这个外在性就是列氏反复强调的同一性所不能含括的绝对性。什么样的话语不能表达与外在性的关系呢？就是修辞性话语。修辞在这里不只是语文学意义上的表达技巧，而是一种企图通过特别的话语方式而实现对倾听者的支配与控制的手段。就此而言，修辞性的话语并不包含对话的意味（这是就主观而言，虽然从客观上讲，即便是修辞性的话语也预设了一个他者的存在），因为它把话语的接收者视为一个可操纵的对象。

柏拉图的思想在此思考中遭到了列氏的批判。因为理念论最终诉诸的是一个以理念为中介的共同体，而且在这个共同体中，对话者之间还依据与理念的远近而形成不平等的关系，比如哲学家就因其理性而高高在上。苏格拉底的助产术（其实就是一种修辞手段）最终也是以其高高在上的理性优越感为后盾的。然而在列氏看来，"正义是对他人之优先性的承认，对他人之支配性的承认，是在修辞之外通达他人，而修辞乃是诡计、控制与利用。在这个意义上，超越修辞与正义完全一致"（页47）。

第五节　话语与伦理

在普遍性中不可能有对话："一种普遍的思想不需要交往。一种理性对于另一种理性来说不可能是他者。"（页48）列氏认为在欧洲思想中，思想的个体并没有自我，除非大写的思想或理性通过他说话（这很容易让人想起尼采的酒神精神以及黑格尔的绝对精神），所以思想或理性并不对他者说话，而只是一种独白。在这个意义上，真正的语言与这样的思想或理性格格不入，后者只会通向消除个体、差异和他者的同一性，而前者之所以可能则恰恰以承认个体、差异和他者为前提，这也就是话语的伦理含义。

接下来的意思其实都容易理解，而表述堪称精彩，也出现了很多感性色彩浓郁的词汇。有意思的是，这一节里出现了关于柏拉图的令人耳目一新的思想。柏拉图在上一节还被视为批判的靶子，但在这一节，却似乎从正面得到了肯定。这就是柏拉图的构建思想。柏拉图区分了作为客观秩序的非人格方式的话语与作为活着的存在者的"活生生的、被激活的话语"，而后一种话语"就不是对某种预先制作好的内在逻辑的展开，而是在思者之间的斗争中进行的对真理的构造，这种构造伴随着自由所具有的全部偶然"（页49）。在我看来，这正是列氏所肯定的那种话语。

在构建性的话语中，没有平台，也没有共同体，语言处于超越（取朝向绝对他者之意）之中，是"纯粹的'知识'或'经验'"，甚至"是惊异所具有的创伤"。知识和经验在这里被加上引号很好理解，前有述及。但为什么说是创伤呢？后面会谈到。因为这种朝向绝对他者的话语走出了同一性的舒适区，同时也就意味着让先前的同一性产生了豁口，所谓创伤即为此意。

接下来又是一句重要的话："绝对陌异者单独就能给我们以教益。"都让我们产生创伤了又何来教益呢？其实创伤就是教益，因为唯有创伤才有可能让我们逃离同一性的局囿，从而让我们获得自由。当然这不是那种让人舒适的昏昏欲睡的自由，相反，倒是令人心惊地充满了危险的自由。有许多诱惑让我们逃避这样的自由，比如分类学、性格学一类的东西。我们很容易钻到这些俗套中去安顿自己，以摆脱多样性和偶然性的纠缠。而当我们不再依赖这些东西的时候，他者就是一种赤裸的存在。

列氏概括了赤裸的三种意义。一为无装饰无形式的赤裸，这比较好理解。但列氏有些精彩的说法值得一提，比如说到工业城市，他说："在这些城市中，每样事物都与每种生产目标相应，然而这些烟雾弥漫、充满废物和悲伤的城市也为其本身而存在。"（页50）还有一些金句："对于一件事物来说，赤裸就是其存在对于其目的盈余。""……智性的太阳处于观看的眼睛和太阳照亮的对象之外……"在"赤裸"的这个意义上，列氏对所谓美之解蔽不以为然，相反，以不透明、抵抗，甚至丑来与之相对。

赤裸的第二种意义是"作为总是肯定的价值显现"，而"一种如此这般的赤裸就是面容"。这是强调它凭借自身而存在的自足性，强调它不属于同一性视域之光的存在。

赤裸的第三种意义是指"在冲动与欲望中向他人显现的、在害羞中被感受到的身体的赤裸"。这或许是我们最容易理解的那种赤裸，因为它就是我们关于赤裸的日常经验或日常印象。列氏谈及此种赤裸，是想说这种赤裸其实是参照作为面容的赤裸也就是第二种赤裸而存在的。这个提示非常重要，不然我们就不能深刻领会上述界定中的"害羞"二字。从某种意义上说，害羞乃是一种高贵的品质，因为它意味着一个人摆脱了厚颜无耻的自负而向他者开放的姿态。害羞是已然无意识的自我同一的突然收敛，好像是为了之前无所顾忌的自我出场而发出的一种无声的愧疚。

面容不是对象知识，它超越了知识，也超越了修辞，不可能成为修辞关联项。它一无所系，作为"自由的陌异性"，它乃是"赤贫"而"无家可归"的存在者，而"同一总是存在的本地人"。但对于本地人来讲，赤贫的无家可归者乃是一个被"慷慨"赠予的"礼物"，而礼物临显则要求谦卑的姿态，正如我们接受礼物时应该表现出的那种样子。问题是何来慷慨呢？如果世界想当然地为我所有，那么任何事物的出现都不可能是礼物，也就不可能有什么慷慨之事的发生。慷慨之所以可能，"是从一个独立于自我主义者的立场的视角出发被觉察到的"，也就是说，慷慨始于一种"冷静的观照"，而"冷静的观照是由礼物、由对不可让渡的所有权的废除所界定的"，并由此带来"我对世界的愉快的占有"的终结。

但自我何以能够放弃"对世界的愉快的占有"？这就涉及一个重要的术语，即"概念化"。这似乎有悖于我们一向对于概念化这个术语的认识，因为在我们看来，概念化地谈论和把握世界恰恰就是服务于"我对世界的愉快的占有"的，所以怎么可能经由概念化而产生"我对世界的愉快的占有"的终结呢？我们来看这段话："对于感性之物的概念化已经依赖于这种断裂，即我的实体与我的家这种活的身体中的断裂；已经与我之所有物对于他人的适宜性相关，这种适宜性为事物沦为可能的商品做好了准备。这种最初的剥夺构成后来通过金钱进行的一般化的条件。"这段话就是对我们刚才所提问题的回答。这意思是说，概念化作为一种一般化的方式，其实是对自我主义的剥离，并且为世界之所有权朝向他人的让渡提供了通道，在这个意义上，它当然就是"我对世界的愉快的占有"的终结了。

在这里，我们要特别注意列氏关于概念化的一个说法："关于一般的、抽象的观念的疑难，不能以已经被构造出来的客观性为前提：一般对象并不是一个感性对象，它只是在一种关于一般性与观念性的意向中才得到思考。"这段话非常重要。很明显它是针对胡塞尔的现象学而说的。胡塞尔的现象学也会谈到所谓客观性，包括他后期还会谈及生活世界，但客观性也好，生活世界也好，在胡塞尔那里最终都只会被还原为一种意向，而根本不可能有什么真正的外在性。与此相反，列氏认为："对象的一般性是这样一个主体的慷慨之相关项：这个主体走向他人，超出自我主义的孤独的享受，并因此从享受之排外性的所有权内部打破这个世界的共同财产制（communauté des biens）。"（页52）此处"从享受之排外性的所有权内部打破这个世界的共同财产制"的表达，我怀疑翻译有误，不然的话就前后矛盾了，因为主体走向他人所达成的正是"世界的共同财产制"而非打破它。①

接下来的表述基本可以证实此处的确是误译了："语言是普遍的，因为它是个体通往一般的通道本身，因为它把我的物呈交给他人。说话，就是使世界成为共同的，就是创建共同之所。语言并不指向概念的一般性，而是为共同占有奠定基础。它废除享受的不可让渡的所有权。话语中的世界，不再是其于分离中之所是——在其中一切都被给予我的那个家园——（相反）它是我所给出者：可共有者、思想、普遍者。"（页52）这段话其实就是对本节标题"话语与伦理"之义的精准阐释，因为对于列氏来说，所谓伦理，就是走向他人。但要特别注意的是，这个他人在列氏这里比自我更高，居于其卓越的位置，所以列氏会有"话语不是爱情"这样的说法（可进一步参考第四部分第二章"爱欲现象学"相关表述）。

最后一段提到了海德格尔，关涉的乃是一个极其重要的思想，即事物的居间性，其义是我对他人的承认与否"必须通过事物的居间作用才能发生"。而如上所述，事物的居间作用又必须通过话语才能实现，所以我对他人的承认与否必有赖于语言。这与海德格尔有什么关系？列氏说："事物并不是像在海德格尔那里那样，是位置的基础，是构成我们在大地上之在场的全部关系（'在天空之下，在人们的陪伴中，在对诸神的等待中'）的精髓。正是同一与他者的关联，我对他者的欢迎，

---

① 据英译似应为"让世界的共同财产制从享受的排他性独占中创生出来"（"making the community of the goods of this world break forth from the exclusive property of enjoyment"）。See Emmanuel Levinas, *Totality and Infinity: an Essay on Exteriority*, translated by Alphonso Lingis. The Hague/Boston/London: Martinus Nijhoff Publishers, 1979, p. 76.

才是终极的事实；正是在这里，物才不是作为人们所建造的东西出现，而是作为人们所给出的东西出现。"这个批判是极其深刻的。在我看来他批判了海氏的两个物思想，即仅仅作为此在之筹划的物，以及作为非人格化的所谓本真之物，在列氏这里，它们都不符合伦理的正义，因为正义既不是存在论意义上的自我中心主义，更不在人与人的关系之外。

第六节　形而上者与人

这一节开头提到了非神论者与绝对的关联。"非神论"这个说法第一次出现在第二章第一节，在那里是指作为彻底分离的存在者与他被从中分离出来的存在之间的关系。通俗一点讲，可以看成是人与上帝之间的关系，那为什么要说是非神论的关系呢？这一节要进一步对此进行阐明。

第二章第一节已经提到非神论关系的一个关键即非参与性，但在列氏看来，实证宗教的信徒却以其无知的迷思而未能摆脱参与性。因为参与，就不可能是彻底的分离者。而列氏谈形而上学欲望的一个前提就是彻底分离的存在者，唯有彻底分离的存在者才可能与绝对他者建立关联，在此关联中，他虽朝向绝对他者，但仍旧持守自身。所以列氏说："唯有非神论的存在者才能与他者发生关联，又已经从这种关系中解脱出来。"（页53）可以说这是理解列氏形而上学最简明也最通俗的一句话。这里比较难以理解的可能仍然是为什么要强调彻底分离者，列氏用这句话解释得很清楚了："为了欢迎启示，必须要有一种能够担当对话者的角色的存在者，一种分离的存在者。"

在作为非神论者与绝对发生的关联中，绝对不能被认识，不能被主题化，然而，它"既是陌异的又是在场的"。关键就是这个"在场"，因为如果没有在场，也就没有关联，而关联恰是话语的核心所在："……这种话语悬置了参与，同时在对象知识之外又创建了关于社会关联的纯粹经验，在这种社会关联中，一个存在者并没有从其与他者的联系中得出它的实存。"这里出现了极其重要的词语：社会关联。前述关于非神论者与绝对的关联，基本上是从人与上帝的关系来说的，但列氏在意的却是在社会关系中来理解这种关联。这是因为，"如果神学概念没有从伦理中汲取它们的含义，那么它们就一直是空洞的与形式的框架"（页55）。

在此伦理关注中，把超越者肯定为陌异人和穷人，这是实实在在的，经验的，而不只是比喻意义上的。"他人的临显本身就在于用其在孤儿、寡妇、陌生人之面容中的赤贫来恳求我们。从肯定方面看，形而上学者的非神论意味着我们与形而上者的关联是一种伦理举止，而不是神学，不是主题化，即使后者是在类比的意义上对上帝属性的认识。"（页54）这就很清楚地解释了"非神论"这个命名的含义，也就是说它强调的是一种伦理向度。在上一节的末尾列氏就特别强调了同一与他者的关联才是终极的事实，而在这里他也继续论述道："于是，哪里有与人的关联，哪里有社会关系在上演，哪里就有形而上学在上演。离开了与人的关系，就不可能有任何关于上帝的'知识'。他人是形而上学真理的所在地本身；而且对于我与上帝的关联来说，他人是根本不可缺少的。"列氏说伦理学是第一哲学，这段话讲的就是这个意思，具体来说就是伦理学才是形而上学，它是先于所谓神学的。所以他非常明确地宣称：
"建立起伦理的这种首要性，也就是说，人与人的关系——表示（signification）、教导、正义——的首要性……是当前这部著作的目的之一。"（页54—55）对此，我们须牢记。

很多人强调列氏哲学的犹太教背景，在我看来，这个背景固然重要，但要认识到对于列氏来说人与人的关系才是最为重要的，所以即便我们要去考察这个背景的意义，也主要应该着眼于这个背景与他的伦理学之间的关系，否则就是舍本逐末，甚至是南辕北辙了。对此，列氏本人有相当清晰的警示："所有那些不能归结于人与人之间关系的东西，都没有代表宗教的高级形式，而是代表着宗教的那种永远原始的形式。"（页55）

第七节　面对面，不可还原的关系

自我和他者，面对面，不可还原。这是什么意思？面对面，就是无须中介，而不可还原，是说不能把面对面的双方转化为包含着双方的某个总体的部分或环节。所以关键是理解"中介"和"总体"的观念。在列氏的形而上学中，没有中介和总体的位置。那么为什么不能有总体呢？"这是因为无限不允许自己被整合。并不是自我的不足在阻止总体化，而是他人的无限在阻止。"（页55）

面对面，不可还原，不能纳入一个总体，那么自我和他者之间是一个什么样的关系呢？难道不是一种紧张或尴尬的僵持？列氏的回应是："对于这种处于此岸的存在者与超越的存

第一部分　同一与他者

039

在者之间的关系，这种既不导致任何概念共同体也不导致任何总体的关系——无关系的关系，我们把宗教这个术语保留给它。"（页56）不得不说，这是比较奇怪的说法。

毫无疑问，列氏不可能是在传统的意义上使用宗教这个术语的。值得特别注意的是，列氏在这里提到了笛卡尔、亚里士多德和柏拉图，按照他的说法，这三位哲学家其实都否定了传统形而上学意义上的总体。在笛卡尔那里，是上帝和被造物之间的歧义；在亚里士多德那里，"存在只有类比的统一性"；而在柏拉图那里，"则存在于善相对于存在的超越之中"。列氏认为这些论断本来应该成为一种多元论哲学的基础，同时还意味着"总体论与对存在的含括或存在论——并没有持有存在的最终秘密"。那么存在的最终秘密是什么呢？列氏说："宗教才是最终的结构；在宗教中，尽管同一与他者之间的大全是不可能的，但它们之间的关联——无限观念——却持续存在着。"看得出，这不是传统的宗教观，因为在传统宗教观那里，上帝即为至善，大全，亦即无所不包的总体。

本节最后部分提出了一个尖锐的问题：我们不能把同一与他者含括进某个系统的知识，然而，我们不是对它们进行命名了吗？这意思是说，它们被编织进了同一个语词系统，那么，又怎么能说不能把它们概括进一个系统呢？列氏是如此看待这个问题的：同一与他者在语词形式上的综合，只是话语的一部分，而且它们在语词上的这种邻近关系，也是由同一与他者的直接照面而得到维持的。也就是说，同一与他者虽然在语词中被连接在一起，但他者仍在其面容中启示自身，并不为同一所参与，更不为同一所含括（参第三章第三节第四小节"客观性与语言"对这一论题的进一步阐释）。这一情形也适用于本书作者列氏与他的读者（敌人、朋友、老师和学生）之间的关系。

第三章　真理与正义

第一节　被质疑的自由

　　自由可以被质疑吗？是的，在列氏看来，如果它只是我们的自发性冲动，并且同时把他人看作这种自发性冲动的障碍时，这个自由就是需要被质疑的。然而我们都知道，这样的自由就是古典自由主义者（如霍布斯、洛克以及伯林等）所说的那种自由，所以这一节其实就是反思自由主义的价值观。

　　古典主义的自由观之所以不被列氏接受，很明显就是因为他人在这种自由观中被对待的方式。列氏的形而上学，归根结底是为其他者伦理服务的，而这个他者伦理，就是把他者（人）视为绝对的支配，其有绝对的优势，自我这一方在他者（人）面前是极其弱势的。理解了这一点，就可以看到古典主义的自由观何以与列氏形而上学思想水火不容：在前者那里，自我的自发性冲动拥有一种不证自明的价值，而他者（人）只有参照此种价值的相对价值。如此，它又怎能不遭到列氏的批判和清算呢？

在列氏的形而上学和他者伦理中，自我的自发性冲动不仅要被克制，还要被质疑。这与真理问题相关："真理出现于其中的理论，是一种并不信任自身的存在者的态度。知（le savoir），只有当其同时也是批判，同时对自身进行质疑，并追溯至超逾其本原处（反自然的运动，这种运动就在于去寻找比其本原更高的本原；这种运动证明了或描述了一种被创造的自由），才变成对事实的知。"（页58-59）

自我的自发性冲动遭遇他者时，可能产生两种意识，一为失败意识，一为有罪意识，前者是自由主义的，而后者是（列氏）形而上学的。显然，列氏肯定后者。自由主义的政治哲学就建立在一种失败意识之上："从失败中只会产生这样的必然性：抑制暴力和在人类关系中引入秩序。政治理论从自发性的未经讨论的价值中引出正义。这里的关键就在于借助世界知识以使我的自由与其他人的自由协调一致，从而确保最大限度地发挥自发性。"（页59）这里所说以妥协换取自发性的最大限度发挥的思想，可以参照伯林在《自由及其背叛》中谈及卢梭时对古典自由主义的理解。在伯林看来，卢梭也不接受这个妥协意义上的相对自由，认为那根本就不能叫自由，因为自由必须是完整的，有所残缺就不能叫自由。列氏也不接受这个建立在妥协基础上的自由，但在致思路径上却和卢梭有重大差异。在卢梭那里，相互冲突的自由完全可以在绝对理性的层次上予以化解，这意思是说，如果人人都绝对理性的话，自由诉求都会是一样的，这样也就不会有什么冲突了。显然，这是一种列氏所不能接受的中介论思想。①

自由主义自由的失败意识，是因为把他人视为事实意义上的障碍，相反，"对于我的不道德性的最初意识，并不是我之从属于事实，而是我之属于他人，从属于无限"（页59）。"他人首先并不是事实，并不是障碍，并不以死亡来威胁我。他是在我的羞愧中被欲望的。"（页60）为什么感到羞愧？我觉得可以这样理解：一向无所顾忌的自发性自我，突然发现这个世界不只是为我，而同时也是为他人的，那么就可能会为之前的无所顾忌而感到羞愧。康德所谓每个人都是目的，大致也是这个意思。这并不难理解，我们大多数人大多数时候都只生活在一己之私的孔洞里（即便是和所谓爱人、亲人相处时尚且如此，遑论一般他人），要是突然之间良心发现，意识到别人至少和我们一样重要，那确实就会为一向自我中心的所作所为而感到羞愧。

但列氏似乎不只是把他人视为另一个我，即便在同等重要的意义上。他走得更远，把他人视为无限："人们必须以无限为尺度来度量自身，就是说必须欲望无限。为了认识到自己的不完美，如笛卡尔所说，人们必须要有无限观念，要有（关于）完善（的）观念。完善的观念并不是观念，而是欲望。正是对他人的欢迎，（作为）道德意识的开端，在质疑着我的自由。"

---

① 参〔英〕以赛亚·伯林：《自由及其背叛》，赵国新译，南京：译林出版社，2005年，页27—50。

第二节 对自由的授权或批判

这一节继续反思和批判自由主义的自由，或许是本书里最重要的一节，也是列氏思想要点讲得最清楚的一节。

注意一个关键词：授权。自由只是被授权而并非毫无遮拦，因为在它之先已有别的事物存在。所以真正的知或哲学活动是回溯到自由之先的事物，而不是把自由作为一种客观知识的对象，到它的内部去寻找其根基。但这是很容易陷入的误区，所以列氏称之为"素朴运动"，也就是说它是一种无意识的惯习。为什么不能把自由作为一种客观知识对象进行考察呢？不仅因为这会导致一种本原追问的无穷倒溯，根本上还因为，"把根据问题等同于一种对知识的客观认识，这就是预先认为自由只能奠基于它自身；因为自由——同一对他者的规定——是表象及其明见性的运动本身。把根据问题等同于对知识的认识，就是遗忘了自由的任意性，而后者恰恰是需要奠基的"（页 61-62）。

所以很自然地，笛卡尔的我思并不能为知识（自由、同一之运作）真正奠基，"因为我思的开端始终先行于我思"。这里有一个关键词：处境。列氏说："知识并不处于处境之中"（页62）。这是什么意思呢？其实随后他就用括号内的句子做了解释："不处于处境之中这一点是任何明见性的特性，是关于在场之既无条件、也无过去的纯粹经验的特性。"如果还要进一步解释，这意思是说像我思这样的明见性，它是看不到除自身之外的任何东西的，所以单独聚焦于我思的立场，不可能触及在我思之先的开端之物。

但列氏还是赋予我思以极其重大的价值，因为它毕竟是一种"苏醒"。在我思之先，实存懵懵懂懂，感到自己不可靠，故而寻求其自身的确定性，然后就找到了实存之条件，即我思。然而在列氏看来，我思并非实存之最终奠基，因为我思的怀疑意识"是以完善观念为前提的"。"于是对我思的知就指向一种与主人（le Maître）的关系——指向无限观念或完善观念。"其实这就是笛卡尔的深刻之处。它得到了列氏的肯定。在以往，笛卡尔的完善（上帝）观念，就像牛顿承认上帝给了第一动力一样，被人视为一种理性思想的妥协，而以列氏的形而上学思想来看，这不仅不是妥协，还是一种极其深刻的思想。

列氏思想的关键是强调这个完善观念，这个完善观念意味着一种与主人的关系，但这个主人在列氏这里又特指他人。这个思路似乎还有待厘清，但这个简明的范式需要被确定下来，不然在理解的道路上将会迷雾重重。

他人不是客观知识的对象，他人不能被主题化，他人只能被欢迎，而"对他人的欢迎实际上是对我之非正义的意识——是自由为其本身而感受到的羞愧"。关于这里的非正义和羞愧，前述已经解释过了。关键是要理解在列氏这里，我和他人的关系是不对等的，他人是自我超越的指向，有其绝对的优先性："他人处于其上的那一高度，宛如存在的第一拱顶，他人的优先权、超越的高度差都取决于它。他人是形而上者，他人并不是进行超越者，因为否则他就会是如我那样自由。"（页63）要重点理解"他人并不是进行超越者"这个说法。这意思是说，我看他人与他人看我不是一回事，我看他人是超越，但他人看我却不是，也就是说，我在他人眼里并不是另一个他人。列氏的这个观念需要牢记，因为它很难为我们一向熟悉的那种我与他人同等位格的思想所接受。

在此，列氏批判了同一性思想的帝国主义特征，即否定一切异己之物或将其占为己有，列氏几乎是愤慨地称其为"不知羞耻"。那么现在，面对他人，在其道德意识的苏醒中，这个帝国主义的权能和行为都应该终止了。而且，无论其是否意识到自身的局限，他人的绝对优先性都是不受影响的："他人的非同一般的在场铭刻在一种伦理的不可能性上，即我杀死他的不可能性上；这样的他人标志着（我的）权能的终点。"何以不可能？"这是因为他绝对溢出我所能拥有的关于他的任何观念。"

对于列氏来说，自由的辩护唯有诉诸溢出自身的他者才有可能，然而除了列氏所说的这种向无限超越的方式，还有一种方式似乎也是溢出了自身的，那就是诉诸将自我和非我予以统一的非人格的理性（如普遍秩序、绝对精神等）。在哲学史上，斯宾诺莎和黑格尔算是典型代表。但在列氏看来，"实际上，这条道路掩盖了同一对于他者的古老的胜利"（页64）。也就是说，那个看起来非人格的理性，其实不过是那个人格的同一性的改头换面。在这个意义上，以我之见，黑格尔和尼采是一样的，他们的哲学都意味着人义论的巅峰，甚至可以说马克思也没有逃出这个罗网，如果把他的历史唯物主义看作一种普遍秩序的话。

其实可以说列氏形而上学的主旨就是反思和批判以人义论

为其特征的西方哲学传统，"这种哲学传统一直在（受造物）自身中寻找（受造物）自身的根据，而把他律的意见排除在外"。排除他律，当然就要强调自律、自为。然而，列氏认为："知的终级意义并不是自为的实存，而是对自身的质疑，是返回到先于自身者，是返回到他人的在场。他人的在场——被赋予优先地位的他律——并不是与自由相冲突，而是为自由授权。"或许有人会提出疑问：他人不是和我们一道在场吗，何以他人就优先呢？我想或许可以这样理解：首先，在我思考以先，他人的确已经在场；再者，他人不在自我之中，那么，这必然意味着一件事情，那就是有溢出自我之物的存在。而这两点都意味着我在处境之中，在他律之中，所以"形而上学在其中迈出它的终极步伐的，并不是'认识你自己'"。由此，转向外在性的依赖就是自然而且必然的。但如前所述，这种依赖一方面在己方保持独立，另一方面也并不吞噬被依赖者，它们之间是一种所谓面对面的关系。

在此，海德格尔的存在论遭到了列氏的批判。列氏反对海氏将与他人的关联隶属于存在论。然而，存在论为什么是不可取的？或许我们可以从这段话中看出端倪："他人并不是作为必须要被战胜、包含和支配者而影响到我们——而是作为他者、独立于我们者而影响到我们：在我们能够维持的与他的任何关系背后，他人都绝对地浮现出来。"（页65）那么，海氏是否把他人视为"必须要被战胜、包含和支配"的对象呢？海氏没有这样明确地表达过，但《存在与时间》中海氏对于共在的分析，对于在"好奇、言谈、两可"中沉沦的庸众的分析，恐怕不能说没有这样的意味。[①] 如果进一步谈到他与纳粹的关系，尤其是他对希特勒的支持，那就不能说列氏的看法不公道了。[②]

第三节　真理预设正义

这一节颇有难度，写法上也与前述有所不同，分了好几个层次。关注的重心是语言问题。大致意思是突出语言的重要性，因为如果不诉诸语言，我们就只能处于孤独意识的确定性中，也就走不出传统哲学的同一性，而通过诉诸语言，我们不仅可以主题化地谈论世界，还可以与他人保持面对面的形而上学关系。所以这一节在进入各层次之前，首先就向一种像古各斯一样欺人自欺的孤独意识发难，此一孤独意识泛滥无度，但以自身为依归，世界于它而言不过是纯粹的景象而已。[③] 但要言说真理，就必须质疑如此这般自由自发的孤独意识。

一、景象的无端：恶魔

何谓景象的无端？孤独意识把世界视为纯粹的景象，然而此景象却不断变化，充满列氏所谓歧义，故无常性，无根本，此即无端。何谓恶魔？此乃比喻的说法，意在说那变化无端的

---

① 参〔德〕海德格尔：《存在与时间》，陈嘉映、王庆节译，熊伟校，北京：生活·读书·新知三联书店，1987年，页203—218。

② 参〔德〕维克托·法里亚斯：《海德格尔与纳粹主义》，郑永慧、张寿铭、吴绍宜译，北京：时事出版社，2000年。

③ 列氏在本书中多次提到"古各斯之戒"的故事。此故事关于如果作恶不被发现人们是否还做正义之事的论题。参〔古希腊〕柏拉图：《理想国》，郭斌和、张竹明译，北京：商务印书馆，1986年，第47页。

景象后似有一个恶魔在进行操纵。列氏认为，即便是承认事物自身呈现的胡塞尔也未能摆脱这个恶魔，因为在胡塞尔那里，把事物之系列"侧显"总括在一起的"综合"也总有破裂的可能性。

对纯粹景象之一再更新意义上的歧义的怀疑，并不涉及这些一再更新的景象的一致性问题，而是涉及所谓"显现者的真诚"："似乎这种沉默的、未定的显现中有一种谎言被说出，似乎错误的危险来自于欺骗，似乎沉默只是言辞的一种模态。"（页67—68）关键词是"欺骗"，以及接下来一个段落里的"嘲讽"和"笑声"。列氏的意思是说，在一个没有对话的世界里，在孤独意识把世界视为纯粹景象的世界里，世界的呈现就像是一个恶魔的骗人把戏，是极尽嘲讽的笑声，而这笑声并不是一种语言，甚至连一般的谎言都不是，因为即便在一般的谎言中，谎言的给出者也必有所显示（虽然是一种隐藏），而且对于谎言，我们还可以质疑和反驳，但"在这种笑声中，神秘化环环相扣，从没有在真话上停息过，从没有开始过"（页68）。

二、表达是原则

表达何以是原则？如上所述，恶魔的世界是没有对话的世界，所以关键是摆脱独白，并且倾听他人的表达："显现的二值性由表达克服了，后者是他人向我的显现，是表示（含义）的原初事件。""二值性"这个词听起来有点拗口，英文译为"ambivalence"，为矛盾或模棱两可之意，应该不难理解，和前面所说的"歧义性"差不多。再具体一点讲，是说在孤独意识的感受和印象中，世界变幻不停，相互否定和取消，没有定性。我们对人生如梦的慨叹，以及在具体的日常生活中因为各种条件的变化（时空、光线、温度，甚至心情，等等）而对事物的不同感受，皆属此类。那么我们现在要问的是，何以表达就能够克服这样的感受的不确定性呢？

这就涉及后面（即"客观性与语言"这部分）要详细阐述的一个思想，即语言（符号）作为一种意指物，"此表示不是把确定着对象的思考者指引到被意指者（ce qui est sinifié）（它是同一个系统的一部分）那里去，而是显示表示者（意指者，le significant）、显示符号的发出者、显示一种绝对的他异性"（页73）。这意思很清楚了，孤独意识中的含混性不是在孤独意识的内部，而是在孤独意识朝向绝对他异性的向度中被克服的。

理解了表达的超越性，这句话也就不难理解了："后者是他人向我的显现，是表示（含义）的原初事件。"（页68）关键词是"原初"。这是非常重要的思想，其意是说如果没有他异性的进入，只是孤独意识的自我打转，那就根本称不上有什么表示和含义，那只能叫作——独白。这个意思一点也不深奥，它其实是我们在日常生活中常常遭遇的经验，也就是某些人（包括我们自己）看起来也在跟人说话，却似乎并没有他人的存在，他只是在说他自以为是的那些东西。常常发生的情形是，他人说话的时候，他保持着一种心不在焉的沉默，一待他人说完，他就继续喋喋不休地表演他的独白。当然，以列氏的眼光来看，即便如此，他人也总在某种意义上进入了他的意识，所以他的表达仍然是有含义的。

理解了含义的原初性，我们接下来看这段话："世界来自一种原初的教导，科学工作本身就在这种教导中确立起来，并且需要这种教导。世界是在他人的语言中提供出来的，是由诸陈述（呈示活动，des propositions）带来的。他人是现象的原则。"（页68—69）最后这句格言式的表述——"他人是现象的原则"——显然就是这段话的核心意思。然而这究竟是什么意思呢？本来，在我们一般人的印象中，科学家的工作就是独自面对一个客观的世界做苦思冥想的探索，固然他会参考一些前人及同行的研究，但那只是意味着给他提供一些手段和方法的启示，即便没有这些启示，他的探索仍将不失为科学的探索，事实上的确就有不少填补空白的科学研究，那么，我们怎么能说"他人是现象的原则"呢？

关键在于对"世界来自一种原初的教导"这句话的理解。一个孤独的意识是没有作为处境的世界的，只有在倾听他人表达时对绝对他异性的领悟中，在这种领悟对孤独意识的突破中，世界才会向我们呈现，所以说"世界是在他人的语言中提供出来的，是由诸陈述带来的"。也就是说，他人的表达是世界的接引，此即"他人是现象的原则"之义。但要注意的是，他人并不是由他的表达（符号）推导出来的，推导是一种因果逻辑，他人与自我的关系不属于因果逻辑，而是一种必需的预设。为什么这样讲？因为如果没有这个预设，他人也不过是孤独主体的意识相关项，他人的表达也就失去了原初之义，同时世界也不会现身为现象。

三、我思与他人

这一部分是对笛卡尔之我思的思考，再一次显示了列氏对笛卡尔的某种肯定。

笛卡尔的我思起于怀疑，终于怀疑的中止（我可以怀疑一切，但不能怀疑我正在怀疑一切这件事情），在此中止中获得其明见性和确定性。看起来，它似乎也只是孤独意识内部的操作，其对自身的肯定还不可能是最终的肯定，因为它仍将面对进一步的怀疑，以及这进一步的怀疑所获得的明见性还将再次遭到怀疑，如此推倒重来，重来推倒，反反复复，以至无穷。然而在列氏看来："（不过）这完全不是西西弗的劳动，因为每一次经历的距离并不是一样的。这是一种向总是更深的深渊的下降运动，我们在其他地方①曾将这种深渊称为有（il y a），超出于肯定与否定之外的有。"（页70）正是在这个意义上，列氏认为笛卡尔的无限后退的我思已经意味着一件事情，即"那能说是的，并不是自我——而是他者"。何以笛卡尔得天独厚，有此（列氏）形而上学的向度呢？这是因为"事实上，他拥有无限观念，能够事先预测到否定背后的肯定的返回。但是拥有无限观念，已经是对他人的欢迎"。

四、客观性与语言

在笛卡尔处稍稍迂回之后再次回到语言问题。

---

① 参〔法〕埃马纽埃尔·列维纳斯：《从存在到存在者》，吴惠仪译，王恒校，南京：江苏教育出版社，2006年，页70。

首先反思的是在一个沉默世界中的合目的性的问题。很明显，这又是在针对海德格尔。海氏的此在纯粹以其生存论的操心和筹划把世界收束进自己的眼光之中，但这样一来，世界的客观性就隐遁了，不重要了，或者最多成为一种合目的性之外的残余。列氏追问道："实践性的含义是意义的原初领域吗？难道实践的含义没有预设一种思想的在场——它正是向着这种思想显现、并且是在这种思想看来才获得这种意义的吗？凭借其自己的进程，这种实践性的含义就足以使这种思想浮现出来吗？"（页71）联系上面的论述，这段话或许不难理解。这里的实践性其实就是符合于孤独意识之同一性操作的合目的性，然而我们知道，如果没有他异性的进入，孤独意识本身并不能获得其真正的含义（原初性），所以如果实践的含义要成为一种真正的含义，它就必须建立在对与他人关系的预设之上，这里所谓的思想立场指的就是这个东西。如果没有这个预设，实践的含义本身就要遭受尖锐的质疑："那么根据何种权利，未被意识到的满足之无识无觉可以用含义照亮事物，同时这种满足本身却昏昏欲睡？"（页72）这意思是说，此在以其生存论筹划让世界呈现于以其目的性为终点的指引关联之中，但此筹划本身却因其无所依托而晦暗不明。胡塞尔的现象学虽然将孤独意识的合目的性带入直观的光亮之中，但列氏对于这种在光中的自身呈现是否能够凭借自身就拥有一种意义表示怀疑，或者说根本就不信任。

孤独意识中的含义悖论是，含义须在操心中才能得到维持，也就是说，必须在不满足或欠缺中才有含义，而一当目的达成，含义即告终结。所以列氏认为我们不应纠缠于满足的失败问题，而须着眼于一种超越合目的性的含义模式："破坏幸福的意识，赋予幸福以含义、赋予合目的性以含义、赋予用具及其使用者的合目的性链条以含义的意识——并不是来自于合目的性。"（页73）那么，应该来自哪儿呢？这就涉及客观性的问题。合目的性思维把一切都作为对象，在此模式下如果说还有一点客观性的话，那也不过是经合目的性切割之后的边角余料而已。那么如何才能保有客观性呢？"客观性并不是用具或食物在从世界——它们的存在就是在其中进行——中分离出来的残留物。它是在话语中、在呈示（propose）世界的交谈（entretien）中被设定的。这一呈示活动（proposition）是在并不构成系统、秩序（cosmos）、总体的两点之间进行的。"如是，客观性与语言相关联。

但客观性究竟是个什么东西呢（或许这么问就有问题，但不妨一问）？按列氏的表述，似乎就是指他人。这里有一个前文已经提及的符号学思想，即"那通过一个符号而有所示意并作为意指这个符号的人，并不是符号的所指，而是释放出符号和给出符号者"（页69）。这个符号学思想有何新意可言？新就新在对符号信息的理解。一般来说，当我们接收到一个符号能指（信息的物理层面），我们力图要领会的当然就是符号所指（信息的观念层面），但列氏指出，重点不是这个符号所指，而是那个释放和给出符号者。如果仍然专注于符号所指，那就还是在孤独意识的同一性系统内打转，但如果转向符号背后的发出者，那就是对孤独意识的突破，从而领会到他人的绝对他异性了。客观性就是这么来的。它不是指世界，世界始终是在我与他人的对话中被主题化呈示的，但与我对话的他人却无法被主题化、系统化、同一化。

他人，言说，世界，三者之间的关系是这样的："他人，表示者（意指者）——在言说世界而非其自身之际于言辞中显示自己，他在呈示世界之际、对世界进行主题化之际显示自己。"（页74）由此我们可以看到，言说世界的意义不在世界本身，世界虽被言说呈示出来，但它只是一个桥梁，我们穿越它走向给出言说的言说者（表示者，意指者）。这就是列氏所谓言辞的教导性："那在有待阐释的符号中进行阐释的线索的在场——恰恰是他者在呈示活动中的在场，是那能够给其话语以援助的人的在场，是任何言辞都具有的教导性特征。"

何谓教导呢？为什么说言辞与他人的关联是一个有关教导性的问题呢？理由其实很简单，如果我们自身已经自足，我们还需要他人吗？恰恰因为他人是对我们自身自足的超越，他人的言说呈示才具有教导性，所以列氏说："表示（含义）或可理解性并不是源于持守于自身的同一之同一性，而是源于召唤同一的他者之面容。"这个意思前述已经表达得很清楚了，即含义绝不可能在孤独意识及其合目的性中获得，它只能来自孤独意识之外，也就是来自与他人的关联："那设定事物的语词所一直被给予的援助，乃是语言的唯一本质。"（页74-75）此援助不是别的，正是来自他人的援助。

另一方面，他人也只能通过他所发出并给予援助的符号而显示出来，所以要打破孤独意识的同一化、总体化，也只有通过语言才得以可能："抵制总体化的、从关系中脱离出来或使关系明确化的诸项之间的关系，唯有作为语言才可能。""拥有一个意义，就是教授或被教授，就是言说或能够被言说。"（页

75）要注意的是，这个意义是不可穷尽的，它在说话中涌动，不断更新："说话（la porale）总是对它所发出的曾经的单纯符号的重新把握，是一种不断更新的许诺：许诺去照亮那在言辞（la porale）中曾经是模糊不清的东西。"它是对显现之弊的补救，因为"显现揭示又遮蔽，而说话就在于在一种总是重新开始的完全的坦率中克服任何显现都具有的不可避免的隐藏"（页76）。

本小节以这段一锤定音式的表述对语言的重要性予以总结："说话（言辞）是任何含义的本原——是工具和所有人类作品的本原——因为，正是通过说话，任何含义都要归诸其中的指引系统才获得其运转本身的原则，即获得其关键。并非语言是符号表示（symbolisme）的一种模态，而是任何符号表示都已经参照语言。"最后这句"并非……而是……"应该作为一句格言默记下来，并真正理解它的含义。

五、语言与关注

这一节继续谈语言。还能怎么谈呢？其实还是那些意思，但可以谈得更丰富、更清晰。

谈话为什么是重要的？因为如果没有交谈，世界就只会显现为孤独意识中的纯粹景象，而这个景象的最终实质不过是那喀索斯的自我迷醉而已。那么交谈什么呢？交谈世界。以何种方式？主题化，对象化。通过主题化和对象化，世界得以从混沌状态中被解救出来，这就是一切定义和概念化工作所做的事情。然而，这种定义和概念化的方式不就是列氏一直诟病的传统形而上学的同一化运作吗？所以，这个问题还需要进一步阐释，虽然前述已经讲得很清楚了。

我们再次回到页 74 上的那句话："他人，表示者（意指者）——在言说世界而非其自身之际于言辞中显示自己，他在呈示世界之际、对世界进行主题化之际显示自己。"这句话值得继续深挖。按照这里的说法，他人言说是为了显示自己，但为什么不直接谈论自己而需要通过对世界进行主题化的方式来显示自己呢？我认为这是提示我们要避免一个误区，即认为他人是可以独立于世界而存在的，或反过来，世界是可以独立于他人而存在的。如果没有对这个误区的警觉，要理解列氏的思想恐怕很难。他人不是一个"已经在那里"的事实存在，好像他的说话只是传达这个事实的辅助手段而已；相反，他人只能通过主题化地呈现世界而显示自己。另一方面，如果没有与他人的关联，世界也只会成为孤独意识的纯粹景象："他人的在场打破了事实之无端的魅幻：世界变成了对象。是对象、是主题，就是成为我可以与某人言说的东西，此某人已经穿越现象的屏幕并已经把我与他联结在一起。"（页 77）

从这句话也可以得出，在交谈中，关于世界的谈论引向的并非世界本身，而是对世界进行主题化并通过这样的主题化而显示自己的他人。如此，我们就可以理解这个小标题中的"关注"二字了。关注什么？关注他人。为什么关注？因为他的呼吁："主题化作为语言的工作，作为一种由老师施诸自我的行动，并不是一种神秘的通告，而是向我的关注发出的呼吁。"（页 77—78）接下来又是一句格言般的表达："关注之所以是对某物的关注，因为它是对某人的关注。"（页 78）这句话同样应该记下来并深刻领会。只是对某物的关注就还是传统的形而上学，但经由对某物的关注而关注他人，就是列氏的形而上学了。关注何以必要，列氏再次苦口婆心地予以阐明："思想只有在两个人之间才能变得明晰；思想的明晰性并不限于发现人们已经占有的东西。"

六、语言与正义

讲到这里，似乎不往下读都可以理解这个小标题了。语言嘛，就是与他人相关联，而与他人相关联，恰恰就是正义的题中应有之义。这问题还能怎么讲呢？

有几个关键词值得注意。一是"解蔽"。在交谈中我与他人相关联，但他人溢出我的意识之外，并非我的意识相关项（意识相关项是仅就孤独意识的同一性系统而言的），所以他人不可能被我解蔽。但如果一定要说有什么解蔽发生的话，那么可以说，"在这种解蔽中消失的恰恰是对那孤独的确定性的意识"（页79）。也就是说，孤独意识对自身的自由操作产生了质疑，从而就有了对他人的欢迎姿态，而所谓道德意识也由此产生。特别注意列氏对道德意识的再次阐释："在道德意识中我产生一种经验，这种经验不与任何先天框架相称——一种无概念的经验。任何其他经验都是概念性的，就是说，都变成我的经验或属于我的自由的范围。"

有了这样一个关于道德意识的理解，就可以领会这句话的含义了："社会关联是真理的所在地。"这里的"社会关联"，是第二个关键词。马克思讲，人是社会关系的总和。我们可能年少时就曾在书本里读过这句话，但或许要到成年或是成年很久以后才能真正领会它的意味。进入社会，就是摆脱自我中心、唯我主义，就会发现此前的坐标或"先天框架"分崩离析了，那么接下来的紧迫之事，或许就是重新调整自己的坐标或框架，让自己与社会打成一片，或是被它淹没，或是让自我变得更为强大（如巴尔扎克笔下的拉斯蒂涅），在适应社会中成为社会的宠儿。然而以列氏的眼光来看，这并非社会关联的真理所在，而只不过是孤独意识的攻城略地。很明显，在如此这般的社会关联中，他人未被真正看见，更不可能受到欢迎，相反，只是孤独意识寻求满足和享受之途上的障碍而已。

唯有把他人视为主人，教导者，至高无上的审判者，社会关联才可能成为列氏所说真理的所在地。由此，我们就可以理解第三个关键词，即"不可逆性"。列氏说："语言的本质存在于自我与他人之间的关系的不可逆性中，存在于主人之与其作为他者和外在性的地位相一致的支配性（Maîtrise）之中。"（页80）为什么不可逆？因为我奉他人为主人，教导者，至高无上的审判者。为什么我要如此谦卑，甚至卑躬屈膝？因为非如此我不可能超逾我的系统，我的自由，我的局限，而真理在自我之外。

第四章　分离与绝对

　　这一章很短，要说的内容前述基本上都有了，但为什么还要说呢？我的理解是在第一部分即"同一与他者"结束之前再一次强调核心思想，或者像我们关门外出，走了几步却不放心，返回来再一次确认门已关好一样。

　　同一与他者处于关联之中，但同时又保持绝对分离，这个意思虽然前面已经反复地讲了，但仍然值得进一步解释。既关联，却又绝对分离，从常理上很难理解，所以必须从列氏哲学所赋予它的特别含义来领会。列氏哲学的核心是如何走出孤独意识的同一性封闭，而他给出的途径是朝向绝对他者的维度，即形而上学欲望，这个欲望不等于我们一般意义上所说的那种欲望，因为它并不基于欠缺。基于欠缺的欲望只在孤独意识的内部，而且一当满足即告终止，所以它不是列氏所说的形而上学欲望，后者乃是无限的，而且不可能被满足。分离所强调的就是这个同一与他者的非基于欠缺和满足的关系。"无限观念要求这种分离"（页 81），这句话清楚说明了个中关系。这意思是说，绝对他者必须在孤独意识的同一性之外，否则它就只是孤独意识的意识相关项，自然也就称不上绝对他者了。

接下来这句话不可放过："社会关联具体地实现了这种分离。"究竟如何实现的呢？上一章最后一节"语言与正义"刚刚讲过，此不赘述。

分离的含义似乎弄清楚了，但列氏突然问道："在分离的层次上通达存在，难道不是在其沉沦中通达存在吗？"这里出现了一个很扎眼的词：沉沦。我们很容易就想到海德格尔对这个词语的使用，以及与它相对的"本真"一词。但列氏没有马上联系海德格尔（虽然在深层意义上，这里的讨论也与海氏相关），而是谈起了"从巴门尼德到斯宾诺莎和黑格尔"的哲学传统。这是个什么样的传统？恐怕还是用黑格尔的一句话来讲最容易理解，即"要开始研究哲学，就必须首先做一个斯宾诺莎主义者"[1]。那么，成为一个斯宾诺莎主义者意味着什么呢？意味着把存在视为一个整体，因为对于斯氏来说，只有整体的才是真实的。这就是黑格尔看重他的原因，因为黑格尔的哲学遵循的是同样的理念。巴门尼德把存在归结为一，同样是这个思路。对于这样的整体真实观来说，分离，碎片，如果仅只是自身，那就意味着沉沦和颓废（比如在卢卡契那里），它们需要被整合到总体之中，实际上，这就是传统形而上学所做的工作。与之相反，列氏的形而上学则拒绝这样的整合，并称其为一种"奥德赛式"的"怀乡病"。

有没有超出总体的东西？这是理解的关键。如果一切须在总体中安顿，那返回总体的怀乡病就理所当然。然而，同样是

---

① 〔德〕黑格尔：《哲学史讲演录》（第四卷），贺麟、王太庆译，北京：商务印书馆，1997年，页101。

希腊哲学，不同于巴门尼德，柏拉图把善设置于存在的彼岸："善自在地就是善，并不是因为与那缺乏它的需要的关系而是善。相对于需要来说，它是一种奢侈。恰恰因此，它处于存在之彼岸。"（页 81-82）其实从这句话里，我们已经可以嗅到一丝基督教的气息，虽然这是在谈论异教的柏拉图。中世纪之所以有所谓新柏拉图主义，缘由即在于此。但在列氏看来，普罗提诺的流溢说却未得要领，他返回的是巴门尼德而不是柏拉图，因为"柏拉图绝没有从善中推出存在：他把超越设定为超出总体"（页 82）。

　　然而"超出总体"并不那么容易领会。因为既然总体是全部，又怎么可能有超出总体的东西呢？所以，这个总体只能意味着孤独意识同一性意义上的总体。在我看来，列氏所谓"从巴门尼德到斯宾诺莎和黑格尔"之哲学传统所说的那个存在整体，也同样不过是孤独意识同一性意义上的总体。我们或可称之为客观唯心主义，但区分唯心是主观还是客观其实是荒谬而没有意义的。所以可以说，超出总体的实质就是超出孤独意识的同一性。分离之所以必要，就是因为如果不与孤独意识的同一性切割，朝向他者的维度就根本不可能打开。如是理解，"关于一个这样的无限的悖论就不再那么冒失：此无限在其自身之外还容许一个它并不含括的存在者，并且此无限正是由于（与它）分离的存在者的这种邻近关系才实现了它的无限性本身；一言以蔽之，这就是创造的悖论"。为什么是创造的悖论？因为无限（与总体相对）乃创造（在同一性之外），它要求与同一分离（如前述所言），但又必须跟与其分离的同一邻近。在这个意义上，无限乃是关系的产物，即没有同一也就没有无限，无限是相对于同一而言的。

作为与无限分离的存在者，其分离并不意味着欠缺，更不是什么"堕落"和"沉沦"，相反，它是自足的，如果说它还有欲望，那就只能是列氏所谓形而上学的欲望，即超出自己，朝向无限，朝向绝对他者的欲望。如前所述，社会关联是这一欲望存在和实现的领地，而"（在这里，）关系连接的并不是相互补充、并因此彼此缺失的诸项，而是自足的诸项"。列氏把这样的关联称为宗教（参第二章第七节相关论述），其意是说同一与他者不可能同一，却持续地关联着。对于这样的状态，列氏还给出了一个非常精彩的说法，即"一种安息日的实存的可能性"（页83），而"在这种可能性中，实存悬置了实存的必需物。因为一个存在者只有在它是自由的意义上，就是说，只有在它处于那以依赖为前提的系统之外时，它才是一个存在者"。不得不说，这是关于基督教安息日的令人耳目一新的说法，真正是意味深长。为什么这样说？在我看来，它有助于形象地说明列氏的"社会关联"概念，但同时也埋藏着解构的因子，即非安息日的社会关联是非宗教的，但这显然不是列氏的本意，所以比喻总是危险的，要慎用。

接下来有一个关键词，即"复多性"。这是列氏所谓社会关联意义上的复多性，它不可能被总体整合，因为"无中生有的创造的观念表达的正是一种没有统一在总体之中的复多性"。这里的"创造"一词，前面已经涉及，但侧重于无限一端，此处则侧重于与无限分离的存在者一端。"创造给受造物留下一道依赖的踪迹，但这却是一种无与伦比的依赖：依赖性的存在者从这种例外的依赖中、从这种关系中，引出它的独立本身，引出它相对于系统的外在性。"（页 83－84）这是指存在者通过与无限的依赖性关联，摆脱系统（即孤独意识）的有限性，并因此而获得超越自身的维度。

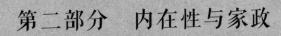

第二部分　内在性与家政

第一章　分离作为生活

第一节　意向性与社会关系

形而上学的欲望是同一对无限的欲望，二者既分离又关联，对此前述已经说得很多了，然而，可不可以说欲望毕竟也是一种意向呢？比如说它"同时是临近与距离的关于……的意识"？列氏对此予以否定。因为他认为"意向性"这个胡塞尔的术语，会立刻让人想到与对象的关系，然而无限不是对象。对象的世界是存在论的世界，但形而上学是超越存在论的。海德格尔的操心，胡塞尔的观照，都同属存在论的世界。前者与对象挨得太近，后者看似超然，但同样退得不够，因为"对对象的观照完全接近于行动"，所以二者对外在性都没有给予足够的尊重。关键就在于，只要从行为的方式着眼，就不可能理解列氏的形而上学，因为"它的样式并不是行为，而是社会关系"。那么，何以说社会关系就对外在性给予了足够的尊重呢？列氏称社会关系为"卓越的经验"，"因为，它是面对着这样一种存在者发生的，这种存在者表达着自己，亦即保持着自在"。（页87）这意思是说，那与我们遭遇的他者，虽与我们关联（通过话语），但其自身的自在（对于我们而言即外在）却丝毫无损，与我们的意识相关性也根本无涉。这里的关键在于区分客体化行为与形而上学，列氏认为这不仅不是反智主义，而且还意味着理智主义最为严格的发展。不过要注意列氏此处对于理智含义的界定，即"欲望着自在的存在"，或者更明白一点说，就是走出自我，欲望他者（进一步参考第三部分第二章第八节"意志与理性"）。只有在这个意义上，我们才可以说形而上学是理智主义的，而客体化行为则是反智主义的，因为后者乃是一种孤独意识的同一化运作。

以上谈的是同一与无限的形而上学关系，接下来专门谈同一，作为分离的同一，要深入它的内部进行考察。按我的理解，列氏似乎是想通过对同一内部的总体论的瓦解，即他所谓"分离的间隔"，来为形而上学的一端即作为分离的同一进行可能性的论证。"分离的间隔"，或同一内部的总体论的瓦解，究竟是什么含义呢？这段话或可看作解答："在分离中，诸项之间的结合在一种卓越的意义上维持着分离。在关系中，存在者从关系中解脱出来，在关系中保持着绝对。"（页88）这个表述不难理解，其实就是对同一既与绝对他者关联但又绝对自持的说明。但接下来的表述则颇费思量："实现出这一关系的存在者从事着对这一关系的具体分析（他在分析这一关系之际不停地实现着这一关系）；这种具体分析将把分离辨认为内在生活、辨认为心灵现象。我们已经指出过这一点。但是，这一内在性又将显现为一种在家的在场，后者意味着居住和家政。"在哪儿指出过这一点？这需要回溯到第一部分第二章第一节"非神论或意志"。在那里，列氏以笛卡尔的我思为例对作为分离形式的心灵现象做了阐释，而在这里，列氏则说内在生活或心灵现象将显现为"在家的在场"，并且意味着"居住和家政"。"居住和家政"？多么令人意外的词汇！这是对整个第二部分的点题，但其义究竟为何，还有待细细分解。

第二节　享用……（享受）。实现的观念

这一节的核心意思，是说生活的源始性是享受。这么说似乎不会得到大多数人的同意，因为虽然对于少数人来说，生活主要是享受，但对于多数人来说，生活还是以受苦居多。所以列氏所说的这个享受，恐怕不能单纯理解为一般意义上的享受，因为他提到享受的内容既包括幸福也包括痛苦，所以不如把它说成体验更为恰当。

把生活的底色定义为享受（我们暂且还是保留列氏的这个术语吧，在英译里用的也是 enjoyment），其目的是什么呢？列氏针对的是两个人——胡塞尔和海德格尔。对于胡塞尔来说，根本问题是如何解释表象（认识论），而对于海德格尔来说，根本问题是生存（存在论）。看起来，海德格尔和胡塞尔的差异很大，似乎他比胡塞尔找到了更为源始的存在层次。道理很简单，进行表象者也首先要生存，所以他的表象行为也内嵌于他的生存论结构之中。[1] 这正是海德格尔为之得意的地方

---

[1] "各种科学都是此在的存在方式，在这些存在方式中此在也对那些本身无须乎是此在的存在者有所作为。此在本质上就是：存在在世界中。因此这种属于此在的对存在的领悟就同样源始地关涉到对诸如'世界'这样的东西的领会以及对在世界之内可通达的存在者的存在的领会了。"〔德〕海德格尔：《存在与时间》，陈嘉映、王庆节译，熊伟校，北京：生活·读书·新知三联书店，1987 年，页 17。

和理直气壮的依据（因为他说在他之前两千年的西方哲学都遗忘了存在）。但在列氏看来，他们都还在（传统）形而上学之中，都还没有走出孤独意识的同一性，只不过一个是认识论的，一个是实践论的而已。

无论是表象意识的同一性，还是生存论的同一性，都还是一种总体论，而列氏要破解的恰恰就是总体论。享受思想的提出，就是这个破解的切入口。

海德格尔仍然是主要的靶子。海氏把人的存在解释为一个因缘联络的整体，也就是"为……而操心"的行为聚合，而在此行为聚合中，工具和器具起着重要的指引和连接作用。比如海氏喜欢提到的锤子，我们使用它，总是为了什么而使用它，也就是说，是基于某个实用的目的而使用它。通常，我们不会莫名其妙地拿起一把锤子而不知道要干什么。而锤子之所向所为的东西，还会指向别的东西，同样，这别的东西又会指向其他别的东西，就这样，我们的世界在各种工具和器具的指引中勾连而成。可以看到，在这样的描述中，工具和器具似乎只是生活的手段，而使用工具和器具的行为，就其相对于生活这个总的目标而言，同样也只有手段的性质。

但列氏不这样认为。列氏说美食、空气、阳光、美景、劳动、观念和睡眠等事物（多数人可能会把"劳动"这个词摘除）不是工具和用具，"它们的实存并不能由实用的模式论所穷尽……在某种意义上，它们总是——甚至锤子、针、器具也是——享受的对象"（页89）。这里最重要的，或许不是在我们享用的事物和工具、用具之间所做的区分，而是两个破折号之间的那个说法，即"甚至锤子、针、器具也是"。虽然列氏随后马上又说"对工具的使用却以合目的性为前提，并且标志着一种对于他者的依赖"，但在我看来，这只是临时迁就流俗看法的一种表达，意在强调他要重点阐述的享受的独立性，不然的话，他就前后矛盾了，但一个哲学家不会在一个段落里犯下这样的错误。

列氏如果想从整体和根本的意义上讲生活是享受，那他就不能只是在享用的事物和工具、用具之间进行区分。因为在某种意义上，我们有可能把一切都视为工具，包括呼吸新鲜空气（所谓洗肺）和观赏美景（养眼和放松），所以关键是说明即便是使用工具时我们仍然在享受。事实上，列氏马上就说了："幸福的独立总是依赖于内容：幸福是呼吸、凝视、进食、劳作、使用锤子与器具等等（活动）所具有的快乐与痛苦。"这里把呼吸、进食与使用工具和器具相提并论，不再刻意区分，这并不难理解。使用工具和器具的快乐，不只在手工爱好者身上可以看到，即便是一个每日辛勤劳作的屠夫，他也一定能体会运刀的快感（庖丁解牛乃是此种快感的最高境界）。但要特别注意，使用工具时不只有顺手的快感，也会有不顺手的沮丧，而这一切，都被列氏视为幸福的内容。这就是我一开始讲他所说的享受不同于我们一般意义上所理解的享受，不如说它是体验更为恰当的原因。

列氏以吸收营养为例说明享受生活的含义。吸收营养是恢复活力的手段，就此而言，它是工具性的，然而在此过程中，一种其他的能量被转化为我的能量的快感，会让这个行为本身成为一种享受。"而恰恰在这个意义上，享用……并不是一种对充实着生活的内容的单纯意识。这些内容是被体验的：它们供养着（alimentent）生活。"这里明确地用到了"体验"一词，其实它才是列氏所谓享受的真正含义。作为体验的生活，不仅不是单纯意识的，也不只是合乎目的性的。"对于行为来说，那种沉湎于（se nourrir de）其活动本身的方式恰恰是享受。因此，享用面包就不是表象面包，也不是对面包起作用或通过面包行动。"（页 90）这个句子同时隐含了对胡塞尔和海德格尔的批判。但列氏主要还是针对海德格尔，他说："生活并不是赤裸的存在意志，不是对于这种生活的存在论的 Sorge（操心）。生活与某人生活的诸条件本身的关联，变成这种生活的食物和内容。生活是对生活之爱，是与这样一些内容的关联，这些内容并不是我的存在，而是比我的存在更珍贵：（它们是）思考、吃饭、睡觉、阅读、劳动、晒太阳等等。"（页91）诗人柏桦也曾写道："像生活，干脆就剥竹、毁稻、杀猪/像生活，干脆就在睡眠中，睡眠中清账"①。这意思是说，生活不是抽象的存在，它就是这些具体的内容，如果存在论在意的总是那为什么而存在的存在，那么生活就"处于存在论的彼岸"。

第二节的标题里除了"享用（受）"，还有一个词语：实现。它和前者之间是一种什么样的关系呢？通过它，列氏又想说明什么呢？列氏提到了亚里士多德的活动（实现）与潜能这对范畴，活动是对潜能的现实化，如果说它们之间是目的和手段的关系，那么享用（受）则处于这个系统之外。这是因为，"我之所为与所是者，同时也是我所享用者"（页 92）。这是什

---

① 柏桦：《望气的人》，台北：唐山出版社，1999 年，页 121。

么意思呢？"我之所为与所是者"，指的是我之潜能的实现，这是亚氏存在论的全部，但在列氏这里，一如螳螂捕蝉，黄雀在后，还有对我之潜能的实现的享用，所以，"在理论与实践的背后，有对理论与实践的享受：生活的自我主义。最终的关系是享受、幸福"。列氏还给了它一个说法，即"自我的战栗本身"。列氏也把它叫作"实现"，但按我的理解，它不只是亚氏的"实现"，而是一种对亚氏的"实现"之渴求的实现，在这个意义上，列氏认为它"已经是对存在的越出"（页93）。"对存在的越出"是什么意思呢？其实就是对合目的性的越出，它意味着一种独立于系统之外的东西的出现，"因此，幸福的独立就有别于哲学家所认为的实体所拥有的独立。似乎，在存在的充实之外，存在者还可以要求一种新的胜利"。同时，它也意味着对潜能之实现的连续性的打破："于是，在这种连续性内部，享受便实现出那种相对于这种连续性而言的独立：每一次幸福都是一次发生。主体性在独立中、在享受的主权中，有其本原。"

本节末段探讨了柏拉图关于真理和灵魂关系的思想。对于真理如何滋养灵魂，柏拉图用了一个比喻性的说法，即灵魂是靠来自真理平原上的牧草来养育的。列氏说，在这整部书中，他都反对把真理与食物进行类比，因为食物只是一个来自生活世界的意象，而形而上学的欲望（如果我们视其为真理的话）是超越生活的，它不可能通过进食这样的方式得到满足。不过，列氏最终想说的是："但是柏拉图的图景却为思想描述了生活将要完成的那种关系本身，这种生活是这样的：在其中，对充实它的内容的依附，为它提供了一种最高的内容。对食物的食用（la consommation）是生活的内容。"（页94）一言以蔽之，生活即享用（受）。

第三节　享受与独立

享受的独立性质，前述已有涉及。简单地讲，就是享受乃生存目的性之外的事情，它不为合目的性所统摄。但关于这一点，列氏认为还需要进一步讨论。

开始一句话："享用某物，并不等于从某处汲取生命能量。生活并不在于寻找和消耗由呼吸以及食物提供的碳氢化合物，而是——如果我们可以这么说的话——在于食用天地间的事物。"这个意思不难理解。提供碳氢化合物的食物是指服务于肉体再生产这个实用目的的食物，而"天地间的食物"却是作为享用的"食物"，即便它也可以是提供碳氢化合物的食物，但因为享用这个行为的性质，食用这样的"食物"也从服务于实用目的的系统中脱落和独立出来了。事实上很多时候，我们去某个地方吃饭，不是因为可以在那里吃得很饱或是吃得很营养，而只是因为那里的东西好吃。在生活中，为了寻找好吃的东西，我们简直是绞尽脑汁。

列氏要强调的是，不管什么样的食物（从碳氢化合物、空气、阳光到劳动或睡眠），我们的生存固然依赖于它们，没有它们我们就没法存续，但这并不意味着我们只是接受它们的奴役，并在这样的奴役中感受完全的被动性，相反，我们也在这样的依赖中享受它们带给我们的满足。所以列氏说："我们享用的事物并不奴役我们，我们享受它。"这里接着有一句需要解释的话："需要既不能被解释为单纯的缺乏，尽管有柏拉图制订的关于需要的心理学；也不能被解释为纯粹的被动性，尽管有康德式的伦理学。"从上下文来讲，这里的"需要"一词，应该说的就是那种既依赖又享受的心理和行为。把握了需要的既依赖又享受的特点，或许就可以理解说它既不是单纯的缺乏，也不是纯粹的被动性是什么意思了，因为这两种状态里都没有享受所拥有的那种怡然自得的独立性。关于柏拉图，下一节关涉较多，这里暂不纠缠。而关于康德，我们都知道他在伦理学上的"绝对命令"一说，那么这里所谓纯粹被动性的含义想必不难理解了。

说白了，列氏所谓既依赖又享受，就是变被动为主动："这就是依赖，就是变为统治、变为本质上自我主义的幸福的依赖。"这真是绝妙的辩证法，我不得不有所求，但所求之物却让我感觉到享受，而享受则是对生理学层面的需求的超越，所以，"自有需要以来，我们就处于存在范畴的外面"。总之，"生活享用某物，这样的生活是幸福。生活是感受性与感情。过生活，就是享受生活。只是因为生活原本就是幸福，对生活失望才有意义"（页95）。我们会同意这些说法吗？说生活是感受性和感情，这没有问题，但要说过生活就是享受生活，甚至说生活原本就是幸福，恐怕我们就不能认同了。至少，我们对生活的感受不只有幸福，甚至可以说主要是幸福的反面，所谓"不如意事常八九，可与人言无二三"。那么，列氏为什么要这么说呢？我觉得要完整地理解这句话："只是因为生活原本就是幸福，对生活失望才有意义。"在我看来，其实他要说的意思是，生活的意向（并非生活之实事）原本是追求幸福

（这一点恐怕没有谁会否认），所以如果对生活失望，那只是意味着这个意向受到了阻碍但并未丧失其诉求。

如此强调对幸福的追求，究竟意味着什么呢？列氏说："享受实现了非神论的分离：它去除了分离概念的形式，分离并不是抽象的裂缝，而是一个本土性自我的在家的实存。"要理解这句话，需要回返到第二章第一节即"非神论或意志"。那里已经预告了要通过对享受的研究来讲自我性的分离，并据此提出了非神论这个概念："这种分离是如此彻底，以致分离的存在者在实存中完全独立地维持着自身而并不参与到它被从中分离出来的那种存在——它或许能够通过信仰加入这种存在；我们可以把这种分离称为非神论。与参与的破裂被包含在这种信仰的能力中。我们在上帝外面生活，我们与自己在一起（在家，chez soi），我们是自我、是自我主义。灵魂——心灵之维——分离的实现，自然是非神论的（athée）。"（页32）如果简括地理解，这段话是说自我主义（与自己在一起）是通过与参与的决裂（也就是对同一性的拒绝，所谓在上帝外面生活）而实现的，此即非神论分离的含义。这段话里其实还有一句值得分析，即"分离的存在者在实存中完全独立地维持着自身而并不参与到它被从中分离出来的那种存在——它或许能够通过信仰加入这种存在"。为什么从中分离出来的那种存在需要信仰的力量才能加入？按我的理解，原先的结合其实是同一性捆绑的一厢情愿，通过分离，原先与自我捆绑在一起的存在就恢复为同一性无法穿透的绝对他者，而对于这个绝对他者，自我除了信仰不可能有别的与之关联的方式。

现在要弄清的是，同一性只能以信仰与之关联的他者，是不是本节末尾那个加了引号的"他者"呢？按我的理解，恐怕不能等同。因为这个加了引号的"他者"是与享受关联的事物，而享受不过是自我主义范畴的东西，它还无法与绝对他者发生关联，这是需要特别说明的。然而，列氏为什么要特别谈及这个加了引号的"他者"呢？其实就是为了说明上文已经提到的那句话，即"分离并不是抽象的裂缝，而是一个本土性的自我的在家的实存"。而"本土性的自我的在家的实存"也就是"内在性"的"家政"。讲内在性的家政有什么意义呢？按列氏后边的说法，家政就是居住和劳动，而正是通过居住和劳动，内在性才得以建立，"灵魂才获得其同一性"。这就与柏拉图那个不沾染任何事物的灵魂区别开来。

第四节　需要与身体性

如前所述，需要是基于享受而非欠缺，那么，既然享受的身体性不言而喻，需要的身体性也就理所当然。关于这个问题还有什么可说的呢？

这一节提出了一个重要的概念，即与身体相关的两可性。这是什么意思呢？"正是那插入人与其所依赖的世界之间的距离，构造出需要的本质。"（页96）也就是说，需要是人对世界之依赖的悬搁或延迟，但正是通过这样的悬搁或延迟，那从世界的重压中解放出来的存在者可以拥有一个属己的世界。而就在这里，有一种与身体相关的两可性："需要处于我的权力之内，它们把我构造为同一者，而非依赖于他者的。我的身体不仅是主体将自身还原为奴隶、依赖那并非其自身者的一种方式；而且还是拥有和劳动的一种方式，是拥有时间、克服我应当享有的他异性本身的一种方式。"按我的理解，这其实就是指作为自然和自为的身体，而列氏想要强调的是后者。

这个为需要所驱动的自为的身体，"在确认其需要为物质性需要的时候、亦即能够被满足的需要后，自我因此就可以转向它并不缺乏之物。它把物质性的事物从精神性的事物那里区别开，它向欲望敞开。然而，劳动已经要求话语，并因此，要求不可还原的他者相对于同一的高度，要求他人的在场"。这段话非常重要。特别注意这里的"需要—劳动—话语—不可还原的他者—他人"这一连串范畴间的关系，它点明了谈论享受和需要的最终意义，即为（形而上学的）欲望的开启做好准备。欲望为什么重要呢？因为欲望与需要不同，需要可以满足，但"在欲望中，则并没有对存在的啮食，没有满足，而有一个无尽的未来在我面前展开"（页97）。所以，是欲望赋予了需要以时间，使其在劳动中通过与他者的关系将享受转化为意识和劳动，并以此建立内在性的家政。这其实也就说明，对于内在性来说，仅仅只有享受的独立性是不够的。但这个问题暂时还不会展开。

第五节　作为自我之自我性的感受性

该小标题给人以这样的提示：自我之自我性是以感受性奠基的。显然，这与笛卡尔所谓我思故我在的思想大为不同。

一开始探讨自我的唯一性。列氏指出，自我唯一性的本质就在于"它之实存是没有属的"，也就是它不能被概念化，也

不是概念的个体化。这就意味着它拒绝总体的收编："自我的秘密确保了总体的离散。"（页98）

自我对总体的逃离是通过幸福的自足达成的，也就是通过享受达成。列氏称这样的自足为"自我的收缩本身"，就像"听不进忠告的饿汉"那样一心为己，它简直就是一种沉醉："享受活动之自足清楚地标画出了自我或同一的自我主义或自我性。享受是一种自身中的回撤，是一种内转。那被人们称为感受状态者，并没有状态所具有的那种沉闷的单调乏味，而是一种自身于其中升起的颤动着的提升。"值得特别注意的是，列氏指出："自我并不是享受的承载者。"这是什么意思呢？这个说明很重要，它点中了一个要害，即自我和享受是融为一体的，自我即享受，享受即自我，如果说它也有一个意向结构的话，那么它就是完全内倾，完全自指的，也就是幸福的自我主义。

享受的孤独是对一切外部因素都置若罔闻的彻底的孤独，即便是他人的在场质疑也不能摧毁它。这里有一个不太好懂的说法："人们将在对知的操心中辨认出孤独来"（页99）。其实列氏接着就有解释。其意是说，知的操心其实是一种来自孤独感的焦虑，这一焦虑力图将被体会为孤独的存在者（主体自身或某对象）置入一个总体或系列之中以消除它的孤独的悬虚感。然而，享受的孤独显然不会理会如此这般的知的操心。

如前所述，自我的实存是没有属的，所以列氏说："自身从享受中浮现出来，在享受中自我的实体性并不被领会为动词存在（是）的主体（主词），而是被领会为蕴含在幸福中——

不是属于存在论而是属于价值论……"这段话的针对性非常明显，它显然是就海德格尔的存在论而言的。可以看出，列氏的自我不是海氏的此在，前者还陶醉于幸福的享受中，而后者已经进入世界之因缘联络的整体意蕴。

如此强调享受作为自我的本性究竟有何意义？列氏在此给出了非常清晰的回答。如果没有享受的内在性，而只有与理性同一的自我，那么社会也就不成其为真正的社会了："理性使人类社会得以可能，但是一个其成员只能是诸理性的社会作为社会会消失。一个彻头彻尾理性的存在者跟另一个彻头彻尾的理性存在者谈什么呢？理性并没有复数，如何区分出许多的理性？如果组成康德式目的国的诸理性存在者并没有把他们对幸福的追求——感性自然瓦解后的奇迹般的幸存者——作为个体化原则保留下来，这一目的如何可能？"不得不说，这一连串尖锐的质疑是相当精彩的。但细想一下，如果与伯林对卢梭的批判相比，似乎又没有说出什么新的东西。

第六节　享受之自我既非生物学的亦非社会学的

这一节继续对由享受所确立的自我进行说明。享受之自我不是生物学的，这比较容易理解，享受之所以成为享受，就是因为它是对生物学依赖的悬搁，是在生物学依赖之链中寻找到的裂缝，是对种族延续意志的闪躲和逃逸。

但说享受之自我是非社会学的是什么意思呢？这个说法容易让人产生误解，因为如前所述，形而上学的欲望恰恰要在社会关联中才能产生，那怎么能说享受之自我（作为欲望的潜在发出者）是非社会学的呢？按照我的理解，这两者之间并不矛盾。从上下文看，列氏所谓享受之自我的非社会学特性，是指享受之自我的唯一性、内在性，或所谓秘密，它不被一种所谓对等的社会关系所含括甚至溶解，因为，"只有诸个体保持着它们的秘密，只有那把诸个体连接在复多性中的关系无法从外部看见，而是由此到彼，复多性才能产生"（页100）。此处的价值理念为我们所熟悉，不错，它就是自由主义价值多元论，事实上，列氏也承认了自由主义在这一方面的"动人之处（pathétique）"，认为它"提升了人格"。列氏特别对这句话中的"无法从外部看见"做了重点阐释，其意主要是说，诸个体之间的关系并不构成一个总体，不然的话，"诸个体就会显现为总体的参与者：他人就会等同于自我的复本——这二者全都含括在同一个概念中"。他人不是我的复本，这也就决定了我不能由己及人地推想他人："多元论预设了他者彻底的他异性，我不是通过与我自己相比来简单地构想他者，而是从我的自我主义出发面对他者。他人的他异性是在其自身的，而非与我相比而言的；这种他异性启示出自己，但是我之通达它却是从我出发，而非通过自我与他者的比较。"（页101）这段话清楚明了地否定了我们经常挂在嘴边的一个貌似很雄辩的说法：人同此心，心同此理。的确，我们大多数人就是带着这样的人世法则行事以及与他人相处的，但也常常遭遇法则失灵的状况，然而，这似乎并不足以提醒我们去真正思考和他人的关系。在我们和他人的关系中，有一类他人是最为平常但其实也最为特殊的，这就是异性。为什么要特别谈论异性呢？因为"异性是一种他异性，这种他异性是作为本质，而非作为其同一性之另一面而为一个存在者所拥有的"。这本是至为简单的道理，也是他人之他异性最为显明的存在，但在实际的两性关系中，却常常得不到基本的尊重。

第二章　享受与表象

　　享受和表象的关系，这是一个胡塞尔哲学意识的问题。正如列氏指出，"自意向性作为一个哲学论题被首次阐明以来，表象的优先性就一直是显而易见的"（页102）。按胡塞尔的哲学，意识总是关于某物的意识，而那个某物其实就是表象。那么，我们可不可以说，因为享受也是一种意识（似乎很难否认这一点），所以表象相对于享受同样有其优先性，享受也必以表象为前提？然而，在上一章第五节，列氏在把享受界定为幸福的自足时，曾经断言："自足是一种自为的实存，但并不是一开始就着眼于它的实存，它也不是由自身本身对自身的表象。"（页98）在这里，列氏明确否定了表象对于享受的奠基。那么，列氏究竟如何处理这个问题呢？本章内容主要是对这个问题的回答。

第一节　表象与构造

　　表象是由一种客体化行为的理论意向性构造的，所以，如果说享受并不与表象关联，就得阐明享受行为的意向性与客体化行为的理论意向性的根本差异。

我们来看一开始的这段话："这种意向性是自在的分离事件的一个必要环节，我们在这一部分将对这种分离进行描述，这种分离是从居所（la demeure）和占有（la possession）中的享受出发构成自身。"（页103）这里的"这种意向性"指的就是客体意向性。这段话包含了两层的意思，首先是客体意向性属于自在分离事件的一个环节，然后是自在分离由享受构成。据此便可以推论，享受先于客体意向性，所以享受先于表象，不是表象为享受奠基，而是享受为表象奠基。列氏一上来就给出了这个论断，接下来他要做的便是阐明它。这段话中还有一个有待解释的说法，即所谓"居所和占有中的享受"，列氏本人提示，这将在本章第三节末尾得到探讨，此处我们也暂时按下不表。列氏接着说，"表象似乎是沿着一种与享受的方向相反的方向被定位的"，进一步明确了享受与表象的关系。

表象在何种意义上沿着与享受相反的方向被定位？简括地讲，表象纯粹是由内在的被给予性构造的，而享受的意向性则依附于外在性。本节主要阐明前一点，后一点则要在第二节"享受与食物"中才会得到重点分析。本节对于胡塞尔哲学中表象与意向性构造的关系的分析是非常精彩的，你会发现，只要涉及同一性批判，列氏就像锁定了他朝思暮想的仇敌，步步紧随，招招致命，其思辨发飙的过程，真有酣畅淋漓之感。

分析的核心在于这样一个论断，即对于胡塞尔来说，表象尽管有其独立性，但它完全处于意向性的权力之下。表象中的一切都是在意识的清楚分明的意义上被给予、被呈现的，也就是说，它不会有丝毫未被意识渗透、贯穿的东西，正是在这个意义上，列氏说，表象就等于可理解性，而且这个可理解性是纯粹直观意义上的可理解性，它还不同于逻辑推理那样的间接可理解性。胡塞尔所谓的"悬搁"（把客观世界是否存在这个问题放进括号不予考虑）所要达到的目的就是要让哲学诉诸完全的内在性，而将那意识所不能理解、不能穿透的"外在"阻挡在外。

所以表象看起来像一个他者，有其外在性，但实际上，"它完全呈现，原则上没有任何东西冲撞思想，思想也从来没有感到自己唐突冒失。清楚性是那可能冲撞思想之物的消失。对于他者来说，可理解性、表象行为本身，是它被同一规定而不规定同一、不把他异性引入同一的可能性，是同一的自由操作"（页104）。一言以蔽之，表象不过是意向性的顺民。

在表象中没有任何事件发生，它是从同一出发的运动，完全在同一的掌控之中。"表象，就是这种投射本身，它发明目标，后者就像先天的赢获物一样将自己呈交给仍然在逡巡摸索的行为。确切地说，表象'行为'并不在它自己面前发现任何东西。"（页105）这段话中的关键词是"发明"，也就是说，表象不过是同一的产物，它当然只能在同一的权能内打转，其貌似或表面的外在性不过是思想本身的一种表现罢了："被表象的对象的外在性就向反思显现为进行表象的主体所赋予一个对象的意义，这个对象本身可以被还原为思想的作品。"注意，这里的"还原"二字也是理解的关键。

接下来一个极其重要但不那么容易理解的思想，乃是列氏的这段表述："表象是这样一种幻觉和这样一种遗忘的力量。表象是纯粹的当前。对一种纯粹当前、与时间没有任何关联——哪怕是相切的关联——的纯粹当前的设定，乃是表象的奇迹。时空的虚空，被解释为永恒的时间的虚空。"这是什么意思？为什么说表象是纯粹的当前，是永恒的时间的虚空？必须搞懂这个问题，否则就没法真正弄懂现象学的直观是何种意义上的直观。前面提到过一个词——"清楚分明"，其实这就是针对现象学直观而言的。那么，究竟要怎样才能做到清楚分明呢？按我的理解，就是必须彻底诉诸内在的明证，而这个内在的明证除了纯粹当前的意识显现，还能是什么呢？而什么又叫作"纯粹当前"？那当然就是指摆脱了一切时间性纠缠的当下瞬间，即上文所谓永恒时间的虚空，或者就是我们时常说的瞬间即永恒的那种状态。这是一个斩断了所有牵绊的瞬间，是眩晕的当下迷醉，所以列氏说它是一种幻觉，一种遗忘的力量。它既无过去，也无未来，强烈专注而结晶于纯粹当前的一刻，堪称时间的孤岛，列氏称它为"无所亏欠的瞬间""纯粹的无据状态"。

正是因为表象之"纯粹的无据状态"，列氏又称它为"'拔根'的表象"，而且还说："表象系缚于一种'完全不同的'意向性方式，不同于对象系缚于主体或主体系缚于历史的方式。"（页106）这又是什么意思呢？"同一在表象中的完全的自由，在那并非一个被表象者而是他人的他者中有一肯定的条件。"前面说表象是纯粹的无据状态，现在又说它系缚于一种完全不同的意向性方式，而且以他人为其肯定（约束）条件，这不是前后矛盾吗？当然不是。因为说表象本身沉醉于自身的无据状态，与说它客观上系缚于他者，这是完全不同的两件事。但列氏在这一节并没有展开这个问题，只是在末段开头有与此呼应

的一句："表象的自我摆脱了它在其中有其潜在发端的诸种条件。"（页107）

总之，这一节核心意思就是讲表象经由意识构造，在这样的构造中，表象纯粹只是意识的相关项，将不会有任何与思想相抵触的外在性和实在性："是可理解的就是被表象的，因此，就是先天的。把一种实在性还原为它的被思考的内容，这就是把它还原为同一。"然而，享受与享受之物的关系则与此完全不同。

第二节　享受与食物

上一节我们曾有提示，在列氏那里，享受的意向性和表象的意向性是背道而驰的，这正是本节阐述的要点。一开始列氏就明言道："享受的意向性可以通过与表象的意向性的对立来描述。这种意向性就在于它依附于外在性，后者被包含在表象中的先验方法悬搁了。依附于外在性，并不等于单纯地肯定世界——而在于以身体的方式将自己安置（se poser）在世界之中。"（页107-108）关键词是"先验""外在性"和"身体"。先验性是纯粹内在的，与外在性无涉，所以表象和享受，一个向内，一个向外。但要注意的是，享受的意向性之依附于外在性，是以身体安置于世界的方式实现的。突出身体安置于世界这一点对于分析享受有何意义？说起来道理似乎很简单：如果单靠清楚分明的意识就能解决享受问题，我们用得着这么辛苦地劳作吗？

享受以身体的方式安置于世界，并由此表现出对于外在性的依附，这同时意味着它所依附的外在性不是也不可能是由内在意识构造的。身体和外在性的这种关系，意味着身体充当了从表象到生活的中介，"裸露匮乏的身体是表象向生活的翻转本身，是进行表象的主体性向生活的翻转本身，不可还原为思想的翻转本身"（页108）。理解这一点非常重要，但说起来似乎又非常简单：走出意识内在性的途径在在可及，不是别的，就是具有意识功能的身体，而这个身体之所以拥有意识的功能，就是因为它不能只是意识，它还得劳作，还得吃饭穿衣，还得与意识之外的生活世界打各种各样的交道。就此，列氏的表述很精彩："怀疑在天际或黑暗中浮现的形象是否实存，把既有的形式赋予一小块铁以便把它造成一把刀，克服一个障碍，或消灭敌人：怀疑、劳动、摧毁、杀死，所有这些否定性的行为都是自觉接受客观的外在性而非构造之。"说得直白一点就是，所有这些事情，我们不可能只靠想就把它们解决了，相反，得去做才行。列氏接着说："接受外在性，这就是进入与它的关系，在这种关系中，同一规定他者，同时又受他者规定。"这里的关键是讲同一受他者规定。同一规定他者，这很好理解，是就意识构造表象而言，所以它说的其实是同一对他者的表象化处理。反过来，同一受他者规定，是指他者不能为同一（意识）所过滤的外在性，这一外在性是同一构造的边界，也就是同一化到此为止，如果要继续扩展，那就只能采取身体介入，或者说就是以"享用……"的方式介入了。同时我们看到（也是列氏所特别强调的），同一规定他者，同时又受他者规定，这个相互性并不是对等的。

对于享用和对象的关系，如果我们还非得用"构造"一词的话，那就必须指出："被还原为其意义的被构造者在此溢出其意义，它在构造中变成了构造者的条件，或更确切地说，变成了构造者的食物……食品制约着（conditionne）思想本身，后者会把食品思为条件。"（页109）这段话算是对本节的点题。我们应该还记得，在前一章第三节"享受与独立"一开头列氏就说过"享用某物……在于食用天地间的食物"这样的话。把享用与食物关联，究竟想说明什么呢？"吃的行为所尤其包含的这种对事物的啮食——测度着这种食品的实在性对任何被表象的实在性的盈余，这种盈余并不是量上的，而是自我、绝对的开端发现自己被悬挂在非我上的方式。"如果翻译成通俗的话，即是说人得吃饭（无论是狭义的还是广义的）才能思想。这不是一般人都明白的大道理吗？的确如此，但你会发现，大哲学家们常常忘记这一基本的事实。而一当具备这样的常识，我们就有可能从传统形而上学的迷梦中醒过来。

然而，究竟是什么神秘的力量总在遮蔽如此显豁的常识呢？其实并不神秘，它就是西方哲学长期以来独尊理性而蔑视感性和身体的传统。可以说，传统西方哲学乃是没有身体的哲学，而胡塞尔现象学的先验自我则堪称这一哲学传统的登峰造极。但正所谓物极必反，富有意味的是，对该哲学传统的反叛和颠覆也产生于现象学的内部，梅洛−庞蒂是其代表人物，列维纳斯则是另一个，而他们的洞见都在于对身体的"发现"。列氏说："身体是我们对归之于那给任何事物'赋予意义'的意识之优先权的持续质疑。身体作为这种质疑而生活。我所生活其中的世界，并不单是思想及其构造者的自由的对面之物或同代之物，而是条件和在先性。我所构造的世界养育着我、沐浴着我。它是食品和'环境'。"（页 110）作为思想的宿主，身体在这里充当了一个提醒者的角色，并通过这种提醒导致了一个反转："瞄着外在之物的意向性变为在它所构造的外在性之内，并由此在其目标本身中改变了方向；它在其未来中辨认出它的过去，它在某种意义上来自它要前往之处；它享用着它之所思。"而在本节第二段末尾，列氏就提到过如此神奇的转变："似乎一个画家察觉到他正从他在画的图画中走出来。"这一"走出来"，就走出了纯粹当前的内在瞬间，走进了时间和历史，走进了感性喧腾的生活世界。

至此，我们可以得出结论了，即"享受的'享用……'之意向性并不是构造性的"（页 110），而且更关键的是要认识到，在这里"发生反转的是构造运动本身"。其意是说，在享受中，那个作为表象构造者的主体，返回到它所来之处，即养育和构造它的环境，而这一事实说明："我所享用的世界，并不是表象已经把一个纯粹被给予的实在性的背景（une toile de fond）置于我们面前之后，在一些'价值论的'意向性已经赋予这个世界以一种使该世界适于居住的价值之后，完全在第二层次上构造起来的。"（页 111）也就是说，享受并不是由表象奠基的；相反，享受在前，表象在后。所以列氏说："唯有在我已经享受景色时，我才能睁开双眼。"这话看起来很荒谬，其实不然，这里的"睁开双眼"，实际上指的是以表象的方式收摄景象。

第三节　元素与事物、用具

如前所述，享受先于表象，也就是说，享受事物先于认识事物，然而，享受事物究竟意味着什么呢？我们享受了事物的什么？或者说，事物是如何为我们所享受的？列氏说："享受恰恰不是把它们作为事物来触及。事物是从一个深处的背景中来到表象这里的，它们从这个背景中浮现出来，并在我们所能具有的对它们的享受中返回到这个背景中去。"（页111）这段话的含义将在接下来的这个段落中得到更清晰的表达："在享受中，事物并不陷于那把它们组织到一个系统里的技术的合目的性中。它们在一个环境（milieu）中显露自身，人们把它们从环境中提取出来。它们处身于空间中，沐浴在空气里，扎根在大地上，坐落在大街小巷。"综合这两段话，我们可以看到，享受不把事物作为事物来触及，意思是说它不与其建立内在于某个系统的合目性的关系，而是让它在背景（环境）中显露自身，并在此背景（环境）中提取它。那么如何提取，且不破坏其自身的显露？这些都还是有待回答的问题。

上引段落里出现了一个重要的词：环境。列氏解释说它不能被还原为合目的性的操作指引系统，相反，后者还为它所含括，所以列氏又称它为"基元（l'élémental）"，它"本质上不可占有，'非任何人'所有：（它是）大地、海洋、阳光和城市"（页112）。这里值得一提的是城市。因为大地、海洋和阳光不可占有很好理解，但为什么说城市也是不可占有的呢？按照我的理解，列氏将城市和前三者并列在一起，应该主要是就它们同样作为人类活动的环境这一点而言，但并非严格地将它们视为同等层级的存在。

列氏把海洋和海风这样的元素称为"无形式的内容"，它们无始无终，弥漫于天地之间，自然地，人们只能沐浴其中，但列氏认为，人们也可以借由居所而战胜它："人通过一个已被居有的边而立足于基元中：我所耕耘的田地，我在其中捕捞并泊舟其间的海洋，我伐木其中的森林，与所有这些行为、这全部的工作，都参照着住所。人从住所这最初的居有物——我们下面还要谈到它——出发沉浸入基元中。"这是非常富有意味的一段表述，我们不妨特别留意。这不仅因为它不由自主地会让人想到海德格尔的"世界"和"大地"这对范畴，而且还因为列氏后面会在这个问题上大做文章，从中阐发此在以居所为中心创建自己的存在的思想。

关于居所的思想此处只是点到为止，因为居所只是"代替了单纯的'沐浴在元素中'"，但并没有真正改变享受作为元素中的沐浴行为这一性质。而在这一沐浴行为中，"元素的纯粹的质并不悬挂在一个可能会支撑这种性质的实体之上。沐浴在元素中，就是在一个背面朝外的（à l'envers）世界中存在，而且在这里，反面并不等于正面"（页113）。这段话看起来是在讲元素的特点，即无实体的质的规定性，但更潜在的意图是要讲作为沐浴行为的享受的自足和独立，因为如果元素有其质的规定性的话，那作为沐浴于元素中的享受也就不可能摆脱系统性和目的性的制约了。

至此，我们回忆一下此节一开始提出的问题，即如果说享受不把事物作为事物来触及，让它在环境中显露自身并由此而提取它，那么我们需要弄清的是，其具体方式究竟是怎样的。经过上述分析，我们看到列氏似乎已经给出了答案的一半，即沉浸于基元（事物处身其中的背景或环境）之中。但在我看来，沉浸于基元只是享受事物的前提，并不就是享受事物本身，所以说它只是答案的一半。而这个一半的内容其实是说，如果要享受事物，享受主体自身就需要摆脱系统性和目的性的制约，以获得超越世界（系统性、目的性）的大地（基元）视野，唯其如此，所要享受的对象（事物）才不会被"组织到一个系统里的技术的合目的性"之中。这样我们看到，在列氏这里，享受主体之沉浸于基元，与享受的对象（事物）不被组织到目的性之中，二者其实是有因果关联的；而且我们由此还有一个颇有意味的发现，即处处都在和海德格尔较劲的列氏，似乎不由自由主地受到了海德格尔的《艺术作品的本源》一文的影响。在《艺术作品的本源》中，海氏认为希腊神庙以"作品制造大地"的方式让诸质料得以显现，而在列氏这里，享受沉浸于基元之中从而以感性的方式触及事物（本章第四节将展开论述），两相对照，不得不说一种影响关系似乎是显而易见的。[①] 只是列氏会承认这一点吗？我们不知道。

此节标题中还有一个关键词，即"用具"。为什么在阐述元素的问题之后要来谈用具？此处的逻辑是这样的：讲享受之沉浸于基元，是阐明享受事物的前提即将事物拽出系统和合目的性，而接下来谈享受和用具的关系是想说明，即便在看起来

---

① 参《海德格尔选集》，孙周兴选编，上海：上海三联书店，1996 年，页 266—268。

最不可能脱离系统和合目的性的用具这一特殊类型的事物，它首先也是享受的对象。我们回顾一下，关于享受和用具的关系，这个问题其实在上一章第二节就讲过了，相对于已经讲过的，这里的说法似乎也并没有什么新意："对一物——即使它是工具——的享受，并不只在于把它用到它为之而被制造出来的那一用途上，（比如）钢笔被用来书写，钉锤被用来钉（钉子）；而且也在于从这种操作中感受到痛苦或愉悦。"（页114）道理很普通，几乎无人不能理解，但再次强调这一点，是基于两个原因：一是说明享受之于生活方方面面的奠基性作用；一是以享受为生活奠基这一思想批判海德格尔基于此在的合目的性筹划对于世界作为因缘联络之整体的描述和分析。在本节末尾列氏毫不掩饰地说道："看到海德格尔并没有把享受关系纳入考虑范围，的确令人奇怪。"海氏以"为……之故而用"为指引将世界勾画为一个以合目的性为原则的因缘联络的整体，但在列氏看来，"为……之故而对一物的利用，这种对整体的指引，处于该物属性的层次上……活动并不是从一个最终的唯一目的那里借取意义与价值，好像世界构成了一个其终点关涉我们实存本身的有用的指引系统似的。世界对应于一整套互不相关的自治的最终目的"。这段话里有两个关键词：属性，自治。说对一物之利用只是处于该物属性的层次，意思是指对该物之享受才是首要的，有用只是附加。而说世界是一整套互不相关的自治的集合，其缘由正在于世界处处都是自足而独立的享受。不待更多解释，就可以看出这些表述针对海德格尔的明显意味。

在此，我们不得不说，相对于列氏这样把世界看成一场场享受的盛筵，海氏将世界勾画为生之筹划的种种艰辛似乎更令人信服。或者说，即便我们像列氏一样承认享受的无处不在，也要看到享受和筹划的关系和列氏所认为的恰恰相反，即筹划才是主要的，而享受只是一种附加。但列氏完全不认可这样的看法，而且他也立即就预见到我们的质疑："是否应当说，（人之为事务与爱好的）这种堆积是以对功利的觉察为条件，而这种觉察可以还原为对实存的操心？"此一问可谓敏锐至极，似乎读者心中的怀疑之蛇才刚刚露头，列氏就干脆果断地把它拽了出来，然后依然斩钉截铁地说道："生活就是游戏，不顾最终目的和本能压力的游戏；生活就是享用某物，此物并不具有目的的意义或存在论上的手段的意义；生活就是单纯的游戏或对生活的享受……如饿汉一样不长耳朵。"（页115）最后一句引人遐想，堪称金句。然而，至少按我的看法，列氏的说法似乎仍然不能令人信服。就我们日常生活的基本感受而言，恐怕不能说其中起组建作用的主要是享受而不是操心，除非我们腰缠万贯，彻底衣食无忧。列氏批判海氏说："海德格尔那里的Dasein从来不感到饥饿。食物并不能被解释为用具，除非在一个剥削（利用）的世界中。"对此，我的看法与列氏恰恰相反，我认为海德格尔的Dasein不仅没有忘记饥饿，而且恰恰是这样的饥饿感成为Dasein筹划操心的起点，因为无论怎样的向死而生，无论怎样的存在何为，（说得直白一点）都必须以吃饱肚子为前提。但反过来，如果说海氏可能因为过于强调生之操心筹划而忘记了吃饭（无论狭义还是广义）也有快乐，那倒是有几分道理的。想想风雪山神庙的林教头，即便满腔冤愤，前路茫茫，也照样可以在烤火取暖、饮酒吃肉中找到酣畅淋漓的乐趣。

第四节　感　性

如前所述，列氏认为享受不把事物作为事物来触及，让它在环境中显露自身并由此而提取它，达成这一结果的前提是享受主体之沉浸于基元，从而使事物脱离系统的合目的性，并将其作为自己的享受对象，这一点已经讲得很清楚了。然而，对这一前提的阐明不等于就给出了享受提取事物的特定方式。本节要探讨的就是这一问题，而小节标题"感性"就是列氏关于这一特定方式为何所给出的回答。不得不说，这一说法看起来实在太过普通，所以我们很期待列氏能就"感性"这一范畴说出什么特别的内涵。

不过这里首先要探讨一个问题，即享受与元素的关系。然而，这个问题在上一节不是已经说得很清楚了吗？的确如此，但我们还是不妨回到页112看这段话："事物以占有为参照，可以被带走，是动产（meubles）；它们从之出发而来到我这里的环境，则亘古永在、无所归属，它是共同的基础或根基，本质不可占有，'非任何人'所有：（它是）大地、海洋、阳光、城市。任何关系或占有都处于不可占有者之内，后者含括或包含（前者），却不能被包含或含括。我们把后者称为基元（l'élémental）。"前文已经分析过这段表述了，回到这段话是要再次确认享受与元素的关系：沉浸于元素（环境）乃享受的前提，但并不就是享受事物本身。或说得更明确一点，元素不是享受的直接对象。然而，列氏在本节的表述似与此有些出入。有必要先说明这一点，以方便进行接下来的分析。

列氏认为享受就是在元素中存在，就是被其淹没，吞噬，席卷，与其浑融一体，不分彼此，所以它不容裂隙与虚空，"（这是）在（元素）内部存在，在……之内存在。这一状况不可以还原为表象，甚至也不可以还原为没有清晰表达出来的表象。这里涉及的是作为享受之方式的感性。正是在人们把感性解释为表象和残缺之思的时候，人们才被迫祈求于我们思想的有限性以说明这些'模糊的'思想。我们从对元素的享受出发所描述的感性，并不属于思想的范围，而是属于情感的范围，亦即自我的自我主义颤动于其中的感受性的范围"（页116）。在这里，列氏明确地把元素也视为享受的对象，而且本节所谈之感性，也是就享受行为中对元素的享受而言的。那么，我们当如何处理它与上一节相关表述之间的不一致呢？

我不敢断定列氏本人是否意识到他在这个问题上有些表述含混，但我认为他所说的元素，完全可以既包括享受沉浸于其中的环境，也包括享受行为的直接对象，只是当我们如此理解的时候，元素的范围就不限于列氏所谓的"基元"（大地、海洋、阳光、城市），而是泛指与感性对应的一切质素（色、声、香、味、触、法）了。事实上，列氏所举的例子马上就印证了这一点："我们并不是认识而是体验（vit）感性的质：这些叶子的翠绿，这落日的殷红。"这意思是说，在享受行为中，那一向只被视为（无论认知还是实践的）对象（如这里的叶子和落日）的事物，只被以感性的方式把握为感性的质（元素）。

很明显，在列氏的哲学中，因为世界以享受为奠基（其实在《从存在到存在者》里所讲的疲惫也是一种列氏哲学意义上的享受①），而享受以感性为其提取享受对象的方式，所以感性具有本体论意义上的重要性，这就与传统哲学对待感性的方式判然有别。在传统哲学中，思想致力于对所谓客观对象的清晰认知，而感性因其"模糊不清"而被视为一种"残缺之思"，还有待于知觉的收编和拯救，但在列氏这里，"本质素朴的感性，在一个对于思想来说不自足的世界中保持着自足。那些对于思想来说处于虚空中的世界对象，对于感性——或生活来说——则在一个完全遮蔽着这一虚空的境域之上展开自己。感性触及背面，并不对正面好奇——这一点恰恰在满足状态中产生"。这里的关键词是"自足""满足"，它意味着感性不再自惭形秽，不再觉得欠了思想什么，也无需后者的照亮，它像"饿汉不长耳朵"一样沉迷于自己的"食物"（元素），没心没肺地在享受中沉沦。这里还有待解释的是"虚空"和"背面""正面"这些词语的含义。"虚空"指的其实就是传统哲学中认知主体把自己和认知对象相隔开的那段距离，因为如果没有这个间隔，就谈不上认知的必要（在十七世纪，几何学的发达就跟认识论哲学的虚空概念有很大关系）。但对于享受来说，如前所述，它与对象（元素）浑融一体，密不透风，所以这个"虚空"距离就不存在了。"触及背面，并不对正面好奇"是什么意思呢？这只是一个形象的说法，反过来也可以说"触及正面，并不对背面好奇"，其意是说感性满足于自身的有限，它甚至根本没有关于有限与无限的区分意识，就是纯粹在自身中

---

① "疲惫中包含着一种温存的颓废，但它已经意味着睡眠，而在睡眠中依然有一个行为矗立在疲惫中。"〔法〕埃马纽埃尔·列维纳斯：《从存在到存在者》，吴惠仪译，王恒校，南京：江苏教育出版社，2006年，页22。

满足，自身中完成，自身中终结，所以列氏说"感性并不构造世界"。

以上这些关于感性的认识是否就已足够了呢？我们来看这段话："感性沉湎其中的感性材料总是前来填充需要，前来满足一种欲求（tendance）。这并不是说在一开始就曾经有饥饿；饥饿与食物的同时性构成享受最初的天堂般的条件，以至于关于各种消极愉快的柏拉图式的理论仅限于勾勒出享受的形式轮廓，而无识于下面这样一种结构的本原性：这种结构并不在形式之物中显露自身，而是具体地编织起享用……。具有这样一种方式的实存是身体——它既与它的（作为目标的）终点（即它的需要）相分离，但又已经朝向这一终点而去，同时又并不必须知道达致这一终点所必要的手段；这一实存是一种行动，后者由终点所发动，它被完成但又并没有关于手段的知识，亦即并没有工具。"（页117）这段话很长，但几乎句句不可放过，否则就很难真正理解列氏之感性论述的重要性。事实上，我认为这段话或许就是列氏之感性论述中最为独特和最为出彩的内容。关键是理解感性沉湎中"饥饿与食物的同时性"。这是要说明感性类本能化的特点，即它根本就没有组织起意向（所以它没有关于手段或工具的知识），它只是张大嘴巴，接二连三、不假思索地吞下喂到它嘴里的东西。如果一定要说它也有欲求的话，那也只能说是一触（感性材料）即发的素朴反应，这同时也就意味着，它必须由身体来完成（但要注意页119对于感性超逾本能而又未及理性的论述；列氏此处讲身体不只是沐浴于元素而同时也是栖居和占有着其他事物的事物对应此点）。

把感性和身体而不是与意识相关联，这是理解列氏感性说的关键。列氏一再强调，不能把感性与意识的形式相混淆，这是因为，"感性并不指向对象，即使是初级的对象。感性与意识的那些甚至精巧复杂的形式有关。但是它的本己作用在于享受，通过享受，任何对象都分解为享受沐浴其中的元素"（页118）。这里的表述很重要，而且关键的是，这里明确地提到了享受对象分解为元素，这再次说明了感性的非意识形式特点，因为元素即为无形式的内容。然而，按照传统哲学，如果没有意识，自我将如何确立自身呢？难道可以通过身体和感性而获得一种自我的确立吗？对此，列氏是这样回答的："当我置身（je me tiens）于这个世界——它就像一个不可表象的远古所具有的绝对那样先行于我——中时，我与我自己的关联就实现出来了。"这里的关键词是"置身"。享受的主体既沐浴于分解为元素的对象，同时也沐浴于作为环境的诸种基元（比如大地和城市），而后一种沐浴就是置身。列氏说："我当然不能把我处身其中的境域当作一个绝对那样来思考，但是我置身境域中却像置身于一个绝对中那样。置身其中，恰恰有别于'思考'。支撑着我的这一片土地，不只是我的对象；它还支撑着我对于对象的经验。踏过的位置不是抵抗着我，而是支撑着我。凭借这种'置身'而发生的与我的位置的关系，先行于思想与劳动。身体、安置（position）、置身行为——与我自身的第一性关系的样式，我之与我自己相一致的样式——它们与观念论的表象毫无相像。"（页118-119）这段表述可谓极其深刻，在我看来它是对笛卡尔所谓"我思故我在"的堪称雄辩的反驳。本来，"我思故我在"就是一个奇怪的表达，如果我不在，何来我思？但既然我已在，为什么还要由隶属于我在的我思来证明？其实，经由这个分析我们就可以看到，"我思故我在"不是在强调由我思来求证我在，而是要确定我思意义上的我在才是最好的我在。很明显，这就是强调思想意识的优先性。

然而，思想意识的优先性是有条件的，这就是身体感性意义上的实存。在页117，列氏就已经说过了："身体并不只是那沐浴在元素中的东西，而且也是栖居着的事物，也就是那居住和占有（其他事物）的事物。""我"就是通过这种居住和占有而获得自身的存在的，它先于一切思考和筹划，所以，"安置，绝对不带超越，与凭借海德格尔式的Da（此）所进行的对于世界的理解毫无共同之处。不是对存在的操心，不是与存在者的关系，甚至也不是对世界的否定，而是世界在享受中的可通达性。感性，生命的局限本身，未经反思的自我的素朴性，超逾本能，而又未及理性"（页119）。毫不意外，在如此关键之处，列氏不会放过海德格尔。我们都知道，海德格尔分析此在结构的视域就是基于超越的操心筹划。但是，在列氏这里，它只是挂靠在对世界的享受之上，是第二位的；反过来，在海氏那里，操心筹划才是第一位的，而享受只能是第二位的，甚至是偶然的。这是两位哲学家在生存真相认识上的重大差异。

但如前所述，关于生存之真相，或许一般人还是更能接受海德格尔的揭示，所以列氏虽然毫不隐晦地表达了他对于海德格尔的反对，但其心中似乎仍有顾忌，所以还要继续对感性被看低一等的屈辱感到愤愤不平："感性并不是一种不自知的思想。为了从隐含过渡到明晰，必须要有老师来唤醒关注。唤醒关注并不是辅助的工作。在关注中，自我超越自己，但是为了唤醒关注却必须要有一种与老师的外在性的关联。明晰化预设这种超越。"这意思是说，感性完全自足，它根本无需超越，自然也就拒绝那自以为是的老师（理性）的唤醒了，但这并非因为感性的狂妄自大，而是因为享受之于世界的本原性："我们享受着世界，在反思它的诸种后果之前：我们呼吸、漫步、欣赏，我们四处闲逛……"（页120）不得不说，这样的表述充满了诗意，也很让人"享受"，然而，这真的就是存在的真相？难道我们不只是在辛苦劳作的间隙才可以漫步、欣赏和四处闲逛吗？列维纳斯是不是把事情搞反了？

其实在论述感性的纯粹目的性（也就是所谓没有手段意识的目的性）时，列氏就已这样说道："在感性本身中，并且独立于任何思想，有一种不稳靠性（insécurité）昭示出来，这种不稳靠性对元素的这种近乎永恒的古老性进行质疑；元素像他者一样搅扰感性，而感性则通过在居所中的自身聚集而把元素据为己有。"（页117—118）这段话所谈的其实就是享受中的忧心，不安全感。看来，享受并非彻底的没心没肺，即便是在基元中的置身，也并没有带给它足够的信心和归宿，所以，沉浸于事物分解元素中的感性，很容易滑向一种对于事物整体的对象意识以求得安定。这一点是通过对事物施以主题化的语词而实现的，而主题化则意味着对事物的同一性把握。列氏说："人们的同一性以及他们工作的连续性赋予事物以框架，通过这个框架，人们重新发现同一的事物。人秉有语言，如此这般之人所居住的大地充满着稳定的事物。"（页120）这里的关键词是"框架"，其实也就是座架、坐标，人们借之以获得位置感、方向感。

　　有意思的是，列氏虽然切实地留意到了享受态度的脆弱性以及实存追求稳靠这一更为普遍的现实，但他还是不甘心后者对于前者的替代或吞噬："但是事物的这种同一性一直是不稳定的，并且并不阻止事物向元素的返回。事物实存于它的残渣之中。当木柴燃烧变为灰烬，我桌子的同一性就消失了。残渣不再可辨，烟雾到处弥漫。如果我的思想追随事物的变化，那么我将立刻丧失它们的同一性的踪迹——只要它们离开它的容器。"这真是一段意味深长的表述。如果再次强调我们正在探讨的问题，即实存的真相究竟为何，那么我们就可以看到列氏这段表述所存在的问题了——他主要是在实存之反思而非素朴的层面上言说的。我们当然不会否认即便只是在素朴的实存中，我们也能常常体会事物无常乃至人生无常的道理，但要说组建和指引实存的主要因素是如此这般的智慧领悟，那恐怕就有些勉强了。想想加缪说的这句话："真正严肃的哲学问题只有一个，自杀。判断生活是否值得经历，这本身就是在回答哲学的根本问题。"[①] 可能有的人会说，真实的生活可没有这么严肃，人们只是为各种各样的具体目标（大到功成名就，小到吃饭、上厕所）而活。的确如此，加缪也不会否认，但他说的本来就不是"生活问题"，而是"哲学问题"，前者有关生活的素朴层面，而后者则有关生活的反思层面。同样，列维纳斯在此讲"事物向元素的返回"，也是就实存（生活）的反思而非

---

　　① 〔法〕加缪：《西西弗的神话》，杜小真译，桂林：广西师范大学出版社，2002年，页3。

素朴层面而言的。但是我们要记住，列氏曾经说过，世界的真相是意向的真诚性，而这个真诚性其实也就是素朴性。那么，他是否自相矛盾了呢？至少在我看来，他未能有效地回应这个质疑。

有意思的是，列氏在本节末尾处说了这样一段话："人们赋予其世界万物的审美的取向，代表着一种在更高层次上向享受和基元的返回。事物的世界呼唤艺术，在艺术中，向存在的理智进入转变为享受，观念的无限则在有限的、然而自足的图像中得到膜拜。任何艺术都是可塑的。工具与用具本身预设享受，它们又将自己呈交给享受。它们是玩物：精美的火机，漂亮的汽车。它们佩有各种饰品，它们沉浸在美里面；在美中，任何对享受的越出都回转到享受。"（页121）我认为这段话进一步表现了列氏在实存究竟是以筹划为先还是以享受为先这一问题上的动摇。在前面的分析中我们指出过，他从实存的反思层面论证事物向元素返回这一思路与他一向强调在世的真诚性这一点相矛盾，而在这段话中我们则看到，他又只是在审美取向而非一般实存的意义上讲事物向元素的返回，很明显，这一论证层次同样不具有奠基性。至于他把工具与享受相连，他所举的那些例子（精美的火机、漂亮的汽车）也因过于特殊而照样不具备说服力，毕竟，这些"美的玩物"只是全部工具中的少数而已。

第五节　元素的神秘格式

关于元素的特性，之前已有述及，所谓"无形式的内容"

是也，此外，就是它的无挂靠性，其义是它没有可依附之实体。在页113列氏有说："元素从无何有之乡来到我们这里。元素呈交给我们的面并不规定一个对象，它完全保持匿名。"本节在这些关于元素的特性认识之上继续对元素的"不确定性"（或"不稳定性"）以及"神秘的神圣性"进行论述。

元素的不确定性来自它的无挂靠性，但二者又有所不同。无挂靠性主要是就元素本身而言，不确定性则主要与享受主体的感受即不安有关，本节主要就从这个不安谈起。不安当然就是指享受的不安，然而，享受何以不安？我们要注意列氏谈及享受时的两个要点：一是享受在元素中的沐浴，几乎是一头扎进去，没心没肺的那种沐浴；一是享受的脆弱性，即靠天吃饭，毫无保障的那种脆弱。一定要牢记列氏论及享受的这两个点，因为没有前者中的沐浴，就没有所谓享受主体之自我的建立，没有后者中的脆弱，就没有居家聚集的诉求，自然也就无法为他人的到来提供一个欢迎之所了。

所以我们先看开头这段话："溢出表象之自由的感性世界所宣告出来的，并不是自由的失败，而是对世界的享受。对一个'为我的'且已经满足我的世界的享受。元素并不是作为让人感到耻辱、限制人的自由的流放之地来接受人。人这类存在者并不是处于一个他好像被抛入的、悖谬的世界中。这一点绝对真实。"（页121）这段话看起来很有跟以加缪和萨特为代表的法国荒诞哲学对话的意味。在《西西弗的神话》里，加缪把世界看作任人呼唤而不作应答的冷漠之物（所谓人与环境的背离），而在萨特的哲理小说《厌恶》（亦译《恶心》）里，世界则主要被呈现为自由意志的障碍。① 如果联系这两位哲学家的思想，就可以对列氏所谓"自由的失败"有较为切实的理解。然而在我看来，列氏此处心中的对话者可能还是海德格尔。在《存在与时间》中，海氏将无家可归视为在世的基本方式②，而这里讲元素非但不是人的流放之地，反而是"为我的"，为我所满足和享受。针对意味可谓相当明显。列氏为什么要这样讲？如上所述，这涉及享受主体之自我的建立问题，而唯有通过享受中的自我的建立，才有形而上学欲望的一端即分离的自我的可能。

但本节的主要内容还是讲元素的不确定性和神秘的神圣性。我们来看第二段开始这句话："但是元素对于感觉的这种溢出呈现出一种时间性的意义；这种溢出出现在一种不确定性之中，元素即以这种不确定性将其自身呈交给我之享受。"关键是理解"溢出"一词的含义。第一段末尾的"感觉相对于元素的滞后"和这段话中的"元素对于感觉的溢出"讲的是同一件事情。但"溢出"究竟是什么意思？紧跟着后边就解释了，其实就是指元素那种"永远到来、同时我又无法占有源泉这一事实"（页122）。还要注意接下来的这个补充："这并不是指（纯质的）源泉实际上摆脱了我；（而是指）质在享受中消失于无处。"这实际上就是说，元素来无影去无踪，如此，它之于

---

① 参《厌恶》中主人公洛根丁面对公园里让他"厌恶"的树根时的思考。见〔法〕让-保罗·萨特：《萨特小说集》（下），郑永慧等译，合肥：安徽文艺出版社，1998年，页626—637。

② "无家可归是在世的基本方式，虽然这种方式日常被掩蔽着。"参〔德〕马丁·海德格尔：《存在与时间》，陈嘉映、王庆节译，熊伟校，北京：生活·读书·新知三联书店，页331。

享受的不确定性就不言而喻了。

　　这里还需要重点提示的是元素的"消失于无处"的特性。我们回到第二段开始处列氏为了阐明元素的不确定性时所举的例子："在享受中，质并不是某物的（性）质。支撑着我的大地的坚固，头顶天空的那一片蔚蓝，风的轻抚，海的波动，光的闪耀，这些都不是依附于某个实体。"（页121）注意，这里提到的元素全是所谓基元，而不是一般享受对象所分解出来的那种元素。为什么要特别提示这一点呢？因为如果元素不是主要作为享受环境的基元，一般情况下我们是不太能体会元素"消失于无处"是怎么回事的，比如一个生活中的用物（它在享受中分解为元素），无论如何，它不可能轻易就消失了。而实际上，就基元中的大地而言，列氏也谈到它的"坚固"，所以要说它在享受中的"消失于无处"仍然是很奇怪的；相反，有些非基元的享受对象，比如食物，其元素在享受中的"消失于无处"倒是不言而喻。那么问题就来了，列氏这里所说的元素究竟是只包括基元呢，还是把一般享受对象中的元素也包括在内？我个人认为列氏在这一点上的表述是比较含混的。比如在本节第三段，一方面说"背信弃义的基元以抽身而退的方式给出自身"（页122），但另一方面却给出这样的例子："食物之到来就像一种幸福的偶然。食物一方面呈交出自身、满足需要，但同时也已经抽身远离，以便消失于无处"。

　　纠缠这些细节并非无关紧要，因为它是立论的基础，但现在我们还是回到本节的主题即元素的不确定性上来。除了阐明元素的不确定性的内涵在于它的来无踪去无影，列氏还把它与无限（他异性、面容）相区分。我们看页122从本节第三到第四段里的这些句子："那会把需要之不自由标示出来的，就并不是与一种彻底的他异性的关系""享受并不与一个滋养它的事物之彼岸的无限相关""这种从无处的到来，使得元素与我们以面容之名所描述者相对立"。这些话都在讲元素的不确定性与无限（他异性、面容）的不同，那么，究竟是什么样的不同？列氏说："在面容中，一个存在者恰恰以人格的方式呈现出自己。"而与之相比，"那转向我的元素的面所隐藏者，并不是可以启示自身的'某物'，而是不在场之日日新的深度，是没有实存者的实存，是地地道道的非人格者"（页123）。这里的关键词是"人格"。按我的理解，在列氏这里，一个存在者拥有人格，就意味着它有依托和支撑，而元素则因其无依托、无支撑而是"非人格者"。列氏称这样的非人格者的实存样式为"神秘"，而其实质乃为虚无："没有面容的诸神，人们并不与之说话的非人格的诸神，标志着虚无，虚无与元素亲密无间，它与享受的自我主义相毗邻。"但虚无并不是纯粹消极的，毋宁说它具有极其重要的意义，因为，"这因此就是享受实现分离（的方式）。（与无限）分离开的存在者必须冒那见证其分离且此分离于其中实现出来的异教的危险，直至诸神的死亡将把此存在者重新领回非神论、领回至真正的超越"。不得不说，最后这段话相当晦涩，需要仔细拆解分析。"这因此就是享受实现分离的方式"不难理解，因为正是元素的来无踪去无影，决定了享受无牵无挂、纯粹沉浸的独立状态，并且构建其内在性及实现分离。何谓实现分离？就是指自足、独立，不为系统所含纳和收摄。那什么叫与无限分离呢？这是指在形而上学的欲望中，具有同一性的欲望主体，并不将无限作为意识相关项加以对待并与之关联。为什么说一种"异教"见证了这样的分离却又令其处于危险之中？以及"诸神的死亡"何以能够化解这样的危险？这里所谓异教，指的是享受在虚无与元素的亲密无间中沐浴，它"见证"了分离，这一点我们已经理解，但危险来自何处呢？这就要联系最后这两句话了："享受，作为内在化，冲撞着大地的陌异性本身。""但是享受拥有劳动和占有之助。"这意思是说，仅依靠享受而实现的内在化分离相对于陌异性的大地来说还是非常脆弱的，它还需要以劳动和占有为其核心内容的"家政"助其从元素中拔根以稳固其自我分离，并在形而上学的欲望中实现其超越。其实这个意思在本节第二段里就已经提示过了："正是通过表象，那求助于劳动的享受，又在借助与其居所之关联而把世界内在化之际绝对地重新成为世界的主人。"（页 122）

第三章　自我与依赖

第一节　快乐及其未来

第三章的意图或许在于为第四章蓄力。因为第四章要讲所谓家政的核心内容即占有和劳动，而占有和劳动之所以必要，乃是因为单纯通过享受构建的自我还过于脆弱，还必得在占有和劳动中加以补强，以构筑形而上学欲望不可或缺的一端，即分离的自我。关于享受所构建的自我的脆弱前述虽有论及，但显然列氏认为还有进一步言说的必要，这便有了第三章的内容。

本节的核心观念在于页 125 的这句话："自我之享受的瞬间所具有的充实并不能确保它克服其享受的元素本身所带有的未知，快乐始终是一种机运、一种幸运的相遇。"这也就是标题的含义。

首先要进一步加深对快乐即自我享受本身的理解。关键是页 124 的这句话："最初的认可——去生活——并没有异化自我，而是维系自我，构成它的在家（chez soi）。""异化"和

"维系"这两个词又是关键中的关键。传统西方哲学一般来说有一个模式，就是把自我设定为一方，而把自我所面对的世界设定为另一方，接下来的问题便是说明自我如何认识世界以及自我如何进入世界之中。这其实就是传统形而上学的思维模式。这个模式中有一个隐在的观念，就是认为自我是一个独立的存在，而世界则有可能对自我构成威胁，如果它符合自我，那当然就没有问题，但如果自我只是被迫和它搅在一起，那它就会构成对自我的异化（早期卢卡契思想特别纠缠于这个问题）。[①] 胡塞尔的现象学对这个传统有所超越，因为他认为意识总是关于某物的意识，也就是说，他不再把自我和世界视为对立的二元，而只承认意识的一元世界，但问题也就在于他实际上是用意识吃掉了世界，其偏颇和极端是不言而喻的。海德格尔以"在世界之中存在"作为考察此在的出发点，是在胡塞尔基础上的进一步超越。而在对"被抛于世"的理解上，列氏与他又有很大的不同，如前所述（上一章第五节），海氏把无家可归视为在世的基本方式，但列氏则强调此在以享受的"在家"状态在世界中的"置身"。在我看来，如果不了解这个思想背景，恐怕就很难对此处"异化"二字所蕴藏的意味有所领会，而且也认识不到"维系"一词用在这里的重要意义。"维系"一词表明，"去生活"（也就是进入世界）非但不是对自我的异化，而且还是自我之所以成其为自我的必要条件。

"去生活"之所以是必要的，是因为享受的自足并非来自

---

① 参邱晓林：《从立场到方法——二十世纪国外马克思主义意识形态文艺理论研究》，成都：巴蜀书社，2006年，页165—171。

某种自慰，"它是对'他物'的享受，从来不是对自身的享受。它是本土的，也就是说扎根于它所不是之物"。正是在这个意义上，我们说享受的快乐是有依赖的，也就是说有其条件。如前所述，享受的快乐是自我主义的震颤，是一再重新开始的当下沉浸，绵延和连续在其中受阻，自我也就在这样的孤岛中形成，但同时，这个自我也是相当脆弱的，因为它毕竟只是遭遇"他物"的产物，所以它对其自身也只拥有一半的主权："幸福并没有掩盖住其主权的这一缺陷——它的主权显示为'主观的'、'心理的'和'仅仅是内在的'。一切存在模式向自我的返回，并不创建起绝对的、独立于非我的主观性。非我给享受供给养料，自我则需要世界，后者提升自我。因此，享受的自由被经验为受限制的……自我之享受的瞬间所具有的充实并不能确保它克服其享受的元素本身所带有的未知，快乐始终是一种机运、一种幸运的相遇。"（页125）这段话中有两个值得解说的关键词，即"非我"与"提升"。"非我"这个词很容易让我们联想到费希特的哲学，在他那里，非我只是绝对主体之无限生成所设定的否定对象，也就是说，并不真的具有"非"我性，而自我对非我的否定仍只不过是绝对主体左右互搏的游戏而已，所以非我不会给自我带来任何新的东西。但在列氏这里，"非我"是真正意义上的非我，也就是不与自我相同一的非我，所以它能给自我带来提升。不过，正如这段话中所示，这种提升也只能"是一种机运、一种幸运的相遇"，它并不能为享受主体所掌控。

如前所述，整个第三章似乎都在为第四章蓄力，其蓄力的思路则在于通过分析快乐或享受的脆弱性（依赖于"他物"，取决于机运）引出家政（以居住和占有为其核心内容）之必要。但列氏似乎有些担心过于强调享受的脆弱性会让人产生关于此在无家可归一类的误解，并由此忽略享受之于自我构建的奠基性，所以一方面提醒道，"（其为机运）这一情况既不能为把愉快揭露为虚幻进行辩护，也不能为下述做法进行辩护：以遭（上帝遗）弃（la déreliction）来刻画世界中的人"；另一方面又再次强调说，"人们不能首先设定一个自我，以便随后追问享受与需要是否触犯它、限制它、损害它或否定它。只是在享受中，自我才聚集起来"（页126）。最后这一句须时刻牢记，如果说列氏的哲学和传统形而上学判然有别，其中一个重要的原因就在于这个以享受构建自我的思想。

第二节　对生活的爱

第二节的思想紧承第一节末尾的表述。享受（也就是对生活的爱）是奠基性的。看第一句话："在本原处，就有一个被满足的存在者，一个天堂的居民。被感觉到的'虚空'以那意识到它的需要已经置身于享受之中为前提，即使这种享受是对人们所呼吸的空气的享受。"关键词是"本原"和"虚空"。"本原"，即指奠基，此处是说此在总已经是一个"被满足的存在者"，这一身份先于此在的一切筹划。何为被感觉到的"虚空"？其实就是需要，因为需要即意味着有待满足和填充的虚空，但要注意的是，这个虚空不在满足和填充之先，而是在满足和填充之际以反思性的方式被感觉到，或者说，如果没有满足和填充，也就不会有虚空，所以列氏说它"以那意识到它的需要已经置身于享受之中为前提"。

"'虚空'期待着满足的快乐，这种快乐要比不动心（l'ataraxie）更好。痛苦，远非对感性生活的质疑，它就处于感性生活的诸种境域之中，并且参照着生活的快乐。生活已经且总是被热爱的。"这段话可谓意味深长，它会让人想到叔本华和佛教的人生观。叔本华将世界的本质揭示为意志，并认为一切生之痛苦均源于这个意志的冲动，所以好的人生乃是寻求意志的平息，这又可以采取两种方式，即艺术的静观和佛教的寂灭。列维纳斯显然不同意叔本华的看法，虽然他也并不否认痛苦的存在，但与叔本华不同，他并不认为痛苦就是人生的底相，而是将其看作快乐寻求之不可得，所以他说："任何与生活的对立，都躲避在生活之中，并参照着生活的价值。这就是对生活的爱，就是与那即将发生在我们身上的事物的先定和谐。""先定和谐"（亦译"前定和谐"或"预定和谐"）是德国哲学家莱布尼茨的哲学术语，他认为万物皆由绝对单纯而无部分（所谓没有"窗子"）的"单子"构成，"单子"之间虽互无影响，但万物相互协调，形成一个和谐的整体，而我们所拥有的世界就是一切可能世界中最好的一个。① 显然，这样一种神启意义上的乐观主义不可能为启蒙时代的理性哲学所接受，伏尔泰就曾在其哲理小说《老实人》中对此进行了辛辣的讽刺。② 不过我们这里要注意的是，虽然列氏使用了"先定和

---

① 参〔德〕莱布尼茨：《神义论》，朱雁冰译，北京：生活·读书·新知三联书店，2007年。关于"可能世界中最好世界"的论证见该书上编。《单子论》亦见于该中译本。

② 参〔法〕伏尔泰：《老实人》，载《傅雷译文集》（第十二卷），合肥：安徽人民出版社，1982年。

谐"一词，但这并不意味着他秉承的是莱布尼茨的世界观，他所要阐明的，不过是"对生活的爱"是此在的奠基性姿态，而不是说世界本身就一定是令人满意的。

列氏如此强调对生活的爱的奠基性，无非还是要针对海德格尔："对生活的爱并不类似于对存在的操心，后者会被归结为对存在的理解或存在论。"如上所述，享受（也就是对生活的爱）先于一切筹划，后者是一种审视和反思性行为，而且即便是经过反思以后的拒绝，也仍然不可能摆脱享受的浸染："我与我的快乐之间的距离并没有为完全拒绝留下一席之地。在反抗中并没有彻底的拒绝，正如在生活对生活的享受过程中根本没有任何主动接受（assomption）一样。"这意思是说，即便是拒绝，也仍然是基于享受的拒绝。但为什么说在对生活的享受中没有接受的主动权呢？关于这一点其实列氏已经反复地论述过了，自我是在享受中才得以构建起来的，那么在没有对生活的享受之前，怎么会有对享受的选择呢？同样的道理，列氏说："感觉活动所具有的众所周知的被动性是这样一种被动性，它并不让会主动接受被动性的自由之运动发挥作用。"（页126—127）这是一句相当拗口的话，它还是在讲对享受的选择权问题，而我们已经清楚，从逻辑上讲，在享受之前谈论对享受的选择在列氏这里是一件荒谬的事情。

在强调享受之"原初的、完全清白无辜的肯定性"的基础上，列氏始终念念不忘对此在的无家可归论的批判："强调（人之）遭弃状况的实存哲学家们，在自我与其快乐之间出现的对立上搞错了：此对立或许来自那渗透到享受——它受到那本质上属于感性的未来之不确定性的威胁——之中的不安，或者来自劳动所固有的痛苦。"（页 127）这意思是说，那看起来与快乐对立的东西，实际上不过是对快乐可能遭遇阻碍的忧心而已。在这个意义上，列氏显得像是一个彻头彻尾的享乐主义者，就像他引尼禄之言"我们之后任它洪水滔天"所要表明的那样。但这个问题显然没有这么简单，因为我们都知道列氏关于他人的绝对伦理学，那么这两者之间如何转换，还是一个有待深入探讨的课题。不过现在还不是时候，在此我们只是提出这个问题而已。

列氏似乎完全拒绝人生虚无的观念，这从他对自杀行为的评价可见一斑。我们都知道《西西弗的神话》开篇的惊人之语："真正严肃的哲学问题只有一个：自杀。判断生活是否值得经历，这本身就是在回答哲学的根本问题。"这意味着对于加缪来说，人生有无意义（是否虚无）是一个严肃的哲学问题，但在列氏这里，自杀不过是一场未能解决生之问题的悲剧，而且在他看来，自杀者的死，并不意味着世界本身就没有价值了，所谓"自杀也无力贬低大地的价值"。此一表述所蕴含的对人类中心主义（以及主体形而上学）的不以为然可谓昭然若揭。这一点对于理解列氏的伦理学思想非常关键，所以值得特别重视。我们不妨结合《旧约》中约伯受难的故事进一步加深理解。想想这个问题：在遭遇打击之后，让约伯始终想不通的究竟是什么？其实不难理解，就是好人为什么无辜受难。约伯的几位朋友来看他，和他做了三轮谈话，一方面当然是为了安慰他，另一方面也是想让他反思一下自己究竟有什么地方做得不对，但我们知道他们的话都不能让约伯释怀，因为约伯觉得自己虔诚侍主，实在没有什么过错。最后问题怎么解决的呢？说来有些令人费解，因为耶和华从旋风中现身，长篇大论的内容不过是告诉约伯：在我创造宇宙和世间万物，也就是那天上飞的、地上跑的、海里游的那些东西的时候，你在哪儿呢？一连串看起来咄咄逼人却答非所问的反诘让约伯心服口服，不再想不通了。约伯真的想通了吗？有人认为约伯只是慑于上帝的淫威而不得不服，但在我看来，这就有点过于小瞧圣经故事的讲述了。圣经故事无疑都是相当高级的故事，以如此简单的意义逻辑做解读显然是说不过去的。那么，约伯从耶和华的训导里究竟领会到了什么从而不再纠结了呢？我以为就是这样一个道理：这个世界不是专为你而造的。这就是反人类中心主义。而约伯之前所纠结的好人为什么无辜受难的问题，其实就是一个人类中心主义思维的问题，也就是说之前在约伯那里，整个世界是依循人类作为的善恶来运转的，然而他作为一个好人却未得好报，所以他想不通，是耶和华这番看起来答非所问的反诘才让他瞥见了如此致命的自负，进而豁然开朗，得以化解心结。[①]

有了这样一个理解背景，或许我们就可以对列氏如此强调对生活之爱的意图有更深刻的领会：对生活的爱，其实是为了走出自负的自我。在列氏看来，像莎翁笔下麦克白这样的人物，其悲剧就在于困于自负的幻象而不可自拔："麦克白面对死亡时发出的最后的呼喊也就被打败了，因为世界并没有在他生命毁灭的同时一道崩溃。"不得不说，这是极其深刻的洞见，

---

① 参刘小枫：《〈约伯记〉的文学形式与个体信仰》，载《罪与欠》，北京：华夏出版社，2009年。

第二部分　内在性与家政

这也应和了 T. S. 艾略特对于莎翁笔下其他几个人物如哈姆莱特、李尔王和奥赛罗的自负形象的分析。[①] 因为命运的不如意，这几个人物便完全否定他们置身其中的世界的意义，如此看来，这仿佛不过是一种酸葡萄效应罢了。列氏说："Le taedium vitae（厌世）仍沉浸在爱中，对其所拒斥的生活的爱中。绝望并不与快乐的理想决裂。实际上，这种悲观主义具有一种家政的底层结构——它表达出对未来的焦虑和劳动的痛苦……"（页 127－128）这一表述几乎是无情地揭去了笼罩在悲观厌世或虚无主义之上的那层可疑的形而上面纱，让其暴露出赤裸裸的形而下欲求的真相。值得注意的是，正是在这个意义上，列氏提到了马克思，说"马克思的观点始终有其效力"。其实，在《关于人道主义的书信》里，海德格尔在清算欧洲思想中的人道主义（人类中心主义）倾向时，也认为马克思的历史观比其他的历史学优越。[②] 在我看来，两位大哲之所以都对马克思高看一眼，其实就是因为马克思对劳动（实践）重要性的强调。在马克思那里，劳动属于内在力量的对象化行为，似乎仍未摆脱形而上学，但毫无疑问，通过劳动所建立的活生生的人与世界（人与物）的关系，已经蕴含着走出传统形而上学的巨大潜能。[③] 其实这也就是列氏强调劳动的意义所在："从瞬间享受到物品制造的过渡，指向居住和家政，而家政，则预

---

① 参〔英〕艾略特：《莎士比亚和塞内加斯多葛派哲学》，载托·斯·艾略特《艾略特文学论文集》，李赋宁译注，南昌：百花洲文艺出版社，1994 年。

② 参《海德格尔选集》，孙周兴编选，上海：上海三联书店，1996 年，页 383。

③ 参〔德〕马克思：《1844 年经济学哲学手稿》，中共中央马克思恩格斯列宁斯大林著作编译局编译，北京：人民出版社，2018 年，页 53－54。

设着对他人的欢迎。"（页128）这意思是说，如果没有劳动的环节，就不会有形而上学欲望（对他人的欢迎）的产生，而如果没有形而上学的欲望，享受的意义也就付之阙如了。如果看不到这一点，列氏的这段表述也是看不懂的："如果分离开的、自足的存在者，如果自我，并没有听到元素回流其中且消失其中的虚无之喑哑的沙沙声，那么由自我主义所实现的分离就只会是一句空话而已。"此为何意？这说的是享受中那种对于未来的不确定性（元素之消失）的隐忧，但正是这一隐忧才引出了劳动，并让劳动本身也成为享用之物。

然而我们曾经质疑过列氏关于劳动作为享用之物的观点，事实上，列氏自己也在本节末尾提到了那不属于享受的劳动："那只顾着需要而顾不上享受的极端情形，那强迫人去从事该死劳动的无产者的状况，在此状况中，身体生存的匮乏既无法在家中找到庇护也无法在家中找到娱乐——这种极端情形、这种状况，就是Geworfenheit（被抛状态）那荒谬的世界。"那么，我们是不是可以说列氏的表述前后不一、自相矛盾了呢？在我看来，或许应该这样理解：如果劳动不被作为享用之物来期待，那么无产者的劳动就不会被人诅咒。也就是说，无产者劳动的悲惨状况恰恰无可辩驳地证明了劳动作为享用之物的特性。

第三节　享受与分离

关于享受与分离前面已有不少论述，算不上新内容。主要讲一个核心要义：享受构建了自我，一个封闭的世界，但因为享受是在基元中的享受，所以这个封闭的世界又依赖于外在，如此一来，它就既是封闭的，又是敞开的，具有两可性。把握住这个核心要义，本节的表述都不难理解。

看开头这几句："享受通过牵连于它所享用的内容而分离。分离就像这一牵连的肯定成就那样进行着。它并非源自一种单纯的分割，就像一种空间性的远离似的。"其所要表达的是一种辩证语义：在牵连（依赖）中分离（自我）。这正是第三章标题所示的含义。"牵连"在这里是一个很重要的词，它指示着一种外在性，一种对同一性的出离，所以若要对享用之物进行表象虽无不可，但该表象不是胡塞尔现象学的意义上的表象，也就是说它不可能是意识构造之象，因为在这里，不是表象行为制约表象，而是相反，"被表象的世界制约着表象行为"（页129）。其实关于这类表象，列氏有一个很重要的说法，即它们具有食物的功能。怎么理解呢？这意思是说它们具有不可替代的外在性，所谓画饼不能充饥。

对于享受所建立的依赖于外在的内在性，列氏有一个相当精彩的比喻："那绝对的虚空，元素消失其中又从中浮现出来的'无处'，从四面八方拍打着那以内在方式生活着的自我的孤岛。"这个图式，简直就是对于列氏所论分离的自我与无限之关系的本质直观。在这里，理解的关键仍是孤岛（分离的内在）和虚空（外在元素消失之处）之间的辩证关系，必须认识到，没有虚空也就没有孤岛，反过来，没有孤岛，就没有虚空。享受依赖于外在，通过依赖而构建自我，在某种意义上，就像是一种唤醒，但如果没有这个唤醒，它就只是一种可能性（自在）。所以列氏说："享受是一个如此这般的存在者之产生本身：这个存在者开始出现（naît），它打破其种子般或子宫般实存的宁静的永恒，以便把自己封闭在一个人格之中，后者通过享用世界而生活在家中。我们已经阐明过的那种从忘我的表象到享受的持续转化，在每一个瞬间都重现着我所构造之物相对于这种构造本身的在先性。"这里提到了种子和子宫的意象，而无论对于种子还是子宫而言，如果要有生命的展开或新生命的诞生，都必须有外在因素的加入，此一加入即是唤醒的环节。但"唤醒"一词在这里只是一个方便的用法，它意味着一个本有但还在沉睡的东西，虽需借助于外物被唤醒，但一经唤醒之后，那外物对它也就没什么用了，所谓过河拆桥。然而，享受中的存在者，其享受为外物所激发，一旦没有了外物，其作为享受的存在也就化为乌有了。这便是上引段落最后一句，以及以下这一句的意义所在："自由参照幸福，由幸福组成，因此它与一种并非 causa sui（自因）而是被造的存在者相容。"

"自由参照幸福"是什么意思？在列氏这里，幸福即享用外物，不是自己跟自己玩，不是自慰，所以，说自由参照幸福，就意味着自由不是内在同一性的自我游戏。"我们并没有用自由规定自我。作为开端之可能性的自由，作为参照幸福——参照超拔于时光之连续性之上的美好时光的奇迹——的自由，就是自我之产生，而非众多经验中的一种'来'到自我身上的经验。"（页 129－130）此处"超拔于时光之连续性之上"讲的是享受（基元）的瞬间性对时间之链（同时也是合目的性之链、系统之链）的斩断，这便是自我之产生，而这同时也就是自由。在列氏这里，自由由自我奠基（而不是相反），而自我则由享受（基元）构建，所指向的乃是对传统哲学之内在同一性的突破。据此，自我和自由，都不再是纯粹封闭的范畴，而是具有列氏所讲的既封闭又敞开的两可状态，这便是接下来这一句所蕴含的深意："分离、非神论，这些否定观念是通过肯定事件产生的。是我、非神的、在家的、分离的、幸福的、被造的——这些都是一些同义词。"（页 130）否定由肯定产生，分离而又在家，自我而又被造，说的都是既封闭又敞开的两可状态，而这样的两可状态则是通向形而上学欲望的必要条件。

然而，说分离诸环节（自我主义、享受与感性，以及内在性的整个维度）对于形而上学欲望的产生来说必不可少，并不意味着形而上学欲望本身是由它导引出来的，它们二者不构成正题和反题的关系，所以它们之间也不可能有一种黑格尔式的辩证统一（所谓合题）。"分离的运动并不与超越的运动处于同一个层面上。我们处于自我与非我在表象的永恒性中（或在自我的同一性中）（所达成）的辩证和解之外。"这个关于形而上学欲望的核心要义并不新鲜，前述已多次涉及，但显然列氏认为还有反复强调的必要。事实上，的确需要时刻把握形而上学欲望两端的不相即、不可整合，但又要发生关系的这一特性，我们才不会偏离对形而上学欲望的领会。

享受的分离并不直接导向形而上学欲望，但的确为形而上学预备了契机。"在享受所深化的内在性本身中，又必须产生一种他律，这种他律引起一种不同于那种动物性的自我满意的命运。"（页 131）他律来自何处？来自享受中的隐忧。享受随时感觉到它所享受之基元消失于其中的虚无而深感不安，这一不安时时搅扰着它的幸福。但享受不会因此而止步，"享受的幸福要比任何不安都更为强大：无论未来所带来的不安如何，生活的幸福——呼吸的幸福、观看的幸福、感觉的幸福——（'再等一分钟吧，刽子手先生！'）总在不安之中作为逃避世界的目的地而继续存在，即逃避那为不安所扰乱乃至无法忍受的世界的目的地"。这就是列氏反对海德格尔的根本缘由。他再次谈到了自杀，自杀并非源于虚无（世界的无意义），相反，"自杀是向这样一个存在者显现出来的：这个存在者已经处于与他人的关联中，已经被提升到为他人的生活的高度"。这意思是说，自杀源于对生活之爱的未得满足和实现。少年维特的自杀，以及罗密欧和朱丽叶的双双殉情，显然就是这个意义上的典型例证。

那么，享受如此根深蒂固，但不安也如影随形，何以解忧，何以纾困呢？"通过掌握将来的不确定性和不稳靠性，通过建立占有，劳动穿过将来的这一含义而以家政性独立的形式勾勒出分离。"（页132）相对于单纯的享受，劳动的意义在于通过家与居所把自己从元素中聚集起来，构成一种列氏所谓的"治外法权"："家的内在性是由一种治外法权构成的，这种治外法权处于生活沉湎其中的享受的元素之中。（这是）拥有积极面的治外法权。它在内部性的柔和（douceur）或热烈（chaleur）中产生。这一产生并不是一种主观的心灵状态，而是存在全体（l'oecuménie）中的一个事件——存在论秩序的一次美妙'失灵'。"这一整段话都是不太好理解的，但列氏没有给予更多的说明，我们也就只能尝试着做些阐释了。如果说家的内在性是一种治外法权，那这里的治是什么在治？柔和或热烈又是何意？如果说治外法权的产生是存在论秩序的一次失灵，那存在论秩序又从何而来？是否存在论秩序就是治之含义？而且为什么说只是一次失灵？不得不说，这简直就是一团团接踵而至的疑云。

如前所述，我们知道列氏的整个论述似乎都在和海德格尔进行对话，而他所瞄准的就是海氏的存在论。在他看来，是强大的享受而非存在论动机才是实存的源始真相，那么据此推论，存在论秩序就不可能建立其所谓的统治。但如果说存在论秩序无法建立其统治，又何来治外法权和存在论秩序的一次失灵呢？在我看来，列氏不可能忘记其思想本身所蕴含的这些道理，但在这里，或许还是太过于在意和海氏哲学的对抗了，所以才会如此强调由享受过渡到家的内在性与海氏的存在论秩序的截然对立。在我看来，如果不做这样的猜测，这里的表述的确是很难自圆其说的。

上述疑问中我们还没有触及的一个关键词是"柔和"，不理解这个词的含义，接下来的理解便只能是毫无道理的跨越。列氏说："凭借其意向性结构，柔和从他人那里来到分离的存在者这里。他人——根据其他异性——恰恰不是在一种否定我的震惊中启示出自身，而是作为柔和之原初现象启示出自身。"（页132－133）这意思是说，正是通过这样一种"柔和"，形而上学的一端即绝对他者（人）才得以启示自身，由此可见对于"柔和"之义的理解是何等重要。然而，"柔和"究竟是什么意思呢？

看接下来的这段话："本书的全部工作都倾向于展示出一种与他者的关系，这种关系不仅判然有别于矛盾逻辑——在这种逻辑中，A 的他者就是非 A，就是对 A 的否定；而且还判然有别于辩证逻辑——在这种辩证逻辑中，同一以辩证的方式具有他者，并在系统的统一中与他者达成和解。"（页 133）在我看来，此处所阐明的那种既非以矛盾逻辑亦非以辩证逻辑而与他者建立关系的方式就是"柔和"之意谓所在。非敌即友，这不是柔和的方式。柔和既不搞对立，也不搞统战，而只是和平中带着热切的欢迎："对面容的欢迎从一开始就是和平的，因为它回应的是对无限的难以遏制的欲望；战争本身只是这种欲望的一种可能性，而根本不是它的条件。"欢迎的姿态何以就意味着对无限的难以遏制的渴望呢？其实道理很简单，没有渴望，就不会有欢迎，但凡有欢迎，就必有渴望。

接着思考这样一个问题：在何种情况下，一个人才不急于与他者建立非敌即友的关系？当然是在相对自足的前提下。非敌即友的对待他者的方式，透显出的是自身的不安全感，所以它是不自足的，是不在家的，所以才会与他者为敌以示防御，或是拉拢他者以增强自身，但在家的人就不一样了，他是安全的，自足的，他有地基，有根据地，由此，他便可以欢迎他者。可以这么理解吗？不能。因为如是理解的话，那问题就不是"柔和从他人那里来到分离的存在者这里"，而是柔和如何从分离的存在者中产生了；所以列氏说："居住，以及那使人类存在者的分离得以可能的居所的内部性，就预设了他人的最初启示。"也就是说，正是对他人的欢迎（即柔和），才使得分离的存在者成为可能，而不是相反。这一点其实并不难理解，因为家作为安居之所的观念，恰是以不将他人视为威胁才得以可能的。

然而，他人怎么可能不是威胁呢？凭什么说我们就该对他人有一种欢迎的姿态呢？如果这只是从伦理上提出一种要求，那就不会有什么说服力了。对此，列氏有一个令人意想不到的说法："对面容的欢迎以一种原初的方式在女性面容的柔和中产生"。显然，这是一个很难让人服膺其理的说法。一方面女性并不必然就是柔和的，另一方面家也不只是女主人的，如此简单的道理列氏不可能不懂，那么，他究竟要说什么呢？这一问题将在第四章第二节得到回答。

第四章　居　所

第一节　居　住

关于居住，也就是家居，列氏能有什么特别的说法呢？列氏说："家用来遮风避雨，用来庇护人，使其得以躲避敌人与纠缠者。"（页 134）这没有什么新意。他接着说："然而，在人类维系其中的合目的性之系统中，家却占有一优先地位。"这似乎也没有什么新意。不可否认，少数人壮志雄心不看重甚至鄙视小家生活，但也不得不承认，大多数人终日劳神不过就是为了拥有一个舒适的小家。然而，这并非列氏讲家具有优先地位的要义。"虽然人们可以把家作为一个目标来寻找，可以'享受'他们的家，但是家并不凭借这种享受的可能性显示出它的本原性。"那么，究竟什么才是家的本原性呢？

"家的优先角色并不在于它是人类活动的目的，而是在于它是人类活动的条件，并且在这个意义上，它是开端。"本小节里最重要的就是这句话。在此，我们需要对列氏的思维方式有一个感性的认识，并由此看出他与海德格尔的不同。人在世界中存在，这没有问题，这是两位大师共同的出发点。然而，关于人在世界中如何存在，两位大师的认识就有所不同，或者说有很大的不同了。我们知道，在海德格尔那里，人是被抛于世的，所以人虽在世，却无家可归。海氏讲此在的筹划，以及由此而形成的存在之因缘联络的整体，都是从这个无家可归的源始处境讲起的。但列维纳斯却认为："人处于世界之中，就像是从一个私人领域来到世界上、从一种任何时候他都可以退回去的在家（状态）中来到世界上一样。"所以人并不直接与客观世界照面，他与客观世界之间有一个中介环节，这便是家或居所："任何对对象——即使它们是建筑对象——的考虑，都是从一个居所出发产生的。具而言之，居所并不处于客观世界之中，而是客观世界处于与我之居所的关联之中。"（页135）在这个意义上，几乎可以说家或居所就是客观世界为人所认识的先验条件。

有意思的是，列氏正是以其特有的"居所优先"先验论批判了观念论哲学的先验论："那先天地构造其对象、甚至构造它处于其中的位置的观念论主体，严格说来，并不是先天地构造它们的，而恰恰是事后构造它们的，在它作为具体存在者已经居住在这个位置上之后构造的；这个位置溢出了知、思想与观念，主体是在事后想把这一与知没有任何共同尺度的居住事件封闭在知、思想与观念中。"这是非常重要的思想，也会让人联想到海德格尔对胡塞尔的类似批判。在《存在与时间》里，海氏指出，即便是科学研究那样明显的对象性思维，也是滞后于此在之筹划的，亦即第二位的。在列氏这里，作为知识论的观念论主体对于其对象的先天构造，同样也是第二位的，只不过先于它的不是海氏的此在之筹划，而是此在之居住，在家。

居住相对于表象意识的优先性，意味着进行表象的意识已为居住这一实事所渗透，列氏说："我们可以如此表达这一意向性：对一个世界的意识已经是穿过这个世界的意识。"这个说法简明而精辟。但它和胡塞尔所谓"意识总已经是包含着某物的意识"有什么区别呢？区别很大。说意识总已经包含着某物，这没有问题，但它还没有触及"穿过这个世界"的身体。所以接下来列氏继续说道："这个被看到的世界上的某物，乃是观看的器官或本质性的手段：头、眼睛、眼镜、光线、灯、书籍、学校等等。整个劳动与占有的文明，是作为实现其分离的、（与无限）分离开的存在者的具体化而浮现出来的。但是这种文明所参照的是意识的肉身化与居住——参照的是从家的内部性出发的实存，这种实存是最初的具体化。"关键词是"意识的肉身化"。胡塞尔的意识虽说总已经包含着某物，但这个某物不过是关于某物的表象而已，所以这个意识并非肉身化的意识，因为肉身化的意识是一种实存的意识，是带着身体感溢出了一般（表象）意识的意识，存在者之实事还没有被它过滤掉，正如列氏所说："存在者并不消解在经验性事件和反思这些事件或'意向性地'瞄准这些事件的思想之中。"

列氏如此强调居住实存的优先性，如上所述，是因为"这种实存是最初的具体化"。我们始终要记住，这本书的核心论题是形而上学的欲望，而形而上学的欲望指的是分离的存在者对于无限的渴望，那么首要的关键便是如何确立分离的存在者，而对于列氏来说，分离的存在者是通过居住即家政的实存来实现的，这就是居住何以被如此看重和反复论述的根本原因。然而，居住究竟是如何确立分离的存在者的呢？如前所述，列氏认为通过居住中的劳动，自我实现了自身在元素中的聚集，而关于这种聚集的意向性内涵，则被他称为一种"内部性的柔和或热烈"，这在本节的末尾也再次提到了，然而，它究竟是什么意思呢？显然还需要进一步的回答。

第二节　居住与女性

在第三章第三节的末尾，就已经提到过所谓柔和与女性的关系问题，显然，本小节就要来正面回应这个问题了。如前所述，作为自身聚集具体化呈现的居住，在列氏的形而上学中占据着极其重要的位置，而本节则表明"女性是自身聚集的条件，是家与居住的内在性的条件"。这从何说起呢？

自身聚集究竟是一种什么样的意向？我们知道，在列氏这里，自我在对元素的享受中构造自身，而所谓自身聚集，指的就是这样一种享受中的聚集，所以自身聚集并不意味着对享受的中止和悬搁。这便是以下这段话的含义："自身聚集就意味着置身于一个漠不相关的区域、一个虚空中吗？意味着置身于伊壁鸠鲁式的众神逗留其间的那些存在间隙中的一个间隙里吗？如此一来，自我就会丧失那种证实，即它作为享用……、作为享受……而从滋养它的元素中获得、且没有从别处获得的那种证实。"（页136）在这里，需要对有一点认识保持敏感，即对于列氏（包括海氏）来说，传统哲学中那个没有任何依托却可以表象万物和自身的自我是根本就不成立的。

然而，这一切和女性有什么关系呢？转换在此一问："除非与享受的距离并非意味着存在间隙的冷漠的虚空，而是从肯定方面被体验为一种内在性维度，一种从生活浸入其中的内部亲熟性出发的内在性维度？"（页136—137）何谓亲熟性？"世界的亲熟性不仅来自在此世界中获得的习惯，这些习惯消除掉世界的粗糙扦格，并衡量着生物对一个它所享用、并被其滋养的世界的适应程度。"（页137）这个解释可谓准确而清晰。如果做更深一步的理解，我们可以说，这种亲熟性来自一个启蒙了的世界，因为正如霍克海默、阿多诺所说，启蒙就是"克服恐惧，树立自主"。这同时也就意味着，亲熟性就是一种内部性。

　　然而必须注意的是，单纯工具理性意义上的启蒙并不能产生这样的亲熟性和内部性，对于列氏来说，"亲熟性与内部性是作为一种在事物表面上展开的柔和而产生"。这里又出现了关键的"柔和"一词，正是经由它，居住的意向性与女性相连。这是什么意思呢？"这种柔和不仅是自然对于分离的存在者之诸种需要的适宜性，这种存在者一开始就享受着自然，并在这种享受中被构造为分离的，亦即被构造为自我；而且，这种柔和还是一种来自对于这个自我的友爱（amitié）。亲熟性（la familiarité）所已预设的内部性（l'intimité）——乃是一种与某人之间的内部性（私密性）。"这段话分号之前的部分讲的就是工具理性意义上的启蒙，即人相对于自然的主体性，而分号之后的部分讲的则是人与人之间的关系，即所谓主体间性。没有这个主体间性，柔和的含义就是残缺的、不完整的，而居住的意向性也就不可能形成。

　　我们应该还记得，在列氏这里，自我的内部性是通过居住实现的，而居住本身就意味着对他人的欢迎，这一点我们在前面已通过对劳动环节的分析论述过了（劳动必然涉及与他人的关系），这些都不难理解，然而，这一切与柔和究竟是一种什么样的关系呢？我们接着看："自身聚集的内在性是一种孤独，在一个已经是人类的世界中的孤独。自身聚集指向（对他人的）欢迎。"这段话中的"孤独"一词是一个理解难点，正如列氏所问："但是孤独之分离与内在性，如何能够面对他人而产生？他人的在场不已经是语言与超越？"关于语言与超越的问题前面已经论述过了，其核心要义是说语言即意味着超越，正是通过语言，自我与他人建立超越的关系。据此推论，如果既要论及与他人的关系，又要讲孤独的分离与内在性，那么就必须有两个前提：一是有一种不通过语言与他人建立的关系，一是可以与他人建立一种非超越性的关系。这有可能吗？对此，列氏的回答是："居住也还不是语言的超越。在内部性中进行欢迎的他人并不是那在高度上启示出来的面容的您——而恰恰是亲熟性中的你：不含教导的语言，沉默的话语，无言的会通，秘密的表达。"（页 137－138）那么，这样一个只在无言的会通中秘密表达而不含教导的他人是一个什么样的他人呢？"这样的他者乃是女性。女性是自身聚集的条件，是家与居住的内在性的条件。"（页 137）真是绕了一大圈，总算把这个关于居住与女性的关系问题大致上讲清楚了！而我们一再提及的"柔和"的含义，想必也不言而喻了。

　　然而，真的把这个问题讲清楚了吗？我们之前关于这个问题的疑问都得到澄清了吗？我们不妨回顾一下列氏的思路。列氏的核心论题是形而上学的欲望，而形而上学的欲望则意味着分离的存在者对于无限他者的渴望，其中如何在分离的存在者与无限他者之间建立一种超越性的关系则是关键，否则形而上学的欲望就无从谈起。如前所述，我们看到列氏提供的解决途径是，一方面把居住作为分离的存在者的实现条件，另一方面又指出居住就已经包含着对他人的欢迎，由此自然地就在分离的存在者与他人之间建立起了一种关系。但要注意的是，正如上文所引列氏之言，居住中的与他人的关系还不是一种超越性的关系，他人还没有显示为面容，而只是"通过矜持而成为一种不在场"，并且由于这种矜持的收敛、沉默和非教导而成为"亲熟性中的你"，并带给分离的存在者以柔和。柔和不是超越，但在列氏这里，它已经为超越准备好了地基。

如果以上分析成立的话，我们就可以继续推论说，形而上学的欲望并非是必然的，而是有条件的，这个条件就是柔和，而柔和则依赖于一个特殊的他者，即女性。所以列氏说："这种在场的谨慎，包含了与他人的超越性关系的所有可能性。"（页138）不得不说这相当令人讶异，毫无疑问，对女性的尊重和肯定是现代文明的伟大成就之一，但似乎还未曾有人像列氏这样把女性视为绝对伦理之不可或缺的条件，并将其提升到所谓"完全人类性"的高度："只有在完全人类性的人格性背景下，这种谨慎才能被理解，才能发挥它的内在化功能；而这种人类性的人格性在女性中恰恰又能够被保存下来，以便打开内在性的维度。这是一种全新的、不可还原的可能性，一种存在中的美妙失灵，是自在的柔和的源泉。"这段话简直称得上最高级的女性颂歌，不由得不令人遐想，是什么样的特殊经历让列氏对女性产生了如此特殊的情感？如果这只是一出单纯哲思的话，那就太不可思议了。

第三节　家与占有

松鼠吃松果除了直接在树上吃，还会把吃不完的松果搬回窝里储存起来。如果把松鼠比作人，那么前者可以说是直接享受事物的方式，而后者就是以家为居所占有事物的方式。这不难理解，享受虽然带来愉悦，充实自我，但享受并不稳靠，时时带着操心，所以它渴望拥有一种保障，而家就是这样的保障。家何以就能提供这样的保障呢？列氏说："分离使劳动和所有权得以可能。"（页139）这里的"分离"，指的是通过在家中的自我聚集所实现的那种分离，所以其实是家使劳动和所有权得以可能。正是依靠劳动和所有权的拥有，享受状态中的操心得以转化为居家状态中的安心。

但要注意的是，居家并不意味着从对元素的享受中抽身而退，它只是被延迟了而已，而"这种悬搁并没有取消自我与元素的关联"；相反，因为有了家，"诸元素始终由我处置——或者抓取它们或者遗弃它们"。这意思是说，无论从空间还是时间上来说，家都让我在与元素的关系中拥有了一个从容的姿态，或取或弃，我都暂时有了抉择的自由，在这里，我可以得到修整，待朝阳初升，再重新投入元素之中，而此一重新投入，就不再只是单纯的享受，而是"把事物从元素那里连根拔出，并因此将揭示出世界"的劳动了。世界之揭示由劳动开启，可见对于列氏来说劳动具有何等重要的意义。列氏说：

"这一原初掌有，劳动的这种控制，使事物产生，把自然转化为世界……"特别注意这里把劳动称作"原初掌有"，这说明在单纯的享受状态中还并不拥有世界，而要拥有世界，则必经劳动在元素中的拔根。

劳动对于世界的诞生而言不可或缺，而且正是在劳动中，形而上学的欲望才得以产生，但须谨记的是，劳动不是脑袋空空，贸然进入一个未知的世界，劳动是有其筹谋和出发之地的，而这个出发之地就是家。没有不是从家出发的劳动，也没有不是以回家为终点的劳动。所以，如果说劳动创造了世界，那么家则使一个世界的出现得以可能。

如前所述，列氏把居家视为享受的延迟，但关于这个延迟的实现，列氏是有严格的界定的，即它不能只是一种主观的想法，相反，它必须诉诸一种实实在在的"居所中的逗留"。在此我们可以看到，列氏再次强调了居住的优先性，尤其是相对于表象思维而言的优先性，这便是以下这段话的意旨："这种在居所中的逗留、居住，在作为经验事实突出自己之前，制约着所有的经验主义，制约着那把自己强加给观照的事实之结构本身。相反，'在家'（chez-soi）的在场则溢出了关于'自为'的抽象分析在它那里发现的那种表面的单纯性。"（页140）列氏和海氏有一个共同点，即都拒绝接受知识论哲学（从笛尔卡到胡塞尔）那个没有在实存世界中扎根的自我，而力图将其还原到实存世界的原初处境之中，只不过二人对这个原初处境的理解不一样而已。对于海氏来说，它是无家可归之此在之操心和筹划的指引系统，而对于列氏来说，则是居于一切筹划和操心之先的居所中的逗留。

家是劳动的出发地，也是劳动所获之物的储存之地，这些所获之物也就成为家中的占有物。按理说，家为其他占有物提供存身之所，而它本身也是一种占有物，但列氏认为，家作为占有物的意义是完全不同的。"它被占有，因为它自此以后就对其所有者殷勤好客。这把我们引向它的本质上的内在性，指引向那在任何居住者之前就居住在它之中的居住者，指引向卓越的欢迎者，指引向自在的欢迎者——指引向女性的存在。"居住和女性的关系问题在这里再次出现了。这并不奇怪，在上一节，列氏就明确地表达过了，"女性是自身聚集的条件，是家与居住的内在性的条件"。所以这里不过是再次强调而已。但是这个表述里仍有值得特别注意之处，即"那在任何居住者之前就居住在它之中的居住者"这个说法。这是什么意思呢？难道是说在我们进入任何居所之前，那里都已经有一个女性的居住者了，否则就不能叫作居所？显然，如此理解是荒谬的。那么这究竟是什么意思呢？本节末尾如是说道："'女性的'人类存在在一个居所中的经验性的缺席，并不改变那保持开放的、作为居所之欢迎本身的女性的维度。"在我看来，或许这才是列氏把居住与女性相连的根本意图所在，即强调居所的开放和欢迎的向度。为什么要强调这个向度呢？我们始终不要忘记，列氏最终的目的是要谈形而上学的欲望，而形而上学的欲望是要在分离的存在者和无限之间建立关联，所以作为分离的存在者就必须得有向他者开放的维度，那么这个开放的维度从哪儿来呢？如前所述，分离的存在者的内部性是在居住中获得的，所以在这个居住的环节中就必须得有开放维度的引入，而将女性预设为居住之内在性的条件恰好就解决了这个问题。

第四节　占有与劳动

占有与劳动的关系似乎是自明的，要占有就必须要劳动，而劳动的目的就是占有。劳动通过什么来占有呢？占有什么呢？这个问题其实前述已经有所涉及。列氏说："对世界的接近是在这样一个运动中产生的：这个运动从居所的乌托邦出发，穿过空间，以便在其中进行原初把握（prise），以便掌握和带走。元素的不确定性被悬搁了。元素在家的四壁内固定下来，在占有中平息下来。它在其中作为事物显现出来……这种对基元的掌有——是劳动。"（页 140－141）这段话回答了前面的两个问题，即劳动通过在元素中拔根进行占有，而其占有之物即是在此拔根中所形成的事物。

这里需要比较一下享受和劳动与元素之间的不同关系。简单说来，享受虽沉浸于元素但并不占有元素，相反，倒是被元素之不可测量的深度占有。"在享受中，自我不接受任何东西。从一开始，自我就享用着……。由享受实行的占有与享受混而为一。"（页 141）这其实是说，享受纯粹就是及时行乐，完全不为将来考虑，或者说，将来之不稳靠的阴影虽已降临，但它并无丝毫实际的应对，这也就是劳动之必要的根本原因，因为只有通过劳动将元素转化为事物，并运徙至家中作为动产加以保存，自我之同一化的建构才有保障。

在劳动的占有中，元素丧失其独立性，转化为事物，这意味着存在论的成就。"掌握存在者之存在的存在论——作为与事物之关系、并使事物显示出来的存在论——是大地上每一个居住者的一种自发的、前理论的成就。"这是很重要的一句话，关键词是"自发的、前理论的"。诗人柏桦有言："一代又一代，大地长在，人劳碌"[①]。为什么而劳碌？当然是为了生活。列氏说生活是享受，这固然没错，但如何能够享受？如果没有一件件事物的制作，从哪里来的享受？这是至为显豁的道理，但不是每一个哲学家都能敏锐地意识到，那每天都在上演的蒸腾喧闹的日常生活，就是最为伟大的存在论事件。

享受中的元素没有任何规定性的质，没有本原，没有实体，但在劳动的介入中，其无规定性遭到了悬搁，并转化为事物之实体。然而还需问问，劳动的介入究竟是怎样进行的呢？列氏说："占有通过进行占有（la prise de possession）或作为手之本己命运的劳动而实现自身。手是掌有和把握的器官，是在熙攘拥挤中进行的最初的和盲目的把握的器官：它把从元素——它无始无终，沐浴着和浸没着分离的存在者——中连根拔出的事物与我关联起来，与我的自我主义的诸种目的关联起来。"（页142）这里出现了一个关键词：手。在本节中，它还将得到浓墨重彩的论述。但这里对手的特别提及，除了强调它作为劳动所特别依赖的器官，还有更重要的一点，即正是通过手的掌有和把握，享受暂时被悬搁，事物也才得以被制成，并被置于居所中以被拥有。

特别强调手在劳动过程中的作用有什么特别的意义吗？我们看到，列氏对此很是在意。他说："手的这种运动以及它的

---

① 柏桦：《我们的人生：柏桦诗文自选集（1981—2021）》，成都：西南交通大学出版社，2021年，页239。

掌有和获取的运动，被这种获取在其向家的内在性返回的运动中遗留下来的踪迹、'残余'和'作品'所掩盖。这些作品作为城镇、田野、花园、风景，重新开始它们元素性的实存。"这意思是说，我们通过手做成了很多东西，但一旦做成，手就很容易被人忽略甚至忘记。这有什么问题吗？我猜测，列氏是想借此强调劳动中的身体性（主要以手介入），而对身体性的重视则是为了强调劳动不同于非身体性行为的观看和思想。然而，这一区分有何特别的意义呢？

"在观看与思想中，已被规定的（déterminée）质料会通过与无限的关联获得界定（se définirait）；而在掌有中，质料恰恰保持为完全未被界定的与不可理解的（incompréhensible）——在这个词的智性意义上。"（页 143）对这段话的理解是关键。按说，如果我们掌有某物，那肯定比单纯观看它更有把握，但列氏这里的意思却说在掌有中质料未被界定，相反在观看中质料才获得其界定，这是为什么呢？在我看来，这涉及如何理解他这里所说的"界定"的含义。接下来有句话说："原初的技术并不把先有的'知识'转化为实践，而是对质料的直接把握。"我认为这句话提供了理解的角度。也就是说，观看是一种知识态度，而劳动是非知识的，知识需要对对象进行界定，但劳动无需界定就直接动手。按康德哲学的看法，知识界定是通过现象从物自体的脱离而来的，在我看来，这或许就是列氏说在观看中"已被规定的质料会通过与无限的关联获得界定"的意思。

"手进行掌握、夺取、弄碎、搅拌，手的力量并不是使元素与无限相关……而是使无限与目标意义上的终点相关，与需要的目标相关。"这意思是说，劳动不做打量，是前理解、前反思的，它对元素本身的存在不感兴趣，而只在乎元素是不是满足它的需要和目的，在此意义上，可以说它有一种直截了当的粗暴："劳动掌控将来，它使有（l'il y a）之匿名的沙沙声，使基元的那种即使在享受本身中也躁动不安、不可控制的混乱嘈杂，都归于平静。"所以列氏说，在劳动中被手制服的质料是没有面容的，如果说它还有所抵制，那也只能说是一种"虚假抵制"。

不管三七二十一直接上手的劳动，"无限地掌控着或悬搁着元素之不确定的将来"，这是通过将元素转化为事物，并将其贮存至家中实现的。而对于事物何以是事物，列氏则有一番颇为精到的阐发："事物将自身作为轮廓分明的固体呈现出来。除去桌子、椅子、信封、本子、钢笔等被制造事物外——石头、盐粒、土块、冰块、苹果等也是事物。这种把对象分离开的形式、勾勒出对象边线的形式，似乎在构造着事物。"（页144）这里的关键词是"形式"。它是元素转化为事物的中介，而这一转化之所以能够完成，则是因为手的介入，也就是手的"赋形"："手使它的把握脱离元素，手勾勒出带有形式且被界定好的诸存在者，就是说勾勒出固体；由此，手勾勒出一个世界。对无定形者的赋形，就是固体化，就是可掌握者的浮现，就是存在者和各种质的承载者的浮现。"

然而这里却有一个疑问，即我们可以说"桌子、椅子、信封、本子和钢笔等被制造的事物"的形式是手之赋形的结果，但怎么可以说在"石头、盐粒、冰块、苹果等"身上也有手之赋形呢？如果只是在狭义上理解事物的形式和手之赋形，这个问题就得不到满意的解答，而列氏实际上也给出了超越这个狭义的理解："手统握（comprehend）事物，并不是因为它同时从所有方面触摸事物（它并没有全方位触摸事物），而是因为它不再是一感官器官，不是纯粹享受，不是纯粹感性，而是掌控、统治、支配——这些并不属于感性的范畴。作为把握、获取的器官，手采摘果实，将它从树叶那里拿开，加以保存、贮藏，在家里占有它。"（页145）这意思是说，"赋形"的根本含义是占有而不只是制造，而占有某物则意味着将其纳入某个世界，也就是上述"手勾勒出一个世界"的含义。但这里还要注意的是，说"手勾勒出一个世界"，好像是说手的勾勒在世界之先，这却不是列氏的意思。事实上恰好相反，是以居所之聚集为其内涵的世界在先，然后才有以手为媒介的占有。所以列氏说："手并不凭借其自身为占有物提供基础。此外，获取计划本身预设了居所的聚集。"即便是我们的身体，如果要说我们拥有它的话，也同样是以居住的聚集为前提的。

　　本节特别值得注意的是最后两段关于占有的经济学思考。如前所述，通过占有，元素转化为事物，并获得其实体性，但列氏说："与占有相关的事物的实体性，对于事物来说，并不在于绝对地呈现自身。在其呈现中，事物被获取，并献出自身。"这是为什么呢？"因为事物并不是自在的，所以它可以被交换，并因此可以进行比较、可以被量化，也因此丧失其同一·性本身，并可以反映在金钱中。"这个论述非常重要，因为如果不涉及被占有事物的交换，劳动就仍然只和居所的聚集相关，而不会与他者相遇，但我们始终要记住，如果不涉及他者，列氏所念兹在兹的形而上学欲望就无从谈起（参第一部分

第二章第五节中对事物居间性作用的论述）。只要可以被用于交换，对事物的占有就是开放的，"这样，对事物的占有就导致话语。而行动，那在劳动之上预设了另一个存在者之面容的绝对抵制的行动，则是命令与说话——或者是谋杀的暴力"（页146）。这是什么意思呢？为什么说"在劳动之上预设了另一个存在者之面容的绝对抵制的行动"呢？我们还需要进一步理解。

第五节　劳动、身体、意识

列氏认为，事物呈现自身的视域并非用具系统所勾连和指引的世界，而是"在内在性边缘的定居"，所以对于事物的原初把握先于对于工具系统和用具系统的操作。那么什么是对于事物的原初把握呢？也就是"围绕着内在性的家"。这里有一句话："世界是可能的占有物，工业造成的对于世界的任何改造，都是所有制制度的一种变动。"这是什么意思呢？其实就是强调占有的优先性，也就是说，即便在工具系统极其发达的工业社会，占有之思也始终是第一位的。所以列氏说，是"占有……揭示出世界……使事物可能的并不是世界"。

第一段里还有一个关于认知的重要思想，即列氏关于"对世界的智性的概念把握"的论述。这个论述又涉及两点。一是说认知或观照并非对人之活动的悬搁。这似乎不难理解，因为从广义上讲，认知也是一种活动。但这不是列氏的意思，列氏是要说认知"是在悬搁了混沌的、并因此独立的存在之后到来"（页146-147）的。按我的理解，这里所谓"悬搁了混沌的、并因此独立的存在"其实就是以家为标志的占有，所以，列氏要说的是占有先于认知。我觉得这不仅是针对海德格尔，也是针对胡塞尔讲的。我们都知道，在《存在与时间》里，海德格尔不同于胡塞尔，认为认知并非奠基性的，因为此在在认知以先已经有了存在的筹划，而在这里我们看到，列氏同样认为认知不是奠基性的，但先于它的是占有，而非存在的筹划。

正是从占有这一点出发，列氏提出了关于认知的更为重要的一点，即认知"是在与对占有本身提出质疑的他人相遇之后到来"（页147）的。这是什么意思呢？是说他人对我的占有之物构成了威胁，然后我才开始反思性地认知我的占有之物吗？但认知能为我保护我的占有之物提供什么帮助呢？当然，所谓知己知彼，百战不殆，认知我的占有之物当属知己的题中应有之义。我认为这是我们看到这句话之后容易产生的一些想法。然而，只要我们稍微保持一点对列氏哲学的伦理学敏感，就会知道这个致思方向肯定错了。他人不是拿来算计的，更不是斗争的对象，这是列氏伦理学的起码准则，而且，就算是平视他人，在列氏这里都要遭到批判，因为无论是算计还是平视他人，都只意味着把他人纳入自己的同一性视野中打量，而列氏念兹在兹的形而上学欲望，却是要把他人当神一样来崇奉。

那么，列氏说认知"是在对占有本身提出质疑的他人相遇之后到来"究竟是什么意思呢？其实这个问题在第一部分第二章第五节"话语与伦理"中就讲到了。我们知道认知就是对感性之物的概念化把握，而对于概念化，我们曾引用过这样一段话："对于感性之物的概念化已经依赖于这种断裂，即我的实体与我的家这种活的身体中的断裂，已经与我之所有物对于他人的适宜性相关，这种适宜性为事物沦为可能的商品做好了准备。"我想这段话已经可以很好地回答了刚刚提出的问题。

接下来讲身体。似乎另启一头，但实际上跟上面的论述有关系。前述说认知"是在悬搁了混沌的、并因此独立的存在之后到来"的，那么"独立的存在"又是如何可能的呢？按我的理解，这里所谓"独立的存在"，其实就是列氏在前面多次言说到的分离，亦即主体性的建立，而分离之所以可能，恰恰就在于有身体。列氏说："身体并不是显现为诸多对象中的一个，而是显现为分离据之以运作的机制本身，显现为这种分离的'如何'，显现为——如果我们可以这么说的话——副词而非名词。"不要小看这句话，因为其背景是整个西方的形而上学。可以说从柏拉图到胡塞尔，以理性确立存在的传统从来就没有中断过，也从来都是主流，即便是像叔本华、尼采、克尔凯郭尔以及柏格森这样一些所谓非理性哲学家，甚至包括弗洛伊德在内，他们都没有真正脱离形而上学的传统，因为形而上学的要义就是以心理主体奠基（胡塞尔最终也承认现象学也是心理学），而无论意志也好，情绪也好，直觉也好，欲望也好，都仍然不过是心理主体的形式，就此而言和理性没有根本的差异。但就在这一点上，列氏哲学意味着一次重大的决裂。

再回头看列氏的表述，他说身体"显现为分离据之以运作的机制本身"，其实就是说，存在是以身体的方式奠基的。认为存在以身体而不以那个几乎没有身体感的心理主体奠基，这当然就是一次重大的决裂。因为以身体奠基，就意味着与身外之物实打实地纠缠在一起，而不只是一种胡塞尔哲学意义上的意向关联；并且，如果说存在必得在这样的纠缠中涌现和成形，那么困扰传统形而上学的（主体之）内与（主体之）外的问题也就被解构了。事实上，这正是列氏接下来的论述重点。

"在永恒的、无忧无虑的天堂般享受中，主动性与被动性的区分在（对元素的）认可中混融为一。享受完全是由它栖息其中的外部滋养的，但是它的认可却显示出它的主权；这种主权既无关乎自因的自由……也无关乎海德格尔的 Geworfenheit（被抛状态）……"这段话瞄准的就是传统形而上学关于主体之内外的那种划分。其中关键是没有一个先在的内，所以也就没有什么主动性和被动性，没有什么内和外的紧张关系，"它在他者中心花怒放；这样的他者——诸元素——开始既不是为它的，也不是反对它的……它既不是对'他者'的消除，也不是与'他者'的和解"。这个它，也就是在享受中得以实现的分离的存在者，何以能"在他者中心花怒放"？对此，列氏有这样一句经典的回答："享受的主权用对他者的依赖滋养其独立。"（页 148）关于享受既自我又依赖的双重性，没有比这更简明扼要的概括了。

一旦破除传统形而上学主体内外之别的思维模式，我们对所谓异化的问题就可以拥有全新的认知："生活被异化了，但甚至在受苦中，异化也是从内部来到生活中的。生活的这种总是可能的颠倒，不能用受限制的或有限的自由这样一些说法来表达。"（页 147）关键的表达是这一句，即"异化也是从内部来到生活中的"。如何理解呢？首先我们要牢牢记住列氏关于分离的存在"身体地"（身体作为副词）确立自身的观念，那么，如果说"异化也是从内部来到生活中的"，就可以据此推论异化指的是"身体地"方式出了问题。这不是说"身体地"

方式本身有什么问题，而是怎样的"身体地"方式出了问题。那么究竟是什么问题呢？

我们可以回到第二部分第三章第二节末尾的论述思考这个问题。在那里，列氏谈到了无产者的生活境况："那只顾着需要而顾不上享受的极端情形，那强迫人去从事该死劳动的无产者的状况，在此状况中，身体生存的匮乏既无法在家中找到庇护也无法在家中找到娱乐——这种极端情形、这种状况，就是Geworfenheit（被抛状态）那荒谬的世界。"这很容易让我们联想到马克思对早期资本主义社会里工人的异化劳动的分析，即"异化劳动把自主活动、自由活动贬低为手段，也就把人的类生活变成维持人的肉体生存的手段"①。在我看来，马克思对异化的理解和列氏是一致的，即以身体感上的享受还是不享受作为标准来对异化与否进行判断。那么，这有什么特别的意义吗？

我认为这一观念的意义极为重大。比如关于商品拜物教这个问题，根据这个观念我们就可以有完全不一样的认识。我们都知道，马克思把商品拜物教视为早期资本主义社会异化现实的突出表现，但在我看来，他应该是在工人得不到商品需求的正常满足这个意义上说的，也就是说，工人只是在需求而不是享受商品，我认为这才是马克思所批判的早期资本主义社会的异化现实的本来含义。如果这么说是有道理的话，我们就可以认为商品极大丰富的社会里的所谓商品拜物教并没有什么问

---

① 参〔德〕马克思：《1844年经济学哲学手稿》，中共中央马克思恩格斯列宁斯大林著作编译局编译，北京：人民出版社，2018年，页54。

题，因为可观察到的事实情形是，大部分消费者在人文学者们为之忧心忡忡并加以批判乃至痛斥的一次次购物狂潮中其实是享受得不亦乐乎，而不是痛苦得喊叫连天，那么我们有什么理由认为这是一种异化呢？

所以我们再看另一句话："生活的这种总是可能的颠倒，不能用受限制的或有限的自由这样一些说法来表达。"什么叫"生活的这种总是可能的颠倒"？在我看来，它指的就是我们的身体感究竟是出于满足匮乏的需求还是所谓沉浸于元素中的享受的难以预期的切换。为什么说难以预期，因为没有一个（像卢卡奇或马尔库塞所认为的那种）本真的需求，相反，只有一个在历史中不断变换的基于身体感的需求。弄清了这一点，紧接着的这句话就不难理解了："在这里，自由是作为在本土生活中起作用的可能的原初歧义中的一种而呈现出来的，这种歧义的实存就是身体。"（页 147—148）为什么说身体是"歧义"的？因为在需求和享受之间总有"可能的颠倒"。

总之，列氏牢牢地抓住了身体这个实存的机制，困扰传统主体哲学的那些内与外、主动与被动一类的问题对于他来说就不再是问题了。传统主体哲学企图把存在扎根于所谓的内在，由此，所谓的外在就成为一种障碍或威胁，除非它能为内在所同化或征服，但在列氏这里，那个先在的、本真的内在是一个纯粹的虚构，如果一定还要说有一个内在，那么外在不但不是它的障碍或威胁，相反，还是它必不可少的生成媒介。

接下来这一大段论述所要阐明的都是这个要义："是身体，这一方面是自持（se tenir），是自身的主人；另一方面是站立在（se tenir sur）大地之上，是在他者中，并因此受其身体羁绊。但是——让我们再重复一次——这种羁绊并不是作为纯粹依赖发生的。它构成那享受这种羁绊的人的幸福。那对于我之实存的持续存在来说为不可或缺者，吸引着我的实存。我从这种依赖转入到那种快乐的独立——在我的受苦本身之中，我从内部引出我的实存。在他物中即是在家中、在享用他物之际而成为自己本身、享用……，这都是在身体性的实存中具体化的。"（页 148）特别注意其中"在我的受苦本身之中，我从内部引出我的实存"这个表达，其实就是对前述"异化是从内部来到生活中的"这一论断的解释。

对于身体作为实存之运作机制的论述暂且就到这里。按照本节标题所示，接下来就应该进入关于意识的考察了。那么对于列氏来说，会有一种什么样的不同于传统主体哲学的关于意识的认知呢？这是我们的期待。

但列氏并不直接就谈意识，而是谈起了延迟，并由此言及意识："居所使得获取与劳动得以可能，借此，居所悬搁或延迟这种背叛。生活有沦入终结的危险，克服生活之不稳靠性的居所是对这种终结的永恒延迟。对死亡的意识，是对永恒地延迟死亡的意识。"这里出现了一个令人费解的词：背叛。它是什么意思呢？从句法来看，其含义应该就是生活的终结，也就是死亡。但把死亡视为一种背叛，不得不说是一种奇怪的看法。

列氏认为，正是因为"对死亡的意识"，尤其是"对永恒地延迟死亡的意识"，我们才触及意识的本质，也就是页 149上的这句话："具有意识，恰恰就是具有时间。"其实这句话之前的一大段话都在讲意识的内涵："意识并不落入身体之中——并不肉身化；它是一种解肉身化——或更严格地说，是一种对身体之身体性的延迟。这并不是在抽象的以太中发生，而是作为栖居与劳动的整个具体物而产生。具有意识，就是处于与那现在存在之物（ce qui est）的关联之中；然而那现在存在之物的当前（le présent）似乎还没有完全实现出来，似乎只是构成一个被聚集起来的存在者的将来。"这段话实际上阐释了意识作为"具有时间"这一界定的内涵。也就是说，意识就是在当前性（身体性沉浸）中着眼于将来（延迟身体性）。明白这一点，我们也就能理解列氏关于意识的另一个看起来有些费解的说法，即"身体的两可性就是意识"（页148）。

具有意识就是具有时间，也就是在当前性中着眼于将来，但为什么要着眼于将来呢？列氏说："在眼下（pour le moment），当前（le présent）只是对危险的意识，只是害怕这种特出的感情。元素的不确定性、它的将来，变为意识，变为利用时间这样的可能性。"（页149）这里提到一个关键词，即"危险"。什么危险呢？其实就是前面所说的"生活沦入终结的危险"，也就是死亡。

但如果说意识就是在当下面对死亡威胁而着眼于将来，我们马上就会想到海德格尔的"向死而生"，因为向死而生就涉及一个时间跨度（即在当下同时朝向将来）的问题。然而，我们都知道列氏对于海氏思想的态度，那么二者之间有什么不同呢？在我看来，可能有两点不同。一是对于死亡的意识，二是意识到死亡之后的抉择。然而，关于死亡，除了说它意味着存在或生活的终结，还能有其他什么说法吗？我认为单纯就此而言，似乎看不出列氏和海氏有什么区别，但如果深究存在或生活的内涵，二者之间的不同就会显现出来（参第二部分第一章第四节）。

我认为需要牢牢记住我们刚刚在前面触及的列氏思想的一个关键点，即存在是"身体地"确立自身的，那么，对于列氏而言，如果说死亡是存在的终结，那么就是说存在的"身体地"这一方式终结了。而存在所谓"身体地"确立自身，指的是以享受的方式沉浸于元素之中，所以，存在或生活的终结，指的是享受的终结，也就是不再沉浸于享受之中。这里要再次强调列氏思想的一个关键，即虽然存在以享受身体地确立自身，但不是说先有一个有待享受的主体以及一个有待被享受的对象（元素），然后前者沉浸于后者之中。如果这样理解，就永远也进入不了列氏的思想。列氏对这一点可谓不厌其烦地反复言说，其原因就在于只要不明白这一点，就不可能走出同一性哲学的思维，自然也就不可能领悟列氏所谓形而上学的欲望意味着什么了。

有了这个警觉之后，我们就可以读懂以下这些话的含义了："我们并不质疑生活的自发性。相反，我们已经把身体与世界之间的相互作用的问题化归为居住、化归为'享用……'；在居住与'享用……'中，我们不会再发现自因的、但又不可理解地受限制的自由这样的图式。自由乃是生活与安顿生活、且生活籍之而在家的他者之间的关联；这样的自由并不是一种有限的自由，它潜在地是一种零自由。"注意"不会再发现自因的""自由乃是生活与安顿生活"以及"零自由"这样一些表达，它们要破除的就是传统形而上学在内与外、精神与物质的二元对立框架中讨论自由问题的方式。

把话题转回来，这些思考跟对比列氏和海氏的死亡观有什么关系呢？在我看来，正是因为列氏把存在看成是身体地确立的，其对死亡内涵的理解以及对于如何应对死亡威胁的思考都和海德格尔大大不同了。对于海德格尔来讲，死亡仍然意味着传统形而上学那个内在自我的死亡，这是列氏不能同意海德格尔的地方，这也就是他反复不断地批判海德格尔关于被抛存在这一观念的原因——只要讲被抛，就必然已经设定了一个先在或内在自我的前提；也正是因为有了这个前提，海氏才可以用向死而生的能在筹划去应对死亡的威胁。但对于列氏而言，这个基于本真存在的向死而生的筹划是不可能的，相反，只有非目的论意义上的手的遭遇和摸索，而这样的遭遇和摸索，既谈不上本真，也谈不上非本真，无非就是存在之事实而已。

　　相应于海德格尔的向死而生的能在筹划，列氏提出的应对死亡威胁的方式是劳动。那么列氏意义上的劳动和海氏的能在筹划有什么不同呢？简括地说，能在筹划是目的论的，但劳动不是。"就一部机器而言……结果乃是最初运动的目的因，是这一最初运动的效果。相反，那使机器发动起来的身体的运动，那伸向锤子或要被钉进去的钉子的手，却并不只是下面这种目的的动力因，这种目的可能会是那最初运动的目的因。因为某种程度上，手的运动的关键总是在于以其带有的全部冒险去寻找和抓住目标。"（页150）这里的关键词是"冒险"。因为是冒险，所以目标就不是先行具有的，而是有待于寻求和摸索的，也正是在这个意义上，列氏对于"手"的意义极为看重。这一点我们在上一节"占有与劳动"中已经领教过了。

　　对手的意义的强调，其实就是对身体性存在的强调。就身体性的存在而言，"目的并不被视为一种解肉身化的欲求中的目的"（页 151）。因为不能摆脱肉身化，所以就需要"手"的摸索，进而需要种种摸索的技术。所以要特别注意，技术在列氏这里具有极其重要的意义，而"唯有一种具有器官的存在者才能设想一种技术的合目的性，设想一种在目的与工具之间的关联。目的是手在有可能错失它的过程中所寻求的终点"。这段话中的"错失"一词不容错失，它点明了目的之于身体性存在而言不可能一蹴而就的道理。

第六节　表象的自由与赠予

如题所示，这一节的核心是表象。关于表象，前面的章节已有涉及。关键的论述是说，相对于表象，居住具有优先性。也就是说，先有居住，然后才有表象，这便意味着表象是受居住制约的。这个意思还会在本节进一步阐述。

那么，在何种意义上，表象才是自由的呢？照上面的逻辑推理，那当然就是在摆脱居住制约后才有可能获得自由。但我们知道，居住制约是奠基性的，所以表象的自由并不意味着没有居住的奠基。那么，表象自由究竟是什么含义呢？

列氏从分离开始讲起。"（与无限）分离开，就是栖居于某处。"（页 152）这意思是说栖居乃是分离的落实。但究竟怎么落实呢？列氏认为这就离不开身体，并且说"身体就是分离的机制（régine）"。注意了，前面已经重点讲过，在列氏这里，实存是以"身体地"方式实现的，所以说"身体就是分离的机制"乃理所当然。但为什么要特别强调实存的身体机制呢？这其实是为讲表象的自由问题做准备。这里首先要破除的，是跟笛卡尔哲学相关的一个谬见，即把身体和灵魂切分，所谓非广延的灵魂附着于广延的身体之上。其实这个谬见的表述本身就是自相矛盾的，所以并不值得认真对待。但列氏要强调的是，身体地栖居乃是实存的原初事件，而物理−几何学的广延问题需要参照这一原初事件才能被理解。这跟表象问题有关吗？当然，因为表象总是有广延的，所以表象的自由是受栖居制约的。

所以接下来，列氏要对那种视表象为实存之奠基的思想进行批判。他说："严格的理智主义的论断使生活从属于表象。"这是什么意思呢？他马上就解释了："人们主张，为了进行意愿，必须先表象出所意愿之物；为了进行欲望，必须先表象出其目标；为了进行感觉，必须先表象出感觉的对象；为了做事，必须先表象出人们将做之事。"或许有人会问：难道不正是这样的吗？然而，不用说，列氏当然不认可这些所谓天经地义的道理。我们始终不要忘了，对于列氏来说，身体地栖居才是实存的原初事件，而表象之静观则不过是这一原初事件的派生之物。此外，列氏认为："从表象与行为的单纯对立中也无法引出表象的哲学意义。"这是什么意思呢？在我看来，所谓与行为的单纯对立，也就是列氏这里所说的与介入相对立的冷静，这个意义上的表象不过是行为的一种特殊方式而已，并不能就此言及表象的真正意义，或者就是说，表象的自由绝不是指对行动的终止，乃至对关系和历史的摆脱。

所以列氏再次强调："表象是受制约的。它的先验要求不断地为生活所否认，而生活总已经且始终植根于表象所宣称构造的存在之中。"（页 153）这个道理很简单，即生活先于表象。有意思的是接下来这句话："但是表象要求事后替代这种实在中的生活，以便构造出这种实在本身。"这很明显就是针对胡塞尔了。后期胡塞尔认为欧洲科学遗忘了生活世界，但之后他又要对这个生活世界进行现象学的还原。[①] 列氏反对这样的操作，他认为可以对生活进行批判性的反思，但不能将这种反思与构建分离的享受和劳动混为一谈，前者是派生的，后者才是原初和本原的。

但观念论（也就是把存在奠基于表象，进而奠基于先验自我）是一种永恒的诱惑。不过列氏认为，观念论的事后性这一事实，其实恰恰又承认了时间的存在，而只要承认了时间的存在，实际上就否定了观念论。为什么这样说呢？注意这里提到的"空间中的抽象割裂""抽象的永恒或瞬间"这样一些表达，其实指的就是观念论的前提，也就是抽象的时空观，所以观念论没有生活。我们来看这句话："分离在时间中的关联因此是就其本身而言发生的，而不只是在第二性的意义上为我们而发生的。"这是什么意思？这就是在强调时间对于分离而言的原初性及不可或缺，而因为观念论没有时间或是只有抽象的永恒或瞬间，所以它不可能为分离奠基。

如果说以上对于观念论的批判是瞄准胡塞尔的，那接下来的批判就是针对海德格尔了。海氏以此在之何所用（"为自身

---

① "只有当我们深入探索生活世界和作为它主体的人，只有当我们按照它最内在的动力进一步阐明它的历史发展时，这一领域的真面貌才向我们展示出来。"〔德〕埃德蒙德·胡塞尔：《欧洲科学的危机和超验现象学》，张庆熊译，上海：上海译文出版社，1988 年，页 64。另参韩骁：《生活世界的现象学还原之路》，载《社会科学报》第 1763 期第 5 版。

之故")为基点将世界勾画为一个因缘联络的整体，但在列氏这里，此在的筹划并不是奠基性的，因为在它之先，必须得有"那在家中聚集自身者"在元素中的拔根，否则筹划就不可能展开。何谓在元素中的拔根？列氏说："我所生活其中并享用的元素，也是我与之对立者。我已经从这个世界中划出一部分并将之封闭起来这个事实、我经由门窗通达我所享用的元素这个事实，实现出思想的治外法权和主权；思想先于它所后于的世界。"这讲的就是拔根，也就是"经由门窗通达我所享用的元素"，或者说就是列氏所谓的"在家"，它是此在筹划的前提："如果没有在家，操心的'为自身之故'能够实现出来吗？"（页154）不过这里有一句似乎不容易理解的话，即"思想先于它所后于的世界"。按我的理解，"先于"指的乃是分离的存在者在元素中拔根之后的"回忆"，但问题是怎么能说"回忆"先于世界呢？列氏充满诗性地写道："那返回并舔舐着其出发处沙滩的一波波潮水，那构成回忆之条件的时间的痉挛。如此，我只是看而不被看到，一如古各斯；我不再被自然入侵，不再沉没于一种寰围或氛围中。"（页153—154）这是什么意思呢？它讲的其实是思想之治外法权所带来的一种幻象，即已然独立于世界的感觉，但事实上这是不可能的，所谓从元素中拔根，它毕竟是从世界中分离出来的。

上述对海德格尔的批判，基于"那在家中聚集自身者"的优先性，然而我们还并不清楚这一聚集的能量从何而来。这便是接下来要回答的问题。我们可以看到，通过对这一问题的回答，列氏把聚集自身与对他人的欢迎关联起来，继而通过对与他人建立关联的语言的论述，谈及"原初的赠予"以及在此基础上的表象的自由。

我们首先来看，聚集自身究竟意味着什么呢？列氏说："我当然不能在我的作为对……的享用的生活之中聚集自身。"（页154）这话不难理解，意思是说，如果要聚集自身，就不能沉浸于环境（元素）之中，而必须有一种所谓的回撤，与占有或沉浸于其中之物保持一种距离。但这样的回撤"并不是占有的单纯回声"，因为"这种回撤意味着一个新的事件。我必须已经处于与某种我并不享用的事物的关系之中。这一事件是与他人的关系，他人在家中、在女性之矜持的在场中欢迎我"（页154—155）。不得不说，这个表述是很难理解的。其中似乎包含着这样一个命题，即如果我要处于与某种我并不享用的事物的关系之中（如前所述，这是自身聚集的前提），我就必须与他人产生关联。对此，列氏是这样解释的："为了能够看到在其本身中的事物，就是说，为了能够把事物向我自己表象出来，为了能够同时既拒绝享受又拒绝占有，我就必须能够给出我所占有之物。唯有如此我才能绝对地从我对非我的投入中超拔出来。但是为此，我又必须遇到那对我进行质疑的他人之泄露性的（indiscret）面容，他人——绝对他者——使我的占有陷于瘫痪，他借助其在面容中的临显对我的占有提出异议。"（页155）这段话把我们刚才提及的那个命题解释得很清楚了，说起来似乎并不复杂，即我如果要聚集自身，就必须从某种占有状态中抽身而退，但如果没有他人的质疑，我就不可能从占有状态中超拔出来，所以他人乃是聚集自身之不可或缺的条件。也存在另一种可能，即我视他人为我之占有的障碍，于是乎清除之，谋杀之。但如前所述，在列氏这里，即便是实施了具体的谋杀，他人的面容也是不可谋杀的无限，"于此高度上，他人在进行这种谋杀的伦理的不可能性中具体地来到我这里"，所以无论如何，他人都会对我的占有提出质疑。

正是从他人对我之占有的质疑，列氏过渡到对语言的论述："对自我的质疑与他人在面容中的显示具有相同的外延——我们将这种质疑称为语言。"他人以语言质疑我，列氏又称其为"教导"。这个意思就很明显了，既为"教导"，那就说明施以教导一方位置比我要高，我要仰望之，听从之。列氏在这里提到了苏格拉底的助产术，其实从后面的论述我们可以看到，对于苏格拉底的助产术列氏是持否定态度的——在他看来，助产术不过是一种诱导——但在此处，虽然同样提到了助产术之诱导甚至侵犯的性质，他还是承认其积极的一面，即"这种助产术并不排除那作为老师面容中的高度的无限这一维度本身之敞开"。正是因为教导我的他人之"面容中的高度的无限"，我才意识到一向肆无忌惮之自我冲动的素朴性，并为之而感到羞愧，"它把自己揭示为一种暴力，但由此，它便处在一种新的维度中"。什么样的新维度呢？其实就是渴望他人，并接受其教导。但要特别强调的是，列氏认为这样的教导并不会让人产生自我受限甚至压抑的感觉，因为"这种关系在根本上是和平的……教导并不是被称为统治的属中的一个种，并不是一种在总体中起作用的霸权，而是炸毁总体之封闭圆圈的无限之在场"（页155-156）。

接受他人的教导和本节所谈的主题有什么关系呢？"从那本质上是道德的与他人的关系中，表象获取其相对于那滋养着它的世界的自由。"（页156）怎么理解这句话的含义？关键在

第二部分　内在性与家政

159

于这里的"道德"二字。何谓"道德的与他人的关系"？其实就是康德所讲，他人是目的而非手段。列氏为什么要在不将他人作为手段的意义上言说表象的自由？这就要再次回到占有和表象的关系。如果说表象最初是受占有制约的，那么，也就可以说表象是服务于对世界的占有的；如果要讲表象的自由，就得让表象从一种占有关系中解脱出来，也就是说从手段和目的的关系中解放出来。

那么何种意义上的表象可以摆脱占有的迷思呢？不妨回到上一节中我们不曾提及的一段话："在居所的聚集中展示出来的时间预设了——我们下文将谈到这一点——与一种他人的关系，这种他者并不呈交给劳动；与这样一种他者的关系就是与他人的关系、与无限的关系、与形而上者的关系。"（页150）也就是说，我们可以占有这样那样物品，但不可以占有他人。如上所述，这个不可占有的他人对我们形成质疑，而表象的自由也正是在这样的质疑中到来的。

说白了，没有他人的质疑，我们就会陷于占有的迷思，而在占有的迷思中便不会有表象的自由。

表象的自由在列氏这里似乎和真理问题相关。"真理既不在观看（voir）中，也不在掌握（saisir）中——观看与掌握乃是享受、感性与占有的模式。真理是在超越中，在超越这里，绝对的外在性通过表达自身呈现自身"（页156），至少从这段话来看，表象的自由似乎就是对占有的超越，也就是真理。但列氏又特别强调真理的超越并不在世界之外上演，而是以"在家中逗留的某种方式"进行。"任何人类性的关系或人与人之间的关系都不会在家政之外上演，任何面容都不能以空空的双手或紧闭的家门去接近；在向他人敞开的家中的聚集——好客——乃是人类性的聚集与分离之具体的和最初的事实，这一事实与对绝对超越的他人的欲望是一致的。"（页157）应该说这一点不难理解，我们始终要记住，列氏形而上学的一端乃是分离的存在者，而这个分离的存在者也就是家政意义上的存在者。

但正如列氏指出："分离的存在者可以将自己封闭在其自我主义中，就是说，封闭在其隔离的实现本身之中。"他把这种自我主义的封闭称为"分离的绝对真理和激进主义"，却认为它只是一种心理幻觉，不可能是真正彻底的分离，因为后者只能在与绝对他者的关联中才可能产生。由此我们看到，把分离理解为封闭乃是一种误解，这一点其实在上文中谈到从占有中的回撤时已经触及了，这种回撤也不是自我封闭，而是"意味着一个新的事件"，即与他人的关系。

列氏在这里再次提到了《理想国》中的古各斯。这是一个欺骗者的形象，他借助可以令其隐身的戒指行不正义之事，"脚踏两只船，在向其他人显现与消失之间不断变换，在向'其他人'说话同时又逃避说话"。为什么要讲古各斯？原因就在这里的"向'其他人'说话同时又逃避说话"这一表述，这意味着古各斯乃是一个虚假地向其他人开放的形象。正如列氏所说："古各斯是人的条件本身，是非正义和彻底的自我主义的可能性，是接受游戏规则、但又进行欺骗的可能性。"

古各斯形象的问题在于他只是利用他人达成自己的目的而非与人共享世界，而在列氏这里，通过语言与他人建立关联，实际上就是把事物赠予他人，与人共同掌握世界。在这个意义上，语言的普遍性具有极其重要的价值："语词的一般性创建出一个共同的世界。构成一般化之基础的伦理事件，是语言的深层意向……一般化是一种普遍化——不过，普遍化并不是感性事物进入理念的一块 no man's land（无人之地）的入口，并不像一种徒劳的放弃那样单纯是否定性的，而是把世界呈交给他人。"这便是小节标题中"赠予"一词的含义了。实际上这也就是超越的内涵："超越并不是对他人的一种观看——而是一种原初的赠予。"（页 158）

从"赠予"和"呈交"的意义上看待语言的概念化、普遍性，并以此揭示语言的伦理内涵，在我看来称得上列氏的一个创见。而且我们也看到，只有认识到语言以其概念化的普遍性对于占有的解除这一特性，才能真正理解为什么与他人的关联必须诉诸语言。在列氏看来，那种只是把语言视为诸种行动中之一种的语言观（或指言语行为理论），就未能洞悉语言这一至为重要的伦理层次，即语言是一种呈交。而当语言作为一种呈交时，"初见面容，就是言说世界"。

第五章　现象世界与表达

第一节　分离是一种家政

如题，分离是一种家政，前述其实已经提到过了。这一节列氏关心的是家政之内在性与其外部显示的关系问题。其实这也是整个第二部分第五章主要关心的问题。

我们来看列氏的具体展开。他说："分离、不与总体联系在一起，从肯定方面说这就是在某处，就是在家中，就是以家政的方式存在。"（页159）这一表述的关键是"分离、不与总体联系在一起"，这是并列的两项，它们是同等关系。那么如何理解"在某处"的与总体的分离呢？针对这个问题，列氏再次强调不能在几何空间的意义上理解分离，因为几何空间意义上的分离不过是一个总体中的分离，"这种空间间隔凭借那把其端点分离开的空间本身又把这些端点重新结合在一起了"。按我的理解，列氏其实想表达的是一个笛卡尔哲学意义上的命题，即分离本质上是一个精神或意识的事件，而精神或意识是非广延的，所以当然不能用几何学的方式去理解它。打个或许不太恰当的比方，就像你和某人虽同处一个物理空间，却在价值观上感觉到和他水火不容。

但是，分离也是实实在在的存在论事件，"自我主义——是一种存在论事件、一种实际的分裂，而非一种梦想，一种在存在的表面流动且可被人们作为阴影加以忽略的梦想"。这是要强调分离作为家政的含义。我们接着看这段极其重要的表述："自我主义是生活：享用……，或享受。享受耽于元素，后者满足它，但也使它转入'无何有之乡'并威胁它——如此这般的享受从元素中抽身而出，退入居所之中。如此多相反的运动——在元素中的沉醉（它轻启内在性）、在大地上的逗留（它幸福又穷乏）、时间与意识（它们松开存在的钳制又确保对世界的掌控）——在人的身体性存在中重新结合；这种身体性存在是裸露与匮乏，它们展露给忽冷忽热的匿名的外在性，但身体性存在也是于居家内在性中的聚集收敛，并且因此是劳动与占有。"这段话之所以非常重要，就在于它极其精练地概括了分离的存在者如何以身体为媒介，通过享受建立内在性，再通过劳动和占有建立家政的全过程。这个过程的特点是始终表现出与外在性的关联，但同时又是内在性的构建，即列氏所说，"它的运动是向心性的（centripète）"（页160）。

如上所述，从享受到建立家政的过程既是外联的，同时也是内在的，那么似乎很自然地，此种外联与内在之间的关系就是通畅的，正如列氏所说："作品难道没有把这种内在性向外部显示出来吗？作品难道没有穿透这种分离的外壳吗？行动、姿态、样式、使用和制造的对象，它们难道没有报道出它们的作者吗？"然而对于本节乃至本章的这一核心问题，列氏的回答却是否定的："仅仅通过作品，自我并不能到达外部；它从作品中抽身而退或凝固在作品中，似乎它并不向他人诉求也不回应他人，而是在它自己的活动中寻求舒适、惬意和睡眠。"自我活动根本就不在意它的外在性，甚至认为作品根本就不是它想要的东西；由此，"作品具有一种独立于我的命运，它们被整合进一种由作品组成的整体中：它们可以被交换，就是说，被置入金钱的匿名性中。整合进一个家政的世界，这并不涉及作品所源出的那种内在性"。这里的"匿名性"，指的是内在性在作品中的缺席，这便是列氏反对由作品溯源内在性这一做法的根本原因。列氏为何如此在意作品中内在性的不在场这一问题？如果我们看到后面的论述，我们就知道这是一个有关历史审判和历史正义的重大问题：我们应当如何对待那些只留下作品的匿名的存在者，如何恢复他们的面容和重建其人格尊严（参第三部分第三章第五节）？在这个意义上，或许我们就可以理解列氏接下来这段话的深意了："国家唤醒人们去追求自由，它又立即侵犯这种自由。通过诸作品而实现其本质的国家，逐渐变得专制并因此而证明我在这样一些作品中的缺席：它们穿过家政的必然性作为陌生者返回到我这里。从作品出发，我就只是被推演出来，并已经遭到了误解、背叛而非表达。"关键是"通过诸作品而实现其本质的国家"这一表述，它是国家变得专制的运作机制，但它究竟是什么意思呢？按我的理解，其实就是诉诸普遍性而进行理性的统治，而普遍性则必然意味着面容的遮蔽和人格的消隐。

列氏认为通过作品接近他人，所接近的不过是我自己的同一性，而"他人有所示意，但并不呈现自己"。在这个意义上，作品倒变成了某种保护，即拒绝表达。如果我们执意要去猜测一个作品的内在意图，在列氏看来，那就无异于一种"非法入侵"。那么究竟要怎样才能避免这样的"非法入侵"，同时又接近那内在的表达呢？"不在场，单单话语——但是摆脱了它作为语言学产品的不透明——就可以使它终结。"（页161）

第二节　作品与表达

紧承上一节的内容，列氏说："作品的作者如果是从作品出发而被接近，他就将只是作为内容而被呈现出来。这一内容不会脱离诸作品本身被整合其中的那一语境、那一系统，它以其在系统中的位置来回答那一问题。"这一表述中的阐释学立场几乎就是读者反应批评的立场，其意是说，我们在作品中读到的意义，其实不过是作品内容按照我们置身其中的阐释系统而被理解的意义。所以追问作品的意义，并不能触及作者，也就是不能触及列氏所谓的"表达"。

那么究竟怎样才能触及作者或表达呢？列氏说："'这是谁？'并不是一个问题，并不为知识所满足。问题向之提出的那个人，已经呈现出他自身，他并不是一个内容。他把自己作为面容呈现出来。"这意思很明确了，作者，其表达是面容，而面容不是一个知识追问的对象，因为一切知识追问的结果都只是把对象纳入追问者自身的同一性中，但面容不能被同化，与之相关的方式只能是欲望。

对于"这是谁"这样的发问，人们总能给出他的什么称谓或是什么头衔一类的回答，但列氏认为这样的回答并没有真正回答"这是谁"的问题。因为称谓也好，头衔也好，总是参照某个系统而言，但与"这是谁"相应的是面容，而面容则不参照任何事物。"瞄向面容，就是把谁的问题向这个就是对此问题之回答的面容本身提出来。回答者与所回答者一致。面容，卓越的表达，形成最初的话：它是在其符号之顶端浮现出来的能指，一如凝视着你们的双眼。"（页162）注意这里的"能指"一词，它的意思是说面容不是符号的所指，不是符号赋予面容以意义，相反，是面容赋予符号以意义。

那么我们要问一个问题：符号和面容究竟是什么样的关系呢？或者说，既然不可能从符号企达面容，那符号还有什么作用呢？其实在前面列氏已经触及这个问题，他说："符号构造并保护着我的内部性。"（页161）按我的理解，这里似乎包含了两层意思，即符号不能企及表达，但表达仍需要符号，因为符号是表达的存在方式，尽管只是一种面具性的存在。作为表达的存在方式，符号的意义不在于知识层面的相对性，而是它的无穷无尽，正如列氏所说："在这种方式中，没有什么是终极的，一切都是符号，都是在其呈现（在场）中缺席（不在场）的呈现者（在场者），在此意义上，一切都是梦。"（页162）列氏在这里把符号看成梦，是意味深长的，其实前面已经有过这一提示："生活和劳动的象征体系（符号体系，le symbolisme），在弗洛伊德曾于我们所有有意识的显示中和梦中揭示出来的那种极其独特的意义上象征着他人；这一意义是任何符号的本质，是其原初的定义：符号只是通过隐藏才进行揭示。"（页160－161）这与弗洛伊德的释梦理念是一样的，在弗洛伊德那里，一切梦都是愿望的达成，但往往通过假象达成，就像在列氏这里，表达借助面具而有所示意。然而，但凡是梦，便有醒来之时，而面具也终将被人摘下。"一旦拥有外在性，那并非是事物之外在性的外在性——象征体系便消失了，存在秩序便开始了，天也亮了，从此白昼永恒，再也无须新的破晓。"（页162）表达很文学化，也称得上精彩，那么，在什么样的情况下"天亮了"呢？

"在话语中，我向他人的讯问展露自己，而这种回应的急迫——当前的紧急性——为了责任（应承，responsabilité）而把我召唤出来；作为能负责者（能回应者，responsable），我被引向我最终的实在。"（页163）这就是对何时"天亮了"的回答，即只有在回应他人的召唤之时，在对他人负责之时，我才真正地展露自己。如果我只是我的作品（生活和劳动，或家政性的实存），那么，"我借之而被纳入普遍性、国家、历史、总体中的那种客观的实存，并没有表达出我，而是恰恰遮蔽了我"。所以我之展露恰恰不在于我的自我主义，即沉醉于我的作品，而在于跟他人的关联，"但是这种关联已经在于服侍他人"。有意思的是，列氏马上说道："死亡并不是这一主人。"此为何意呢？我认为这是针对海德格尔的向死而在说的。对于列氏来说，海氏的向死而在仍然在同一性的圈子里打转，所以海氏思想中的死亡"并不是这一主人"。但列氏接着又说了："死亡作为所有神秘之源，只在他人那里呈现；并且只有在他人那里，它才紧急地把我唤往我的最终的本质，唤往我的责任。"这与"死亡并不是这一主人"并不矛盾，因为在列氏这里，死亡作为同一不可把握的事件，通向的恰恰就是他人。①

这里要掌握的要点是：唯有朝向他人，自我才可能走出同一性、总体性，并因而呈现自身，呈现自身的关键在于走出一个匮乏意义上的自我，因为只要是匮乏，所追求的必然只是满足，而满足则意味着处于同一性和总体性的笼罩之下。据此，列氏说了一句意味深长的话："这就是一种底层的无产阶级，它只会垂涎于资产阶级内部的舒适惬意及其附庸风雅的世界。"这不免会让人想到绝无妥协的无产阶级革命观，还会让人想起伍迪·艾伦在电影《业余小偷》里对无产阶级企图改变阶级地位的不信任，二者都不认为对立的两个阶级之间还有什么弥合的可能。② 总之在列氏看来，要呈现真正的自我，就必须走出一个因匮乏而需要的自我，需要中的不足不是真正的不足，而是以满足为标的的不足，亦即是同一性和总体性中的不足，如此它就不可能朝向他人，回应他人，对他人负责。要怎样才能对他人负责呢？那就是欲望他人。"欲望并不符合未被满足的需要，它处于满足与不满足的彼岸。与他人的关系，或无限观念，实现出这种欲望。"（页164）在此，列氏回溯到上一节的表象的自由问题："多亏这种关系，那从元素中抽身而出、并于家中聚集自身的人们，方得把世界表象给自己。"此前（上一章第六节），另一句话表达过同样的意义，即："从那本质上

<hr />

① "死亡就是拥有筹划的不可能性。这种对死亡的接近暗示出我们处在与绝对他异之物的关系之中，这一事物不将他异性（altérité）担负为一种我们可以通过享受来同化的临时规定性，这一事物的实存本身就是由他异性所形成的。"〔法〕列维纳斯：《时间与他者》，王嘉军译，武汉：长江出版社，2020年，页61—62。

② 参邱晓林：《意义的浓汤与文学的筋腱》，成都：四川大学出版社，2019年，页116。

是道德的与他人的关系中，表象获取其相对于那滋养着它的世界的自由。"而我们知道，这一自由是通过与他人建立关联的话语实现的。

第三节　现象与存在

讲现象与存在，是要讲内在性与外在性的关系问题，所以列氏就从这个问题讲起，一点也不奇怪。注意两个表述。列氏先说："外在性的临显暴露出分离的存在者的那种至高无上的内在性所具有的缺乏，这样的临显并不把内在性作为受他者限制的一个部分置于总体之中。"这意思是说，内在性受外在性的限制，但这个限制既不意味着内在性将被外在性收纳，也不意味着外在性与内在性构成一个总体中的关系项，在这个意义上它们之间并没有矛盾。但列氏接着又说："自由的内在性与那应当会限制它的外在性之间的矛盾，在向教导开放的人那里达成和解。"按我的理解，这里的矛盾应该指的是内在性可能对外在性产生的一种误解，即把外在性视为来自自身寄寓其中的总体的某种威胁，但当内在性认识到外在性的绝对他性并不对其产生威胁，相反却有教导之益时，那个虚假的矛盾便消除了，而所谓的和解也就达成了。

关于何为教导，列氏强调了它与苏格拉底对话助产术的本质区别："教导并不像助产术那样动作，而是持续地把无限观念置入我之中。"这是说教导的效应乃自我之无限溢出，而并不止于某个终点。但与此相反，"苏格拉底的对话已经预设了对话语做出裁决"（页 165），在此意义上，列氏认为苏格拉底对话作为修辞性的奉承和引诱，实质上乃是一种对内在性的粗暴入侵。

之所以必须维护内在性，是因为它是形而上学欲望之不可瓦解的一端。形而上学欲望之所以是形而上学欲望，是因为它是横跨于欲望两端不可弥合的深渊之上的欲望，一旦这个距离消失，形而上学欲望就不复是形而上学欲望。所以列氏认为，虽然分离（内在性）是从无限观念中推演出来的，但它也可以忘却这种超越而专注于自己。"这种分离是如此深邃，以致无限观念都能被遗忘。对超越的遗忘并不是作为分离的存在者中的一种偶然而发生，这种遗忘的可能性对于分离来说是必然的。"这就是所谓分离的非神论的含义，即孤悬于世，无来去处。但它不是空洞的，而是有其享受和家政的充实内涵，关于此内涵的不可或缺，列氏曾有过深刻的表述："任何人类性的关系或人与人之间的关系都不会在家政之外上演，任何面容都不能以空空的双手或紧闭的家门去接近……"他强调，即便在遗忘之后的与无限（他者）关系的恢复中，"距离与内在性一直完整无损"。

在形而上学的欲望中，内在性得以表达，得以呈现自身，但如果只在作品中，它就只是缺席的显现，是现象。"现象，就是显现但又保持缺席的存在者。"不过这里要破除一个误解，即认为现象是外表，而本质是内在。列氏说："它不是外表（apparence），而是缺乏实在性的实在性，仍然无限远离其存在的实在性。"这里涉及的不是表里关系的问题，而是存在是否显示或在场的问题。现象是缺席而不只是外表。但不幸的是，人们经常依据作品而对作者进行缺席的审判，"人们进入了他的内部，但是是在他缺席的情况下。他就像一个留下石斧和图画却没有留下言辞的史前人那样被理解"（页166），遗憾的是我们听不到那缺席者的言说。"似乎单单说话就可以帮助法官，可以使被告出席；似乎只要凭借说话，那在沉默和模糊中进行象征的象征符号的相互竞争着的多种可能性就可以被裁定，就可以使真理诞生。存在是一个人们在其中言说并言说着它的世界。"

唯有通过说话，存在或自在之物才表达自己。这一表达是直接出场，而不是所谓的揭开面纱露出真相。"表达由其自身而来，它是面容的呈现（在场），并因此是呼唤与教导，是与我之关系——伦理关系——的开始。表达尤其不是通过从符号向所指的回溯来显示存在的呈现（在场）。表达呈现出表示者（意指者，le signifiant）。表示者（意指者），那给出符号者——并不是所指。"关于表示者或面容不是所指这一点，列氏之前已经强调过了："面容，卓越的表达，形成最初的话：它是在其符号之顶端浮现出来的能指，一如凝视着你们的双眼。"

说话是表示者（意指者）的出席，"这种出席衡量着被说出的语言比被写下的、重新变为符号的语言所多出来的那种盈余"。这似乎是说，就其与存在的关系而言，作为现场发声的语言比写下的变为符号的语言更为优越，因为它是表示者的自我到场。然而富有意味的是，列氏又认为在此情形下，"所有不同于口头符号（les signes verbaux）的符号都可以充当语言。相反，说话（言辞）本身却并不总是找到那应当保留给说话（言辞）的欢迎"（页166—167）。这是什么意思呢？按我的理解，所谓不同于口头符号的符号，无非是说表示者的身体性表达，比如表情、姿势，等等，它们也是某种意义上的符号，这不难理解。但"说话（言辞）本身却并不总是找到那应当保留给说话（言辞）的欢迎"是什么意思呢？列氏接着就解释了："因为它包含一些非言辞的因素（la non-parole），并能像用具、衣服和姿态那样进行表达"（页167）。这是指所谓纯粹的说话（言辞）被一些物化的符号性的因素干扰了。如此，接下来的这个表述似乎就可以理解了："通过表达方式和风格，说话（言辞）就像活动与产品那样进行表示。它之于纯粹的说话（言辞），就如提供给笔迹学家的文字之于提供给读者的书写表达。"从这里可以看出，列氏虽然极其看重言语，但对于言语的修辞化和物质化非常警惕，因为无论是修辞化（风格）还是物质化（声音或笔迹），都有将表示者固化或客观化之嫌。据此，列氏说："作为活动的说话进行表示就像家具和用具那样进行表示。它并没有四目相对所具有的完全透明，也没有处于任何说话之根基处的面对面所具有的那种绝对的坦率。"也就是说，在作为活动的说话中，作为表示者的我照样是缺席的，不在场的。

纯粹的说话之所以重要，是因为唯有通过说话才能与他者产生关联。"一个存在者借之而为另一个存在者实存的语言，是他以一种多于其内在实存的实存而去实存的唯一可能性。"这意思是说，他者的实存是借我的说话而显示的，尤其是那些已经逝去的他者，那些仅以其作品与遗产而被历史审判的他者，如果没有我为他们说话，那就将彻底湮没无闻了。这便是这句话——"在封闭在其内在性中的主体性与在历史中被误解的主体性之间，有说话着的主体性出席其中"——的含义。

为他人说话，不是经由他的现象性实存所具有的符号与象征的世界将其整合进一个全体，而是以面对面的率直进入与其绝对他异的实存之关联中。"这不是一个反射游戏，而是我的责任（应承），就是说，是一种已经赋有义务的实存。"注意"这不是一个反射游戏"的表述，这是针对现象学而言的，因为在现象学的视域里，一切事物都只能被还原为先验自我的构造，故其操作的实质乃是先验自我的反射游戏。列氏形而上学的关键就在于走出自我反射的同一性，并由此接受外在性的教导。所以列氏说："对现象性的或内在的实存之越出，并不在于接受他人的承认，而在于把其存在呈交给他人。自在地存在，就是表达，就是说，已经去侍奉他人。表达的基础是善良。"这便是小节标题"现象与存在"的意涵。

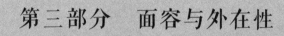

第三部分　面容与外在性

第一章　面容与感性

　　第三部分叫作"面容与外在性"，而我们知道该书的副标题叫作"论外在性"，可见这部分非常重要。

　　先做一点回顾。我把这本书的主题解读为形而上学的欲望，这也是列氏本人在书中的一个命名。那么形而上学的欲望是什么样的欲望呢？需要区分列氏的形而上学和传统形而上学。传统形而上学说到底就是一种自我同一，或者说自我中心主义，就是以我为中心，把他人和世界都纳入我的观照中来。无论是就整个人类作为一个主体跟世界的关系而言，还是就单个主体与他人和世界的关系而言，传统形而上学都持这样一种同一性的姿态。但列氏的形而上学是反着来的。他要表达的形而上学恰恰是走出这种自我同一的一种外在性信仰，而在此基础上的所谓形而上学欲望就是作为同一的自我对于他者的欲望。对于他者的欲望是无限的欲望，即向他者无限开放的欲望。为什么说是无限的呢？因为他者永远不能被我同一。对于列氏来说，这个无限的欲望须在无限的时间中展开，这就是为什么他要在后面部分大讲特讲生育这个主题。在他看来，生育是形而上学欲望得以成立的前提。因为形而上学欲望乃是对他人的无限的欲望，但一个人的生命又是有限的，这怎么办呢？列氏给出的办法就是生育，生育一个儿子，生命就这样通过父子关系的（非连续性）传承得以延续。你可能觉得奇怪，为什么一定得是儿子而不是女儿，而且为什么只说父子关系而不讲母子关系？这些都是列氏生育观被人严重诟病的地方，我们暂时不去管它。

通过以上回顾，我们就可以大致领会第三部分标题"面容与外在性"的意涵了。所谓外在性，就是走出同一性的那个维度，也就是不被同一含括、收纳、整合的那样一种他性。那么，"面容"在这里是什么意思呢？列氏认为，走出自我同一本质上涉及的是伦理学，也就是人与人之间的关系问题。在列氏这里，伦理学是第一哲学，也就是说，不管讲什么，都得从伦理学开始。列氏的形而上学，就是基于其伦理学的形而上学。什么伦理呢？面对面的伦理。面对面的伦理在面对面的关系中形成。面对面的关系，也就是同一与外在性的关系。在面对面的关系中，我们不能讲什么人同此心，心同此理，把他人等同于自己来进行理解。他人，作为绝对他者，作为外在性，是不可理解的，而只能被欲望，无限地欲望。但究竟要怎么欲望呢？列氏说，通过语言和话语与他人建立关联，就是欲望他人。这个说法其实是很深刻的。他在这里反复地讲，我们通过什么观看或掌握，都是把他者吃掉的方式，但语言就不一样了，语言的前提是一定会有一个他者，不然我们就不会有说话的欲望和交流的意图。语言的前提就是他者的绝对性，如果没有这种绝对的他者，语言就是没有意义的。你可能会讲，不是有自说自话吗？的确如此，但前提是我们已经拥有语言，而在语言产生的过程中，一定会有他者的介入。有时候我们用语言去完成一些自以为尽在掌握中的事情，但语言天生就含有一种认可他者之为他者的属性。所以，面对面的关系，即同一与外在性的关系，必须诉诸语言。

列氏为什么要把面容和外在性关联起来呢？我们这里暂且把面容理解为意识所不能化约掉的那种东西吧。因为面容有表情，他者的人格化外显在面容中，所以列氏会讲面容的临显，按我的理解，就是他人的到场。但面对面毕竟是要看的，而看乃是一种表象性思维，即同一性思维，那要怎么样才能超越呢？列氏就像瞥见我们心中的疑问那样劈头就问："面容难道不被呈交给观看吗？作为面容的临显，何以标志着一种与刻画着我们一切感性经验的关联不同的关联？"（页 171）这话有点绕。简单一点说就是，面容的临显何以不是一种感性的方式？这就是本章标题"面容与感性"所涉及的问题。列氏实际上要说的是，我们以感性的方式是不可能去接近面容的。这一章主要的意图，总括地讲，就是面容的临显超越感性，而感性不可能企及面容。列氏要做这个思想上的清理工作，即把那些不能达到外在性的方式都清理掉。

首先考察感觉的性质。无论是胡塞尔还是列氏本人，都认为感觉是一种主观的东西，甚至可以说是一种抽象的质。比如说某物品是硬的，这糖水是甜的，那东西是热的，等等。列氏认为这些表达都是抽象的，即它们都只说出了一种单纯的质。但有一种批判这种感觉观的古典心理学却认为感觉不是抽象的，因为所有的感觉都跟对象有关。列氏要批判的正是这样一种观点。他以这种古典心理学的视角举了一些例子。比方说：

"我们总是会处于万物之中：颜色总是有广延的和对象性的，总是一条裙子、一块草地、一面墙的颜色；声音，总是（比如）急驰而过的汽车的噪音，或说话人的语声。事实上，没有什么心理学的因素会与对感觉的生理学定义的单纯性相符。"按照这种古典心理学的分析，所有的感觉其实都是跟对象有关的。所以，"由于没有与之相关的对象，质不会具有质的含义，除非在一种相对的意义上才有：把一幅画翻过来，我们（才）可以看到着色对象的作为自在颜色的颜色（但实际上它们已经是承载着它们的布料的颜色了）"。这意思是说，任何感觉都脱离不了某物。实际上这是提到了康定斯基的一件轶事。康定斯基曾讲述自己转向抽象画的契机，说他有一天回家，打开门以后惊呆了，发现自己家里有一幅他从来没有见过的画，其实是他把画放歪了。[1] 这些例子似乎是很雄辩的，但列氏并不认可古典心理学对感觉的这种分析。

我们要记住，列氏的目的是要讲感性达不到面容。为什么呢？因为在他看来感觉是完全内在的。古典心理学认为感觉总是关于某个对象的，但列氏认为这不是感觉的本质特征。他把感觉界定在绝对的内在性上，说："这种对感觉的批判没有认识到感性生活在其中被体验为享受的那一层面。"如前所述，列氏曾对享受这个问题大谈特谈。他认为我们的存在的奠基性感受就是享受，当然，这指的是一种广义的享受，比如枯燥、难受、痛苦，等等，也是一种享受，只不过是一种负享受。列

---

① 参〔俄〕瓦·康定斯基：《论艺术的精神》，查立译，滕守尧校，北京：中国社会科学出版社，译者前言，页5。

氏的意思是说，我们始终是从享受出发对存在进行判断的，就存在论而言，这是奠基性的。他讲这一点主要是反对海德格尔。在海氏那里，此在始终都在筹划，什么能在啊，向死而生之类的，但在列氏看来，相对于享受的奠基性，它们始终是第二位的。享受之所以是奠基性的，是因为正是在享受中，自我，亦即分离的存在者，才得以诞生。

该书第二部分专门谈分离的存在者，花了很大的篇幅。列氏为什么如此强调这个分离的存在者呢？所谓分离的存在者，是指那种绝对不与什么外物进行统合的存在者，如果不强调其绝对的分离特性，就不能谈论所谓的外在性。列氏的形而上学涉及两端，一端是分离的存在者，另一端是绝对他者。分离的存在者，就算抱有对绝对他者的形而上学欲望，也不指望与这个绝对他者相融为一，而且也拒绝从一个第三方的全景视角来对绝对他者进行打量和收摄。这是列氏的形而上学中一个很重要的图式。

列氏对古典心理学的批判主要在于，他认为，古典心理学的感觉观没有认识到感觉的本质在于享受。"这种生活模式不应当根据客观化进行解释。感性（la sensibilité）不是一种寻找着自身的对象化活动。实质上已被满足的享受，标志着所有那些感觉的特征：这些感觉的表象性内容（le contenu représentatif）消解在它们的感受性内容（le contenu affectif）中。"道理很简单，比如我看一块巧克力蛋糕，它在我眼中肯定是一个表象性的东西，但列氏认为这个表象性的东西消解在我对它的享受中了，我在看它的时候，已经在对它进行享受意义上的评判——好不好吃，颜色让不让人喜欢，等等。也就是说，我对它的表象性认识已经溶解在我对它的享受中了。

据此，列氏认为，感觉的享受发生在意识的凝固之前。什么叫作意识的凝固呢？比方说我看一个东西，然后意识到我和它之间的差别——我是我，灯是灯，灯是非我——这样一种意识的区隔或者说凝固，在列氏看来是在感觉的享受之后发生的。所以对象化是第二步。在列氏这里，我们对世界的态度就是享受的态度，一开始其实没有所谓单纯的表象，它是随后才有的，所以，"非我的先天形式结构，它们并不必然是对象性之结构"（页172）。灯当然在外面，它当然是非我，但我感觉它的时候，它不是对象性的。我们沉浸在对他物的享受之中；我们一开始是以享受的方式和世界融为一体的。

但有意思的是，列氏强调不要以为先有一个自我，然后再去享受世界，事实上自我就是在和世界打交道的过程中才分离出来的。所以他强调身体性的存在。我们知道像梅洛-庞蒂这样的现象学家，也非常强调身体性。之前的哲学家严重地忽略了身体性，没有充分意识到我们的存在其实是高度身体性的，我们是以身体性的方式和世界打交道的，很多观念的生成其实都是一种身体性的反应，而这种身体性就是享受，它不是不带评价的纯粹中性的意识。

列维纳斯、海德格尔、胡塞尔都是现象学家，但他们在身体性问题上的认识是不一样的。现象学的一个根本意图是揭示我们和世界关系的最内在深层的结构。在胡塞尔那里，这个深层结构被还原为所谓的先验自我，就是说我们对世界的一切认识，都通过这个先验自我显现出来，它就像一个模具一样，没有它，这个世界就显现不出来。这个思想在康德那里就已经有过表达了。在康德那里，是时空直观加十二对范畴，但在胡塞尔看来，康德的先验范式还比较粗糙，还有太多经验性的东西，而经验则意味着偶然，所以他要提纯，也就是进行先验自我的还原。这就是胡塞尔的方式，但海德格尔和列维纳斯都不认可这种方式。在海氏看来，我们和世界的关系不是一种认识论的关系，我已经在世界之中，我和世界的关系是我生存在这个世界上，一切认识论的东西都是从我的生存筹划而来的，所以此在的生存组建便是我和世界关系的深层乃至原初结构。而列氏还要继续往下挖，他认为我们不是一上来就搞什么生存筹划的，我们的存在最根本的是一种享受的态度，所以要强调享受的奠基性，至于什么认识啊，筹划啊，在他看来都是第二步的事情。事实上，我们如果反思自己的生活，就会发现我们的确时时刻刻都在以享受的方式判断许多事情，享受几乎像血液一样每时每刻都流淌在我们的存在之中。

列氏批判古典心理学关于感觉的对象化认识，就是基于这样的洞见。他说："诸感官具有一种意义，这种意义并不被预先规定为对象化。"他认为其实康德已经提到了这个东西，即感觉的先验功能，只是被我们忽略了。他说只有两种感觉的先验功能还保留下来，一是视觉，一是触觉，而来自其他感官的感觉只留下了形容词的角色，"这些形容词黏附在可见的与所触的且与劳动和家密不可分的对象之上"。也就是说，这些感觉都不再保留先验功能了。他凭什么这么说呢？我们接着看。

我们在表达对这个世界的认识和评价的时候，总是喜欢用两个动词，一个是"看"，一个是"掌握"，比如写文章的时候，我们爱用"照我看来""根据掌握到的情况"这类说法。

可见观看和掌握在我们的认识和感受模式中是有其优先性的，也就是说它们成为我们对待世界的先验框架，我们要么观看，要么掌握。"这种从观看与触摸出发对经验的解释，并非由于偶然，因此可以在文明中充分发展。"（页173）列氏认为，相对而言，观看比触摸又更为优先，所以他重点分析了观看。他从"光"这个关键词入手。没有光，就不可能观看，所以光是必需的。列氏在这里提出了一个很有意思的说法："因此观看是与这样一个'某物'的关系：该物置身于与那并非一个'某物'的东西的关联之中。"这是什么意思呢？其实也就是该物置身于与光的关联之中。"就我们于无中遇到物而言，我们处于光中。光驱散黑暗，使物显现；光把空间清空。它恰恰使空间作为虚空浮现。"观看事物就是观看在光中呈现自身的事物。至于触摸呢，跟观看相似，也和虚空发生关系，只不过发生关系的方式有所不同。"在触摸那里，虚无则是向着触摸的自由运动显示自身。"这意思是说，我之所以能够自由运动，是因为有虚空，虚空是在我的自由运动中向我显示的。"因此对于观看与触摸来说，一个存在者就像是从虚无中到来，而观看与触摸在传统哲学中的威望恰恰就在这里。"（页173—174）这意思是说，无论我们看什么或摸什么，它都好像是从虚空中来的。列氏说："从亚里士多德到海德格尔，我们一再发现这种观看的图式。与个体之物的关系，建立在并不实存的普遍性之光中。"（页174）由此，似乎可以得出一个结论，即："主体与对象的关联隶属于对象与敞开之虚空的关联，而虚空自己并不是对象。"

然而列氏接着问："但是这种空间性的虚空，难道不是一个'某物'，即一切经验的形式、几何学的对象？它难道不是自身也被看到的某物？"事实上，我们的确也能看到虚空。列氏在这里实际上是讲虚空并不等于虚无。如果我说我看到的虚空是一个对象的话，它就是一个几何学的对象。比方说我看到这个屋子是空的，那么这个空是基于某种边界来确定的，所以虚空其实是有边界的。列氏说："直观几何学的观念仍将以被看到的物为基础而突出自身：线是一个物的边，平面则是一个对象的表面……只有以物为基础它们才能变成注视的对象：它们是事物的边界。但是，被照亮的空间却包含着这些边界的逐渐减弱直至虚无，包含着它们的消逝。"这个意思不难理解。比方说一个屋子被照亮，这个空间之所以成为空间，就是因为其他物的边界减弱直至消失。萨特在《论艺术》里论及贾科梅蒂的艺术时曾经深刻地论述过这个问题。[①] 但问题是，谈论虚空并非虚无的意义在哪儿呢？列氏说："这个虚空当然并不等于绝对的虚无，穿过它并不等于就是超越。但是，尽管虚空的空间有别于虚无，尽管它所打开的距离并没有为穿越它的运动可能会提出的对超越的要求进行辩护，它的'充实性'也绝没有使它返回到对象的地位上。这种'充实性'属于另外的秩序。"从这里我们可以看到列氏实际上想表达什么东西。前述指出观看和掌握的方式是我们和世界打交道的主要方式，这是讲感觉的先验功能，对象化并不优先于它，而这里要讲的是，观看和掌握得以在其中进行的所谓虚空，同样仍属感觉的秩

---

① 参〔美〕韦德·巴斯金：《萨特论艺术》，冯黎明、阳友权译，上海：上海人民出版社，1989年，页45-57。

序，所以仍与超越无关。

列氏的结论很明确：在观看中不会有超越。具体的关节点在于，观看的空间其实也是感觉化的有限空间，而非绝对虚无的无限空间。如果说有一种无限的空间，那么它是令人害怕的，"这种有的蔓延与任何表象都不相符；我们在其他地方曾描述过它的眩晕"（页 175）①。任何诉诸表象的东西都是在无限中给自己造了一个世界之后才会出现，也就是说表象的东西都是从无限中的一种突围。我们一般意义上的空间也都是从无限空间中的突围："光在驱逐黑暗时，并不中止有之持续不断的作用。光所产生的虚空始终是不定的稠密……但是，在光中的观看却恰恰是这样一种可能性：遗忘对这种无休止的返回和这种 aperion（无定性）的恐惧的可能性，在这种是虚空的虚无的外观面前保持自己的可能性，接近那些就像在其本原处、就像从虚无而来的对象的可能性。这种从对有的恐惧中的突围，表现在享受的满足中。"归根结底还是要说，观看也好，掌握也好，最终都是享受，你以为你是在观看一个东西，进行对象化的操作，实际上那都是享受，其中没有任何超越性，因为超越是要进入无限的。

列氏说，"被照亮的空间并非绝对的间隔"，因为空间实际上是一种连接。"观看变为把握（prise）。观看通向一片远景，通向视域，画出一段可穿过的距离，邀请着手前来穿越和接

---

① "情绪是在失去基础时的一种持守方式。说到底，情绪就是渗透了自身的那种眩晕，就是处于一种虚空之上的事实。理型世界绽开了，如同一道无底深渊。宇宙爆裂，混沌就势张开了大口，这就是深渊、场所的缺失，il ya。"〔法〕埃马纽埃尔·列维纳斯：《从存在到存在者》，吴惠仪译，王恒校，南京：江苏教育出版社，2006 年，页 85-86。

触，并确保它们能够进行。"所以观看和掌握是有关系的。他还举例说："苏格拉底曾嘲笑格老孔，后者想把对星空的观看看作是对高度的经验。"为什么嘲笑呢？因为对星空的观看不可能转换为可掌握的经验。经验在列氏这里是又可看又可摸的："对象的形式召唤着手，召唤着把握。通过手，对象最终被包括进来了，被触及，被把握，被拥有，被与其他对象关联起来，并且通过与其他对象的关联而具有一种含义的外衣。"这里主要还是讲观看不是一种超越，观看和掌握一样，都是把一切都纳入自身的一种行为。"观看不是一种超越。它通过它使之可能的关系而赋予含义（signification）。它没有打开任何超越于同一之外而会绝对不同的、也就是说自在的东西。光制约着所予物之间的关联——它使得彼此并排的诸对象的含义得以可能。它不允许迎面接近它们。"这就是列氏关于"光"讲了这么多的原因——列氏要讲面对面，而面对面一般被理解为照面，也就是看，而看在列氏这里是不具有超越性的，它不可能达到一种真正的外在性。看永远只能看到跟看者相关联的东西，它不允许迎面接近事物，也就是不能真正把事物作为一个他者来接近。"它已经是关联，既然它是观看；它隐约看见空间，事物正是通过空间而相互移动。空间并没有（把事物）摆渡到彼岸，而只是为事物在同一中的横向的含义保证条件""作为对有的遗忘的观看，要归功于本质性的满足，归功于感性之愉悦，归功于享受，归功于对不牵挂无限的有限之满意。在逃避于观看之际，意识又回到了它自身。"（页175—176）这就讲得很清楚了，回到自身当然就没有超越了。观看只是以自己的方式对事物进行收纳，是我在不定之有的焦虑中的突围。这里的关键在于强调面对面的关系不是通过这样一种观看的方式实现的，因为观看归根结底只能看到自己。面对面的伦理必须超越观看。列氏的这番论述看起来似乎是过于复杂了，但不得不说还是比较精彩的。有些道理看似简单，但经过一番艰难曲折的迂回之后，才可以让我们看得更清楚一些，或者说才能真正显豁出来为我们所见。

如上所述，观看无法超越，无法企及外在性。列氏说："完全的他异性——幸亏它，一个存在者才不再与享受发生关联，并且从自身出发呈现自己——并不在事物借以向我们敞开的形式中闪现，因为在形式底下，事物隐藏自身。"（页176）这里的形式，指的就是观看之光，而只要诉诸光，就不可能与外在性发生关联。如是，由观看企达超越的途径似乎就被彻底封死了。那要什么样的方式才能与外在性发生关联呢？前有述及，只能是言语。但值得注意的是，列氏在这里却以一种富有意味的方式探讨了从观看朝向超越的可能性。

首先，表面和内在（非指我们作为主体的内在，而是事物未被形式化的部分）似乎（注意，是"似乎"）是可以相互转化的："我们可以把事物的金属熔化，以便用它锻造出新的对象；也可以对一个箱子进行刨、锯、削，以便用它的木料做一张桌子：原来被遮蔽的部分现在翻转到了外面，而原来外面的部分现在则变成被遮蔽的了。"（页176-177）这一现象很容易导致一种误解，即"似乎形式所遮蔽的事物的内在性或本质应当一直在空间的意义上被把握"。这是列氏所反对的，上述不厌其烦的言论都在讲这个问题。不过在我看来，列氏此处提及这种转化其实是另有所指。

我们接着看:"似乎,在不同的表面之间存在着一种更为深刻的区别:背面和正面的区别。一个表面将自己呈交给注视,我们可以把衣服翻过来,正如我们熔铸一枚硬币。但是,背面与正面之间的区别难道没有使我们走出这些表面的考虑吗?难道没有给我们指出一个不同的层面,一个与我们最后这些意见有意涉及的那一层面不同的层面吗?正面应当会是事物的本质,相对于此本质来说,纹理在其中并不可见的背面则支撑着那些附属物。"(页 177)注意列氏在此对于"本质"一词的用法,从中我们可以看到,所谓"本质",于他而言不是什么了不起的东西,因为它只是"正面",而"正面"是需要"背面"支撑的,所以它并没有什么自因意义上的决定性。其实这就是列氏谈及转化的真正意图,即让我们意识到,从空间意义上被看到的东西只是一个指引,是朝向"背面"的指引。在此,列氏以普鲁斯特的相关描写做进一步说明:"然而普鲁斯特却一直对一位贵妇的裙子衣袖的背面赞叹不已:它就像教堂的那些虽在暗处、却仍与外观一样被精雕细刻的角落。正是技艺赋予事物某种类似外观的东西——凭借这种东西,各种对象才不只是被看到,而且还像那些展示自己的对象一样存在。质料的黑暗会指示出一个恰恰没有外观的存在者所具有的状态。"此句破折号后的内容即我们上述分析的意旨,它涉及一个辩证法式的表达,即外观层面(形式)的精雕细刻,恰恰是为了外观背后(质料)的深藏不露。这颇有一点海德格尔论述世界与大地关系的意味,不过与海氏终究把重心落入世界一维不同,列氏对于外观似乎有一种过河拆桥式的嫌弃,如其所言:"美在外观中构造起自身,美的本质是漠不关心,是冰冷的辉煌和沉默。凭借外观，那严守其秘密的事物一方面展露自身，同时又封闭在其纪念碑式的本质和其神秘之中；在其神秘中，事物闪耀如光辉，却又并不献出自身。"列氏或许是要说，观看以其否定性（所谓遮蔽）的方式向我们暗示了超越者（严守其神秘的事物）。这就是上文说列氏"以一种富有意味的方式探讨了从观看朝向超越的可能性"的含义。总之，超越者是超拔于感性之上的，所以，"它就既不能根据观照来述说，也不能根据实践来述说"。那要怎样述说呢？"它是面容；它的启示是言辞。"这样，我们再次回到了熟悉的表达。通过言辞，我们与他者建立一种全新的关系："与他人之关系独独引入一种超越之维，并把我们引向一种关联，这种关联完全不同于在其感性意义上的经验，不同于相对的和自我主义的经验。"

第二章　面容与伦理

第一节　面容与无限

　　进入这一章之前，先稍微回顾一下上一章"面容与感性"。列氏的形而上学欲望，主要就是讲人跟人的关系，这种关系被他界定为一种面对面的关系，而面容在他看来是没有可能以传统形而上学的方式来把握的，因为传统形而上学把面容作为一种表象纳入自我意识之中，用自我意识把它化掉，这在列氏看来是很成问题的。虽然传统形而上学只是一种思想，但他认为这是导致欧洲近代以来诸多问题的深层原因。这就是他要大讲特讲面容的原因。在上一章里，他从否定的方面上来讲面对面的关系，即面容是不可能以感性的方式去接近和把握的。感性在他这里主要指视觉和触觉，在他看来，它们都是服务于同一性的，所以不可能触及面容。

　　第二章接着讲面容与伦理。这是因为面容涉及人与人的关系。列氏认为我们跟他者建立的关系是一种形而上学的关系。前面已经讲过了，这个形而上学是列氏特有的形而上学，与传统形而上学截然对立，传统形而上学追求同一性的把握，但走出同一性才恰恰是列氏形而上学的目标。把他者视为一种不同于自己的存在，一种无限而不可把握的绝对，这是列氏思想的一个出发点。他甚至极端地认为我们要去侍奉他人，所谓他者即上帝，等等。总之这是一种严重不对称的关系，他在后面部分的论述中形象地称之为一种拱起来的关系。我们一般认为人与人之间应该是一种平等位格的关系，但这却为列氏所反对，因为这样实际上就是把他者和自己等同起来，把他者同一化了。

我们现在来看第一节"面容与无限"。要讲面容与伦理，首先要确立面容是无限的。列氏的伦理是一种超越自我同一性把握的伦理。如果不能超越自我的同一性，就不能进入伦理的关系或领域。只有超越自我，才有可能进入伦理。伦理必然意味着与他者即无限的关系。那么"面容与无限"是什么意思呢？这是说面容拒绝被看到和触及，它拒绝同一性的收纳，这还不只是说它拒绝观看和触摸，而是说以观看和触摸的方式根本不可能接近它。因为它无限，你把握不了它。所以列氏在这里讲："对存在者的接近要诉诸观看。就此而言，这种接近统治着这些存在者，并对它们施以权力。事物被给予我，被呈交给我。我在通达这事物之际仍保持于同一之中。"（页178）也就是说，如果我以观看的方式去接近事物，那么这个事物与我保持的只是一种同一性的关系，然而，"面容通过其拒绝包含而呈现出来。在此意义上，它不会被统握，就是说，不会被包括。既不会被看到，也不会被触及"。

作为他异性的面容跟我们究竟是一种什么样的关系呢？面

容拒绝被看到，被触及，被收纳，那么显然它就是和我们不同的。但事实上，我们在同一性的范围内也可以讲不同，比如我们都是人，而你、我、他各有不同。所以列氏要区分同一性意义上的不同和与他者的绝对差异，他说："他人并不是具有相对他异性的他者，就像处于比较中的种一样，哪怕它们是最终的种。"这里用了一个词，"绝对差异"，它不是相对差异。用形式逻辑来讲，相对差异就是种之下的属差，种加属差形成定义。"绝对的差异，无法根据形式逻辑来想象，只能凭借语言创立。"（页 179）所以形式逻辑是无法把握人与人之间的关系的。

紧接着特别提到语言。上一章的末尾也讲道，与他人的关系是要引入一种超越之维的，并且由此把我们引入一种关联，"这种关联完全不同于在其感性意义上的经验，不同于相对的和自我主义的经验"。它的启示是言辞，只有在言辞中我们才能言说人与人的关系。但是，虽然是绝对的差异，"他人之在场的不可把握的特征，并不能以否定的方式加以描述"，因为以否定的方式描述，实际上是在同一性的层次上表达。在哲学上，我们都知道，讲肯定和否定，就会有一个统一它们的合题，所以我和他人的关系不是对等的肯定或否定的关系；那么在语言描述中，我和他人的关系应是一种分离项之间的关联。关于分离的存在者，前面已讲过很多，这是形而上学欲望不可缺少的一端。我们作为存在者，和他人建立关系的时候，首先把我们自己分离出来，就是说绝对地斩断和他者之间建立同一性关系的可能。语言是在两个绝对分离的项之间言说的，通过语言，它们之间产生关联，但又是绝对分离的，不谋求什么接触和重叠，也不希求一个什么整体来把它们统合。

在这里，列氏针对海德格尔说了一句话："是说话，而不是'让存在'，在激发他人。言语超拔于观看之上。"这就涉及海氏后期的思想。关于海氏后期的哲学，我们一般都认为他在反思人类中心主义。他的《存在与时间》被视为一种此在中心的存在论，即以此在的生存筹划来对世界进行勾连，这就好像一种人类中心主义。这样看的话，就可以认为海氏后期有一个转向，也就是脱离人类中心主义，所谓天地神人的映射游戏，等等。① 海氏在《论真理的本质》中也批判传统形而上学的把握方式，但他给出的摆脱传统形而上学的方式正是前述列氏提到的所谓"让存在"。② 其意是说，相对于客体，我们的主体取一种弱的姿态，让客体是其所是地呈现。但在有的人看来，这仍然是人类中心主义，因为即便是"让存在"，不也意味着主动权在我吗？所以还是此在中心论的。至于什么天地神人的映射游戏，也不过是一种以此在之生存考量为中心的实用世界观，也就是为了让此在更好地生存，因为以前那些过于中心主义的方式都太暴力了，对我们自己并不好。其中的道理就像我们讲生态主义一样，也不是为了自然本身，而是为了和自然建立一种有度的关系，以让我们更好地生存，这也是一种实用主义。而列氏认为，"让存在"也不能让我们真正建立和他人的关系。那为什么说话可以建立和他人的关系呢？

---

① 参〔德〕海德格尔《筑·居·思》，载孙周兴选编，《海德格尔选集》，上海：上海三联书店，1996 年，页 1188—1204。
② "向着敞开之境的可敞开者的自由让存在者是其所是。于是，自由便自行揭示为让存在者存在（Das Seinlassen von Seiendem）。"《海德格尔选集》，页222。

列氏说："而在话语中，在作为我的主题的他人和作为我的对话者的他人——他被从那似乎瞬间掌控着它的主题中解放出来——之间却不可避免地凸现出一道裂缝，此裂缝立刻质疑我所赋予我的对话者的意义。"这意思是说作为主题的他人和作为对话者的他人不是一个人。比如我和你对话，基于你已经说出的话和相关反应，我就对你有了一个主题式的把握，但因为你在不断地说话和不停地反应，我对你的瞬时主题式的把握就随时都有可能被修正，甚至完全被爆破，在这个意义上我就会意识到，作为我把握到的主题化的你与作为跟我对话的你之间永远有一道裂缝。"由此，语言的形式结构就表明了他人的伦理上的不可侵犯性和他的'圣洁'，而这里没有任何'超自然'的残迹。"即，他人不是超自然的，而是在对话中呈现出来的。

在我和他人建立的话语关联中，面容仍然保持其绝对性。这不难理解，我和你建立关联，但你始终保持绝对，因为你永远不会被我对你的主题化所囊括和把握。而话语呢，它不是自我意识的变样。话语它总在出场，但只是权宜地出场，而非某一主体单纯意识的传声筒，因为如果是这样的话，话语就只是独白，就不是我和他者之间的关联了。在列氏这里，话语的先天结构就是朝向他人的，而朝向他人是对自我同一的溢出，是不同于自我同一的存在。

注意列氏老用"溢出"这个词，因为无限就是一种溢出，一种关于外在性的溢出。在无限的观念中，"保持着他者相对于同一的外在性，尽管同时存在着这种关联"（页180）。这里的外在性是列氏思想中一个至关重要的概念。第三部分整个的名称就叫"面容与外在性"。没有外在性，就不会有形而上学的欲望，也就不会有什么绝对差异，不会有什么无限。外在性就是超越同一性的东西，内在把握不了的东西，溢出内在的东西，所以他把无限的观念称为卓越的经验，也就是跟无限建立关系的经验，而对于绝对他者的形而上学欲望也只有在这样的经验中才有可能实现。

在这里列氏做了一个哲学史的回顾，因为"无限"在十八世纪德国古典哲学那里也是一个很重要的概念，所以就有必要阐明他的"无限"概念和康德、黑格尔的"无限"概念有什么不同。康德在《判断力批判》上卷讲"崇高"范畴的时候提出了他的"无限"概念。他讲到两种崇高，一为力学的崇高，一为数学的崇高，前者指巨大无限的力，后者指巨大无限的数。① 很明显，康德这个"无限"不是列氏的"无限"，列氏认为在康德那里，无限是参照有限来想象的，而"有限不再是参照无限来想象。完全相反，无限预设了它所无限扩大了的有限"。说白了就是，康德的两种崇高，都是以有限作为基础，去扩大想象到无能的时候，就称它为无限，然后产生所谓崇高感。在列氏看来，那种无限还是以同一性作为基础，它不过是"作为一种理性理想而出现的，是作为理性的诸要求在彼岸中的投射而出现的"。这当然不是列氏所要的无限。他说："康德的有限性被感性以积极的方式加以描述，正如海德格尔的有限性被向死而在以积极的方式加以描述一样。"列氏完全不认可

---

① 参〔德〕康德：《判断力批判》（上卷），宗白华译，北京：商务印书馆，1996年，页86。

海氏"向死而在"的说法。我们根本都不知道死亡意味着什么，怎么可能向死而在呢？我们的意识永远不可能把握死亡。[①]

相较于对康德和海德格尔的不以为然，列氏认为笛卡尔倒是对的，笛卡尔的无限不是建立在有限基础上的。事实上我们也看到，笛卡尔在这本书里得到了很大的肯定，虽然在很大程度上也被批判。笛卡尔承认我们绝对无法把握、相反还成为我们的存在之原因的上帝。这一点为列氏所激赏，也是他认为笛卡尔不同于康德和胡塞尔的很重要的一点。他说："这种参照有限的无限标画出康德哲学中最反笛卡尔的那一点，正如它也是后来海德格尔哲学中最反笛卡尔的那一点一样。"笛卡尔的无限不是从有限推出来的。他认为我们人是有限的，但我们脑子里有至善、全和无限这些观念。那么它们是从哪儿来的呢？笛卡尔的回答是，根据结果和原因中的现实性相等这一原理，只能是从无限（上帝）那儿来的，即如他所说："虽然实体的观念之在我心里就是由于我是一个实体，不过我是一个有限的东西，因而我不能有一个无限的实体的观念，假如不是一个什么真正无限的实体把这个观念放在我心里的话。"[②]

列氏同样不认同黑格尔的无限观。"黑格尔通过维持无限的肯定性又回到了笛卡尔；但与此同时黑格尔又从无限中排除了所有的复多性，他把无限设定为对任何可以与无限维持一种

① 参〔法〕伊曼努尔·列维纳斯：《时间与他者》，王嘉军译，武汉：长江文艺出版社，2020年，页55—56。
② 〔法〕笛卡尔：《第一哲学沉思录》，庞景仁译，北京：商务印书馆，1996年，页46。

关系、并因此会限制无限的'他者'的排除。"（页 180－181）这话听起来有点绕。其实说白了就是，对于黑格尔来说，无限就是全体。全体是什么呢？是一种关系整体，即所有有限都在其中与它发生辩证关系的整体。所以，黑格尔的全体就是辩证全体。比如说我们这个世界千差万别，但千差万别又相互勾连为一个整体。这就是黑格尔的全体观，也就是他的无限观。正题、反题到合题的辩证法是这个全体观的经典逻辑，所有矛盾都会在一个囊括它们的全体中得到解决。所以说白了，黑格尔的无限就是一个整体。"黑格尔的无限为了包含有限性而与后者对立"（页 181），也就是整体和部分对立，但部分最终是要消融在整体中的。这当然也不是列氏想要的无限。在列氏那里，作为面容的无限跟我不是对立关系，而是对话关系，这个无限不会把我吃掉。列氏讲形而上学欲望两端的不相即，讲分离的存在者，都是要强调对话关系的两端并不构成一个整体。

我们看到，无论是康德的无限还是黑格尔的无限，都不是列氏想要的无限。康德以有限设定无限，黑格尔以无限否定有限，都不符合形而上学欲望的关系模式。就形而上学欲望而言，既要保持同一的独立性，同时又要对同一进行超越，"它是欲望，是被接受的教导，是话语的和平式对立"。回到笛卡尔的无限观才是列氏的思路。"无限观念在话语的对立中产生出来，在社会性中产生出来。"这个"社会性"其实就是指人与人的关系。列氏说："我并不是与一个没有面容的神进行战斗，而是对它的表达和它的启示给予回应。"这个思想前面已经表达过了，即面容虽是无限，但它不是一个超自然的神。

第二节　面容与伦理

本节核心要义是讲他者之面容在我们身上所激起的伦理责任。

首先，这种伦理责任是对我们的权能的排除。"面容拒绝占有，拒绝我的权能。"（页182）这很好理解。"面容对我说话，并因此邀请我来到一个关系之中，此关系与正在施行的权能毫无共同尺度，无论这种权能是享受还是认识。"这意思是说，我对你作为一个绝对他者，如果只是一种享受或认识的姿态，即权能的姿态，就无法与你建立真正的关联。列氏认为这种权能是对他者的遮蔽，甚至可以说是对他者的一种谋杀。但他还是区分了权能和谋杀的不同：权能，就是用我的同一性去同一化别人，是一种统治，是部分的否定，但不是杀死，而是想让对方为我所用；谋杀就不一样了，"杀死并不是统治而是毁灭，是绝对放弃理解"（页183），谋杀是出于一种无能，即面对一个超越自身权能的绝对他异性而感受到的无能。就是说，在权能的把握中，我并不消灭对方，甚至试图理解对方，虽然理解的目的是为我所用，但谋杀是指面对一个完全超越我的存在，我接受不了，所以我不仅拒绝理解它，还要把它毁掉，而这实际表现出的乃是我的无能。

一般情况下，当面对一个巨大障碍的时候，我们会感受到自身的弱小，以及相比之下的力量悬殊，但在列氏看来，这不同于我们的权能相对于无限他者那种二者之间极不相称的情形。他的意思是说，我们与无限他者的关系不是斗争或对抗关系，相反，我们还应该从他那里接受教导，从中获得一种超越自身同一性的启示。所以，如果面对无限他者，我们选择的是谋杀，那么无限他者的抵抗"并不是这个存在者作为世界之一部分所能拥有的那种力量"，而是他的超越本身。就是说当我们面对一个无限他者要去消灭他的话，那么他的抵抗就不是在这个世界上与我们搏杀的那种抵抗，而是他的超越本身。这个"超越"是什么意思呢？

列氏说："这种比谋杀更强大的无限，已经在它的面容中抵抗我们，它是它的面容，是原初的表达，是第一句话：'汝勿杀'。"这种抵抗将使权能瘫痪。就是说，一个人可以把另一个人杀掉，这是现实中可能发生的事，但被杀者面容的表达，将会使谋杀者的良知感到羞愧。"这里有一种关系，不是与一种极其强大的抵抗的关系，而是与某种绝对别样的事物——那不抵抗的抵抗；伦理的抵抗——的关系。"（页184）我们可以在物理上征服他者，但在伦理上，他者的面容的抵抗永远在那儿，消灭不了。

面容的抵抗看起来诉诸观看的效果，但我们知道，面容是无限，而无限是无法观看的，所以面容的抵抗肯定不是来自看。列氏说："无限将自身呈现为面容，后者是处于伦理的抵抗中，这种伦理抵制使我的权能瘫痪，并从毫无防御且处于赤裸和不幸中的双眼之深处升起，坚定而绝对。"列氏在讲他者的面容的时候，常常特指一类他者的面容，即孤儿、寡妇以及饥饿、贫困者的面容，在我看来，这实际上显示出他的一种底层或左派立场。"对这种不幸和这种饥饿的理解建立起他者的临近本身。但这就是说，无限的临显乃是表达和话语。"关键是要理解，这种临显"它不带任何图像的中介，它处在其赤裸中"。这意思是说，重要的不只是我的眼睛所看到的东西，而是由它携带的更为重要的信息，并且这个信息无需图像的中介也能表达自己。列氏要在这里要回答一个问题：面容的这种伦理抵抗，究竟是如何实现的？

列氏说面容激发一种责任命令，"表达着自己的存在者将其自己突出出来，但恰恰是通过以其不幸和赤裸——以其饥饿——求助于我，而我并不能对它的呼告充耳不闻。这样，在表达中突出自己的存在者就并没有限制我的自由，而是通过激发起我的善良来促进我的自由。在责任的命令中，不可抗拒的存在之严肃凝冻了一切笑声"（页185）。理解这段话的关键是其中责任与自由的辩证关系。一般说来，责任与自由似乎是对立的，承担责任似乎就意味着自由受到限制，而享有自由似乎就意味着责任得以减轻，但实际上还存在着另一种情形，即责任与自由并不矛盾，而是内在统一的。我们不妨结合萨特在《存在主义是一种人道主义》中的相关表述来理解这个问题。有一位青年在纳粹占领法国期间去问萨特，他是该上战场，还是在家照顾母亲。萨特不是讲存在先于本质嘛，似乎怎么选都可以。但萨特的观点并非这么简单。在他看来，无论怎样选择都是在为所有人进行选择，因为除非你觉得这样选择对所有人来说都是最好的，否则你不会这样选择。这样的判断当然只能是基于良知的判断，但诉诸良知却并非迫于外在的压力，而是出于内在的责任，也就是自由的责任。在这个意义上，我们看到萨特的存在主义最终回到康德那里去了。[①] 需要说明的是，这个分析只是便于我们理解"自由的责任"这一概念，但列氏伦理学中的自由与责任的关系并不等同于康德伦理学中的自由与责任的关系，因为他人在列氏这里比在康德那里更高，他人不只是目的，更是我们绝对崇奉的对象。

总之，他者的面容乃是绝对的命令，没有任何讨价还价的余地。列氏说："面容的呈现并不是真实的，因为真实参考着非真实，亦即它的永恒的同时者，并不可避免地遭遇到怀疑论者的暗笑和沉默。在面容中的存在的呈现并不为它的对立方留下任何逻辑地盘。"这意思是说，他者的面容不跟我较量，也不跟我对抗，只是向我提出责任和要求的呼告，而我绝对不能回避。这就是"面容与伦理"一节的主旨。对于列氏来说，伦理学先行于存在论，是第一哲学；不是不可以讲存在论，但伦理学是其前提。这不是理想，而是正义的要求——即便从共同体的延续来讲，列氏的这个说法也是对的。我们得从与他人的关系来考虑存在问题。

第三节　面容与理性

面容与理性，这是要讲什么呢？简括地说，理性在列氏这里就是接受他人的教导，如其所言："对于理性来说，他者并不是一个将其置于辩证运动中的耻辱，而是最初的理性教导，

---

① 参〔法〕让－保罗·萨特：《存在主义是一种人道主义》，周煦良、汤永宽译，上海：上海译文出版社，1988年，页9—16。

是一切教导的条件。"（页188）很明显，这是针对黑格尔而言的。

黑格尔的理性对于列氏来说不过就是一种智性形式，而面容作为表达，绝非智性形式的表达。这是因为，"智性形式会把各个端项相互连接起来，从而跨过它们之间的距离而在一个总体的各部分之间建立起毗邻关系"（页186）。说白了，智性就是用辩证逻辑把各个部分连接为一个整体。而面容的表达只有作为说话才有可能，它不是已经存在的某个意识的传递，而是一种建立关系的诉求，不是要把什么东西纳入它的把握中来，也并不企图进入某个整体去找到一种归宿。它就是一种对话的姿态。所以列氏说，语言预设了面容的本原性，没有这种预设，语言就不可能超出自我中心行动系统中的工具属性。

他人的面容不是其内在表达的一个外壳，相反，它是一种超出真实与虚假的原初诺言，并成为任何词语符号的参考。前面讲过，列氏反对把语言视为内在意识的传声筒。对他而言，话语是一种摸索和诉求，它不是把已经成形的东西端出来，和真假也没有关系，而始终是一种朝向他者面容的倾向和姿态。面容永远是它的参考。这就意味着，我们不能把语言等同于面容，相反，我们要参照面容来理解语言。这一点前面也讲到过，即你必须时刻意识到作为被你把握到的主题化的他者与作为与你对话的他者（面容）之间的裂缝。但另一方面，列氏又指出，面容并不神秘，虽然它始终超越主题化的把握，但它每一次呈现都是真诚的；相反，在那种神秘的关系中，"对话者发现他们扮演的是一出在他们之外已经开始上演的戏剧中的角色"（页187），相互之间是没有真正的对话的。但在面对面的关系中，正如列氏所言，"我并不是与一个没有面容的神进行战斗，而是对它的表达和它的启示给予回应"。所以面对面的关系，乃是一种率直的对话关系，"没有任何恐惧和任何战栗能够改变这种关系的率直性；这种关系维持着关联的非连续性，它拒绝融合，并且在这种关系中，回应也无法规避问题"。要特别注意"回应也无法规避问题"这个重要的表述，它意味着问题存在在对话中的永恒性，即对话者之间永远相互欲望（朝向他者）的永恒性，可视其为形而上学欲望在对话中的表现。也正是在这个意义上，列氏把（对话）语言同创造性的诗歌活动对立起来："语言每时每刻都打碎节奏的魔力，并阻止创造性发挥作用。"这个说法不难理解，因为创造性的发挥意味着自我同一性的挥洒，当然与总是打破同一性的对话格格不入。但要注意的是，这里的同一性其实还不只是一般意义上的自我同一性，它还意味着另一种含纳此种自我同一性并将其作为媒介或通道的更大的同一性，这便是接下来这一句的意谓所在："在诗歌活动中，艺术家像酒神那样变成了——按尼采的表达——艺术品。"（页188）说艺术家变成了艺术品是什么意思？按我的理解，其实是说艺术家不过是被酒神操纵的傀儡而已，而这的确就是尼采在《悲剧的诞生》中的思想。① 总之，在列氏这里，诗歌活动要么是作者自我的创造性发挥，要么是作者在更为庞大的存在主宰之下的表现，无论哪一种情形，其自我同一的本质都与话语的非同一性、非连续性相对立。据

---

① "在下述的意义上艺术家是主体，他已经摆脱他个人的意志，好像变成了中介，通过这中介，一个真正的主体庆祝自己在外观中获得解脱。"《悲剧的诞生：尼采美学文选》，周国平译，北京：生活·读书·新知三联书店，1986年，页21。

此，列氏下了一个很漂亮的判语："话语是断裂和开端，是把对话者劫持并席卷而走的节奏之断裂——散文。"不得不说这是关于散文与诗歌之别的一个很新颖的说法。

接下来是一个重要的思想：面容的呈现是"卓越的非暴力"。这有点回应上引"劫持并席卷"这一说法的意味。面对他者，如果说我的自由没有受到丝毫的伤害，此所谓"非暴力"，那么"卓越"从何而来呢？来自"把我的自由唤往责任，并创建我的自由"。这就是他者作为理性教导的含义。与之相反，黑格尔的辩证法非但不把他者接纳为教导，还把他者视作冒犯自身同一的他异性之恶。列氏也谈他者对自我的限制和约束，但却是在完全不同的意义上："于是自由之被抑制，根本就不是由于被一种抵制所触犯，而是由于（它的）任意、有罪和羞怯；但是在其有罪性中，它又将自己提升到责任。"请注意"根本就不是由于被一种抵制所触犯"这一表述，本书中有多处类似或相关的说法，我们要领会的是，只要涉及"对立""抗议"或"触犯"这一类表达，它就一定不是在列氏形而上学的意义上讲自我和他者的关系，而是就传统形而上学的辩证法运作而言的。在传统形而上学那里，自我在他者处感受到威胁，进而想统合或毁灭对方，但在列氏的形而上学中，自我却在他者面前感到有罪，从而接受他者的教导。这就是列氏所谓"理性的创建"。

为了进一步阐明这样的理性创建，列氏特意将它与苏格拉底式的助产术区分开来。读柏拉图笔下的苏格拉底对话录，我想大多数人都会有一种强烈的感受，就是当苏格拉底询问别人关于什么问题的见解时，貌似很谦逊，很爱倾听，但最终结果只是证明了别人的看法都不正确，而正确的只有苏格拉底的观点。由此我们可以认为，苏格拉底的助产术，产出的只是苏格拉底早就预埋在对话之先的答案，在这个意义上，看似循循善诱的苏格拉底对他者心灵实施的其实是一种同一性的暴力。

第四节　话语创建表示（含义）

这一节的核心要义，就在于页 192 的这句话："人们称作表示（含义）的这种'事物'，在存在中与语言一道涌现出来，因为语言的本质正是与他人的关系。"所以，所谓话语创建表示（含义），其实质说的是与他人的关系创建了表示（含义）。那么究竟什么是表示（含义）呢？同样在页 192，列氏说："表示（含义）就是无限，亦即，他人。"综合起来，该节的标题意思是说：话语创建了无限。但这样讲似乎有些不妥，因为这样讲的话就好像无限是一个可以客观化的东西，可以把它创建出来，这本身并不符合列氏关于无限的思想。所以按我的理解，与其说话语创建无限，不如说只有在话语（也就是面对面的对话）中才可能通向无限。很明显，这是要在自我同一（意识）之外为表示（含义）即无限奠基。

首要关键在于不能把话语还原为意识。"语言并不是在意识的内部运作，它从他人那里来到我这里，通过质疑意识而在意识中获得反响。这一点构成一个不可还原为意识的事件。"（页 189-190）就是说，语言是因为他者的存在才产生的，列氏在本书中对此反复提示。事实上也是这样，如果没有他者，也就谈不上什么语言的意义，所以列氏说语言是从他者那里来到我这里的。在这个意义上，"相对于构造性的意向性和纯粹意识而言，话语具有一种本原性"（页190）。这是针对胡塞尔讲的，在胡塞尔那里，我们对于世界的任何认识，不管是一般表象的还是概念性的表达，都只是我的意识的构造，他所谓的回到事物本身，实际是将事物还原为我的意识构造。但列氏对此完全不认可，在他看来，话语或者说与他人的关系是无法还原为我的意识构造的，并非后者是前者的本原，相反，前者才是后者的本原。我们看到，列氏对胡塞尔来了一个颠倒，颇有点马克思把黑格尔颠倒过来的意味。这样一个颠倒过来的本原说有什么意义呢？

列氏说："这种本原性概念摧毁了内在性概念：意识中的无限概念是对意识的溢出，这种溢出的肉身化又为不再麻木的灵魂提供一些新的能力：即欢迎的能力、赠予的能力、慷慨的能力和好客的能力。"这段话说得非常清晰。无限观念实际上就是对他人的意识。他人，就是面容，是对意识的溢出。我们之所以讲话，就是因为意识到了一种超越我的内在意识的东西。但是列氏指出，要警惕当代哲学中过于高估语言的实践并将其视为活动类似物的倾向，因为活动就是一种操作，如果把语言变成一种实践而不是对话，它就成了一种操作性的语言，这就又回到同一性的把握中去了。总之，语言不是工具，它不是为某个先在于它的所谓思想或客观意义服务的。而在列氏看来，无论是胡塞尔还是海德格尔，都未能走出把语言视为工具的误区。比如在胡塞尔那里，词语完全从属于理性，而一旦它有碍于理性，理性就可以不要它，抛弃它；海德格尔则喜欢对词语进行古希腊词义的溯源，赋予词语一种历史实在性的色彩和重量，这同样是把语言当作工具对待了。把语言视为工具的思想，实际上暗含着这样一种观念，即思想是可以脱离语言而存在的。接下来列氏要批判的正是这种解肉身化（语言化）的思想神话，批判那种思想相对于话语的优先性观念。

对列氏来说，思想是不可能优先于话语的，其实关于这一点，在现象学内部，梅洛-庞蒂就有过对胡塞尔的批判。"梅洛-庞蒂与其他人一道而且比其他人更好地表明了：那种在说话之先思考着言辞的解肉身化的思想，那种构造言辞的世界并把它增添到世界——它是被一种总是先验的操作从含义中先行构造出来的——之上的思想，乃是一个神话。"（页191）据此，列氏反对那种认为语言只是把已经存在的意识表达出来的观念。"就思想并非从一种预先的表象出发，也不是从这些含义出发，也不是从有待说出的句子出发而言，思想是盲目前行的。"靠什么盲目前行呢？靠语言。所以最终还是回到这个问题：语言为什么对于思想来说是必不可少的？列氏说："构造性意识的结构，是在言说着的或书写着的身体的中介之后才重新获得其全部权利的。"胡塞尔认为语言只是把构造性意识的结构带出来，但在列氏这里，恰恰因为有了语言，构造性意识的结构才得以可能。所以，不是思想在语言之先，而是语言在思想之先。那么这里又有一个问题：是否符号中介即语言构造了意义呢？列氏的回答是："并不是符号的中介构造了表示（含义），反之，是表示（含义）（它的原初事件是面对面）使符号的功能得以可能。"不是符号建构了面对面，而是面对面使符号得以可能。这就回到最开始提出的问题：什么是表示（含义）呢？列氏说："人们称作表示（含义）的这种'事物'，在存在中与语言一道涌现出来，因为语言的本质正是与他人的关系。这种关系并不是被添加到内在独白上的——哪怕这种独白具有梅洛-庞蒂所说的身体意向性——好像一个地址被添加到我们投入邮箱中的一个邮件上一样。"（页 192）也就是说，是这样一个秩序：从面对面（无限），到语言，再到思想。

总之，无限（他人）是对意识的溢出，一种对意识的质疑，一种对他人之责任的唤起。具体到语言，是要表达这样一个核心意思，即语言的理性不是非人格的普遍理性，而是一种人与人对话的理性。因为如果说语言是一种普遍的非人格的理性的话，那么就"不再有社会关联，就是说，不再有其关系项从中脱离出来的那样一种关系"，也就是说，在普遍性的非人格的理性中，不再有真正的个体。

第五节　语言与客观性

上一节里有一个很重要的观念，即语言对于思想来说是必要的。列氏就此深度阐述了语言相对于构造性意识的优先性，即它不是意识的再现，所以接下来这一节就讲语言的客观性。

客观性是什么意思呢？第一段里有这样一句话："客观性是语言的结果，它使得对占有的控诉得以可能。"（页 195）这句话的意思是讲，语言在我和事物之间引入他人，涉及的是我、事物与他人三者之间的关系。这意味着什么呢？通过引入他人，世界被主题化了。主题化就是通过说话把世界提供给他人。这是针对海德格尔说的。海氏对整个世界的描述都以此在的生存筹划为中心，任何事物都服从于与这个中心发生关联的何所用，都被这个何所用所囊括和主宰，它自己本身却并没有什么客观的意义。正是在这个意义上，我们说语言有一种破解此在"孤独"世界的功能，因为"主体通过把它所占有之物指示给他者，就是说，通过说话，主体就越过了它的实存"。通过语言，主体从他所占有之物中脱身，跟自己的实存拉开距离，也就是说对自己有了超越，让自己在处于存在中的同时又没有处于存在中。这是什么意思呢？没有处于存在中，指的是主体的一种潜能。海氏当然也讲潜能或超越，所谓人是其所不是，从表面来看和列氏没有什么差别，但列氏所讲主体的潜能不是海氏意义上的此在筹划的可能性，而是指时间。时间在列氏这里意味着自身跟自身的距离，也就是超越自己的一种可能性，而不是我自身筹划的可能性。那么这个距离又是如何实现的呢？当然只能是通过语言，实现于以话语表示的对他人的欢迎中。

但列氏说："通过说话，我并没有把对于我来说是客观的东西传达给他人；（因为）只有通过交往客观才能成为客观。"（页196）这是在强调面容相对于符号的优先性，在面对面的关系中，它意味着交往的优先性。列氏据此批判了胡塞尔的交往观。在胡塞尔那里，他人只是被单子化的思想构造出来的。什么意思呢？"单子"是莱布尼茨的概念，意指遍布于宇宙的形而上学的点或本质型相。这样说有点玄，此处我们只需关注单子的特性，即没有窗子。这意思是说，它拥一种绝对的内在必然性，无论其过去还是未来，都已全部完成于自身之中，没有任何外在性可以影响它的存在。那么在胡塞尔那里，单子化构造意味着什么呢？比如对于我来说，你就只是被我的意识构造出来的一个表象，亦即你的一切意义都只是我出于自身意识的一种构造。这当然是列氏要反对的。

在此，列氏特意纠正了对于笛卡尔思想的一种流俗之见。笛卡说"我思故我在"，似乎从他的我思到胡塞尔的先验自我是一个合乎逻辑的过渡，无非就是先验自我比我思更为纯粹而已。但列氏说："我们发现笛卡尔的我思是支撑在作为无限的神圣实存的确定性上的。"这意思是说，在笛卡尔这里，实际上是先有无限的神圣实存，然后才有所谓我思，以及我思所构造之物。所以我思能够运作，是因为有无限的神圣实存作为前提。这是笛卡尔的一种设定，而对于列氏来说，这个设定极为重要，它意味着笛卡尔的我思不同于胡塞尔的先验自我，后者是没有任何支撑的，像是一个孤悬的星球，即便所谓无限的观念，也只是它构造出来的，也就是说，无限并非实体，而只是一个观念。

列氏认为，笛卡尔不同于后来的观念论哲学家的地方，就在于他认可了神圣实体的优先性。"对于我而言，无限观念并不是客体"（页197），即它不是思维所构造出来的一个东西。在无限观上，"笛卡尔要比观念论者和实在论者都更令人满意，他揭示出一种与完全的、不可还原为内在性然而又并不对内在性构成暴力的他异性的关系；他揭示一种没有被动性的接受性，一种自由间的关联"。就是说，笛卡尔揭示了一种不可还原为我们的意识构造的外在性，但它并不对我们构成威胁，相反我们还因之而有了依凭。笛卡尔的我思也要讲构造，但他承认我思之先有一个神圣的实体，这一点对列氏来说意义重大。

总之，我们看整个第三部分的标题叫作"面容与外在性"，要理解列氏的思想，只要把握住这个关键，即承认外在性，外在性信仰是其形而上学思想的核心。承认外在性，也就是承认无限，而在与无限的关系中，"观照转变为赞赏、热爱和喜悦"。可以说这是一种要求，但事实上，在人与人的关系中，任何一方都不是被对方构造出来的，这是"赞赏、热爱和喜悦"的前提。由此带来的转变，是"从知识所引出的无限观念向作为面容而被接近的庄严的转化"（页198）。转向面容，就是好客。而在列氏这里，如果没有好客，就不可能去尊重他人。他人为高（参本章第七节），这似乎是一种不对称的关系，但或许可以这样看，即如果人人都这样看待他人的话，整个系统也就平衡了。承此思路，接下来列氏就要讲"他人与诸他者"，以进入更为广泛的伦理关系。

第六节　他人与诸他者

这一节的核心要义，正如上节末尾所说，是探讨更为广泛的伦理关系。前面一直都在讲面对面的关系，这很容易让人将其局限于我–你这样的二人关系，但对于列氏来说，面对面的关系是一种社会关联，而社会关联当然就超越了单纯的我–你关系，是我与你及诸他者的关系。

列氏说："面容的呈现——表达——并没有揭示出一个内在的、事先被封闭的世界，从而并没有增添一个新的领域以供理解和把握。"这一点前面已经讲得很多了。列氏又说"它超越所予物之上呼唤我"。这里的"所予物"指什么呢？按我的理解，它就是我单纯通过观看或听取（如果有对话的话）所把握到的东西。所以，所谓"超越所予物之上"，也就是超越我之观看或听取的把握之上。

但是他者又并不神秘，而是置身于公共秩序之中。讲这一点的意义在于从二人关系过渡到与诸他者的关系。列氏说："语言在其开放性中拒绝爱的秘密性，在爱的秘密性中，语言丧失了它的开放与意义，变为微笑或呢喃。"（页199）这意思是说，语言是公器，所以爱人之间不可能通过语言去建立一种只属于两个人的秘密，除非他们只是微笑或呢喃。接下来提到了一个新的观念："第三者在他人的双眼中注视着我——语言就是正义。"怎么理解呢？其实列氏在前面说过一句话，即"那注视着我的面容置身于公共秩序的朗朗乾坤之中"，这意思是说，我跟你的关系并不只是两个人的关系，而是置身于公共秩序或诸他者之间的关系。这里所谓第三者的注视就来自面对面关系置身其中的公共领域。但说"语言就是正义"是什么意思呢？按我的理解，这里的语言是指一种宽泛意义上的语言，比如注视就是其表现形式之一。"但这并不是说：好像首先有面容，然后它所显示或表达出来的存在者关心着正义。"这又怎么理解呢？意即，正义不是由谁来表达的，而是一种优先前提，即我与诸他者之间的关系。"作为面容的面容的临显，打开人性。在其赤裸中的面容，把穷人和陌生人的贫乏呈现给我：但是这种求助于我之权力的贫困和流放一方面注视着我，同时却又并不把它们自己作为所予物交付给我的权力，而是始终保持为面容的表达。"列氏特别喜欢讲穷人、寡妇以及儿童和陌生人这类特殊的面容。这些面容对我提出一种伦理的要求，即面对这些赤裸的面容，我有一种去侍奉他们的责任。要特别注意的是，之所以强调侍奉而非常见的怜悯，就是要否定那种面对所谓弱势者的居高临下的姿态，而这一姿态恰恰就来自将"穷人和陌生人的贫乏"单纯视为交付给权力的"所予物"的傲慢。"穷人、陌生人，表现为平等者。他在这种本质性贫困中的平等性乃在于对第三者的参照，第三者因而亦在此相遇中在场，它处于不幸之中，且已为他人所侍奉。"这里的"第三者"或是相对于前述的我－你关系而言的，如此理解，则这句话的意思似乎是说，我－你关系不可能是封闭的，必然为第三者所打破，所注视，在这个意义上，第三者与我是平等的，同处"本质性贫困"中，同样为我所崇奉。"你站立在一个我们面前"，其实也就是你站立在我与诸他者面前。

"就面容证明了第三者和整个人类在凝视着我的双眼中的在场而言，这一环节本质上是由面容的临显激发起来的。"（页200）这实际上意味着谁也无法摆脱他者面容之纠缠，而社会关系也正是在这样的纠缠中才得以建立。由此，"一切社会关系，作为一种派生物，都回溯到他者向同一的呈现上；这种呈现没有任何图像或符号的中介，而只是通过面容的表达"。为什么要强调没有中介呢？在今日社会，我与他人不就是主要通过图像或符号的中介才得以建立关系的吗？难道这是因为在列氏写作的年代，人们主要以直接见面的方式进行社交？显然，如此理解没有抓住列氏论述的要点。列氏强调社会关联中的面容表达，关键不在于人们是通过直接照面的方式还是以图像或符号为中介进行社交（因为直接照面中同样有符号的交流，比如语言），而是说如果我们把社会关联看成是通过图像或符号的中介达成的，那便意味着社会关联仍只不过是同一性或总体性的一种表现，因为凡是通过中介达成的关系，关系各方就无可避免地属于一个整体。而人们虽然通过语言进行交流，"但是由语言——对话者在语言中始终是绝对分离的——创建出来的人的共同体，并不构成属的统一体"。这也就是列氏接下来又说我与凝视着我的他人虽是兄弟关系（这样讲是否有男性中心主义的嫌疑？），但并不构成一个属的共同体的原因。

关于我与他人的兄弟关系，列氏有一个特别的说明："构成兄弟关系（博爱，fraternité）之源初事实的，是我面对一个绝对陌生人一般凝视我的面容时的责任——而面容的临显与这两个环节相吻合。"这里的"两个环节"指什么？指的就是他人的凝视和此一凝视在我身上唤起的响应他人的责任。兄弟关系是在这样的责任唤起中形成的，而非事实上的客观存在。

有意思的是，列氏在这里谈及父子关系和兄弟关系的关系。父子关系是其后论述中的重头戏，是列氏形而上学欲望中不可缺少的一环，但因为父子关系一般被视为一种连续性关系，而形而上学欲望又意味着对连续性的拒绝，所以二者之间如何勾连似乎是一个难题。

事实上，列氏这里就针对这一潜在的问题做了明确的表述："父子关系并不是一种因果性；而是一种唯一性的创建，父亲的唯一性既与这种唯一性相吻合又不吻合。"父子关系何以不是因果性，此处我们暂且不论，但为什么说父亲的唯一性与（儿子的）唯一性既吻合又不吻合呢？列氏马上就回答了："具而言之，不吻合之处乃在于我之作为兄弟的身份，这一点意味着在我旁边还有其他的唯一性"（页200-201）。这里的"我"，应该是以"儿子"的身份说话的。这意思是说，虽然我

第三部分　面容与外在性

215

是父亲的儿子，但父亲于我而言，也不过是诸他者之一，和其他诸他者一样是平等的存在。

谈及兄弟关系时论及父子关系，按我的理解，是列氏形而上学欲望的纵向维度，如果我们把兄弟关系看成是形而上学欲望的横向维度的话。如上所述，兄弟关系产生于他者的面容对我之责任的唤起，但因为人终有一死，所以尽管我可以在意识上燃起对他者的无限的欲望，但在事实上这一欲望又终有竟时，如此，通过世世代代的生育，也就是列氏所谓父子关系的延续，将我对他者的无限欲望一直保持下去，就是一种必然的要求了。这番理解未必恰当，但如果恰当的话，列氏的思想似乎就前后矛盾了——以生育实现的父子关系对所谓无限欲望的担保，不就是列氏批判康德时说的那种以有限为参照来想象无限的做法吗？不过我们暂时不纠缠这个问题，接下来看第七节。

第七节　人之间的不对称性

这一节的思想很重要。在列氏朝向他人的形而上学欲望中，欲望主体与他所朝向的他人之间关系是不对等的，这就是人之间的不对称性。

就我和他人的兄弟关系而言，他人既在关系之中，又在关系之外。这很好理解，他和我绝对分离，我只是跟他发生关联。"他无限地远离他所进入的关系本身，他一开始就是作为绝对现身其中。"（页 201）这也不难理解。"他人在面容中转向我，而面容并没有被吸收进对面容的表象。"这已是列氏的老生常谈，表象化就是被构造。"在面容中呈现自己的存在者来自高处，来自一个超越的维度；在这个超越的维度中，他可以作为陌生人呈现出来，而并不像障碍或敌人那样与我对立。"（页202）这就是讲不对称性的意思了。他来自高处，我要去侍奉他，我比他低，但是呢，他不是我要去克服的一个障碍，不是一个和我对立的敌人。他虽来自高处，但我和他建立的是一个自由的关联。这样一种他人跟我的差异取决于什么呢？"取决于存在之'从自身出发'向'他人'而去的那不可避免的定向。"这就是他人和我的差异。在列氏这里，存在并非是先定的总体——比如海德格尔的向死而生就是一个总体——因为存在就是不可避免地朝向他人，所以存在不可能是总体。"存在并非首先存在，以便随后通过分裂而给这样一种多样性留出位置：这种多样性中的各项会在它们自己之间维持一些相互关系，并因此承认它们所源出的总体"，列氏不接受这样的存在。相反，从自我到他人的定向不是一个总体中的定向，它虽然也意味着一种关系，但这种关系是指向绝对的分离。形象地说，我朝向你，这并不意味着我要贴到你身上，或者把你拽过来，让你和我融为一体。事实上，如果没有绝对的分离，我朝向你就没有意义。这就是列氏一直强调分离的存在者的原因。与此相关，列氏说，对这种定向加以描述的语言的分离，也不是指一个空洞空间中的两个存在者的分离。空洞空间中的两个存在者的分离，这一点后面还会讲。我和你并非物理学空间中的两个存在者，如果是这样一种关系的话，我和你就会被这个空间囊括。列氏说，分离的两端，一是处于享受的自我主义的孤岛，一是对自足的自我主义发出祈求和呼吁的他者。后者是前者的基础，又基于前者的无限观念而产生。可以看出，在列氏这里，伦理学先于一切，即所谓伦理学乃第一哲学。在后者向前者的祈求中，前者既可以封闭自己，也可以以家政的方式来欢迎后者。这里所说的"家政"是什么意思呢？一个人建立自己的居所和生活，实际上就是家庭的建立，而这种建立在列氏那里必然包含着对他者的欢迎。列氏说："存在中的复多性拒绝总体化，而是被勾勒为兄弟关系和话语。它位于一个本质上非对称的'空间'之中。"（页203）这不难理解，点题了。

第八节　意志与理性

本章最后一节讲意志与理性，这是要说什么呢？什么是意志？什么是理性？先看页206的这段话："在对面容的迎接中，意志向理性敞开自身。语言并不局限于以助产术的方式唤醒那些对于诸存在者来说是共同的思想……它进行教导，它把新的事物引入思想；新事物向思想中的引入，无限的观念——这就是理性的工作本身。"本节的核心要义都在这里了。值得注意的是，这段话实际上提及了两种理性，即"对于诸存在者来说是共同的思想"的那种理性和"把新事物引入思想"的那种理性。很明显，后一种理性才是列氏想要的。

第一种理性体现于观念论中，列氏首先就要批判观念论。观念论的问题在哪儿呢？列氏说："观念论的可理解者构成一个由融贯一致的观念关系组成的系统。这个系统呈现在主体面前，就等于主体进入了这个秩序之中，就等于主体被吸收进了这些观念关系之中。"（页 203）这就是它的问题所在。在系统、整体或者辩证法中，个体被普遍性吸收而失去自己的独立位格，或者用列氏的话来说，丧失了作为一个分离的存在者的特性，这样的个体就谈不上有什么形而上学的欲望了。

在观念论中，他人与我都只是被观念必然性支配的环节，所以观念论乃是一个目的论的王国。"在目的王国中，人当然被界定为意志，但意志在那里却又被界定为那让自己受到普遍之物影响的东西——在那里意志想成为理性，假如这是实践理性的话。"这里的理性就是上文所说的第一种理性，即非人格的普遍理性。注意此处的表达，"意志想成为理性"，说得直接一点，就是主体渴望进入那普遍理性的怀抱之中。这有什么问题吗？来看紧跟这段表述之后的一句话："在这样的目的王国中，多样性事实上只建立在对幸福的希望上。"（页 203-204）什么是"对幸福的希望"？按我的理解，其实就是指对普遍理性的渴求。对于很多人来说，那普遍理性的怀抱似乎是一个庇护之所，即一个可以逃避独立、自由之焦虑的避难之所，在这个意义上，它是让人"幸福"的，就像宠物狗在主人那儿找到幸福一样。对于如此这般的幸福，列氏自然是嗤之以鼻的，称其为"幸福的所谓动物性原则"。

观念论追求的是普遍理性，所以它没有真正的复多性，由此，语言也丧失了任何社会性的含义。如前所述，语言的本质是面对面，且是独立位格之间的面对面，但在观念论中，独立位格没有存身之地，真正存在的只是那非人格的普遍理性。在这个意义上，列氏认为在观念论的世界中，亦即在缺乏真正的复多性的世界中，去区分意志和理性是没有意义的，因为这个意志本身就是理性的，它已经被理性吸收了，吞噬了。那么，该如何突破这样的意志与理性的同一化呢？对此，列氏回答："对意志与理性的同一化的抗议，并不满足于任性，后者通过它的悖谬与不道德会立刻转而为这种同一化进行辩护。"（页205）这是什么意思呢？关键是要理解这里的"任性"一词。在列氏看来，与同一化的对立，并非一个遭到（总体）放逐因而感到绝望，乃至"疯狂地以头撞墙"的个体的抗议，因为它在意的其实还是总体对它的承认与否，这就是列氏说"后者通过它的悖谬与不道德会立刻转而为这种同一化进行辩护"的原因。所以我们看到，必须在不同于此处"任性"对立的意义上寻找一种真正能够走出同一化的抗议。那么，它将是一种什么样的抗议呢？"这种抗议源自于这样一种确信：一种来自全部永恒而完全实现了的、只沉思它自身的存在的理念，无法为生命与变易充当存在论的标准，生命与变易有进行革新、欲望和社会关联的能力。"这个表述可谓清晰明确，其意是说，真正的抗议是在总体之外追求一种列氏称之为"盈余"的抗议，甚至都不要说它是抗议，因为但凡说抗议，似乎就有否定对方的意思，但列氏的形而上学欲望里没有否定而只有肯定。肯定什么呢？肯定那相对于同一性的外在性盈余，或者说就是朝向面容，朝向无限。这就回到了我们在本节一开始引用过的那段话："在对面容的迎接中，意志向理性敞开自身。语言并不局限于以助产术的方式唤醒那些对于诸存在者来说是共同的思想……它进行教导，它把新的事物引入思想；新事物向思想中的引入，无限的观念——这就是理性的工作本身。"（页206）

要特别注意最后一段对一个已经有过阐述的思想的强调，

即意志对（第二种意义上的）理性的追求，必须以其个体化的独立人格为其前提："通往理性事物的通道并不是一个去个体化的过程，这恰恰因为它是语言，亦即，是对这样一种存在者的回应：这种存在者在面容中对主体说话，并且它只容忍人格的回应，就是说，只容忍一种伦理行动。"这个强调并非多余，它再次提醒我们列氏形而上学欲望学的根本意图所在，即伦理学是第一哲学，如果没有这个前提，谈形而上学的欲望就没有任何意义。

第三章　伦理关系与时间

第一节　多元论与主体性

为什么要从伦理关系来讲时间呢？时间对于列氏意味着什么，其实前面已经提到过。一个人如果不能与自身拉开距离，他就没有时间，所以时间就是与自身拉开距离。就是说，没有他者就没有时间，在自身中打转的都不具有真正的时间。所以时间就是对自身的超越，而伦理关系就建立在这样一种超越之上。列氏《时间与他者》一书讲的就是这个问题，时间意味着他者。

回到本书，这一节讲多元论与主体性。为什么要讲多元论呢？其实前面已经提到了，因为自我作为分离的存在者与他者的关系是不能化合的，不能有一个超越它们的全景视野，没有一个笼罩它们的全体，它们之间的关系是一种多元论的关系。分离的两项，即分离的存在者和他者，一方面处于关系之中，另一方面却并不构成一个总体，所以两项都保持着从这种关系中解脱出来的权能。因此列氏说："形而上学关系就实现出一种复多的实存（un exister multiple），实现出多元论。"（页207）列氏接着区分了形而上者和形而上学者，根据第二章第一节，指的分别是绝对他者和分离的存在者。接下来的表述也与这个理解相吻合："形而上学者并不与形而上者在同样的意义上是绝对的。形而上者由之来到形而上学者的那一高向度，指示出某种空间的非同质性……"这里的"高向度"和"空间的非同质性"是什么意思呢？自我朝向他者是往高处走的，自我仰望他者，二者之间是不对称的关系。列氏后边会讲，如果用一种匀质的空间来看待自我和他者之间的距离的话，这两者就会被统一掉，所以他强调形而上学关系中的空间的非同质性，"以至于一种彻底的复多性、有别于数目上的多数性的复多性，可以在这种非同质性中产生出来。数目上的多数性对于总体化毫无防御之力"。这是哲学家的语言，讲得通俗一点，数目上的多数指一个总体中的多个，它们对总体的统合毫无防御之力，而复多性则指非一个总体中的多个，它们不能被统合在一起。

列氏说，解蔽的存在之思不会产生多元论。解蔽是海德格尔的一个说法，此在的存在就是解蔽。解蔽可以理解为两种存在，一是让事物为我们所用，我们用光去照亮它，这是海氏早期的思想；一是让事物存在，所谓"让存在"，即让事物不被我们的光遮蔽，让它是其所是。但列氏认为这两种方式都没有太大意义。在他看来，解蔽总是朝着一个客观存在的原型，这个原型恰是一切总体论的源泉。这是针对海氏的后期思想而言的。前面已经讲过，海氏后期思想喜欢通过溯源事物的古希腊语义去追溯事物所谓的原初含义，就好像它有一个客观的意义摆在那里，不能用我们的主观意向去遮蔽它。对于列氏来说，这种解蔽方式也不会产生复多性。

"复多性预设了一种主体性，这种主体性处于完全反思的不可能性中，处于自我与非我混融为一个全体的不可能性中。"（页 208—209）"完全反思的不可能性"是什么意思呢？其实可以看成是针对胡塞尔而言的。对于胡塞尔来说，世界无非就是现象，而现象就是我的意识，因为所有现象都可以还原为我的意识构造，也就是说，所有事物都可以通过反思而被回溯到我的意识结构中来把握，这就是完全反思的可能性。而列氏讲复多性的主体性不可能处于完全反思的可能性中，就是说我不可能把他者逆推到我的意识中来，这便是"处于自我与非我混融为一个全体的不可能性中"的含义。列氏说，这种不可能性是社会关系中的一种盈余。社会关系是一种面对面的关系，而面对面的关系就是盈余。盈余的意思不是说我掺满后倒出来，而是指我掺不进去，你对我而言是一种盈余，我对你来说也是一种盈余。所以，"这种不可能性源于以其高度支配着我的他者之临显的盈余"（页 209）。和他者建立关联，就是呼应他者，对他者负责，去侍奉他，而不是按照我的方式把他化掉。

接下来继续讲多元论，涉及多元论主体之间的两种状态，一为战争，一为商业。列氏说："对多元论的这一奠基并没有使构成多元性的诸项陷入隔离之中。在保护它们以抵御那会吸收它们的总体的同时，这一奠基也把它们遗留于商业（commerce）或战争之中。"这是因为"战争与商业预设了面容以及显现在面容中的存在者的超越"。第二节会专门讲商业的话题，这里先讲战争。列氏认为战争的前提就是面对面，因为战争并不来自相互限制的存在者。相互限制在列氏这里被理解为处于一个总体中，恰恰是存在者之间的相互限制保护了一个总体中的同一性。但战争不是这样的，如果战争双方是这样的一种相互限制，那根本就不可能有战争。"人们试图将之称为力量对抗或概念对抗的东西，以一种主观视角和意志多元论为预设。这一视角收敛其中的那一点并不构成总体的一部分。"这是什么意思呢？主观视角也好，意志多元论也好，都意味着没有全景视角或总体收纳。"战争以敌方的超越为预设"。"计谋可以规定总体内部力量博弈的后果，但计谋并不决定战争。"（页210）我们通过一种计谋的方式在一个总体内部进行博弈，但战争不能通过这种方式来解决问题。"战争处于最高的自信与最高的冒险之交界处。它是总体之外的、因此并不相互触及的存在者之间的关联。"也就是说战争是面对面的、相互都不能化解对方的两个存在者之间的关联。但是，"战争对总体的拒绝并不拒绝关系，因为在战争中对手相互寻找对方"。这就是战争的特点，它并不拒绝关系，但它拒绝总体，于此蕴藏着和平的契机。列氏说："唯有能够进行战争的存在者才能臻至和平。"也就是说，虽然我们在战争者中看到的是你死我活的斗争，但如果要讲和平的话，也只能是如此极端对立的双方之间的和平。"战争像和平一样以这样一些存在者为预设：它们以不同于总体之部分的方式被结构化。"所以我们可以说，和平之和不是和而不同的和，而是面对面的和，不是相互限制、相互界定的和，而是非调和、非辩证的和。这一观点是很有现实意义的。比如我们倡导人类命运共同体，只能在永远开放、永无休止的对话中追求，这意味着在国际关系中永远不可能有福山所谓历史的终结。

接下来列氏从自由问题入手，谈分离的存在者之间的关系。这仍然是与多元论相关的话题。分离的存在者之间是一个什么样的关系呢？如果没有战争的话，它们之间似乎是一种有限自由的关系。"为了分离的存在者之间的关系是可能的，各项就必须部分地是独立的，部分地处于关系之中。"（页 211）这一点似乎不难理解。但列氏强调说不能把这里的独立理解为自因，这是为什么呢？自因就是自己成为自己的所以然。一个没有来历的存在者，自己创造自己，自己回归自己。分离的存在者不能是自因的存在，这一点在前面其实已经有过阐述了。笛卡尔说我思故我在，这看起来像是某种意义上的自因说，但列氏指出笛卡尔的我思其实是有一个支撑的，也就是说它并不是自因的。分离的存在者不能是自因的，因为如果陷于自因，就不能朝向外在，这就堵死了形而上学欲望之路。所以列氏强调，必须以其他方式而不能以因果性来掌握独立的概念。

列氏认为不能用自由来描述战争中的存在者。这是为什么呢？按我的理解，他是想说战争中的存在者不是自因的存在者。按列氏的思路，战争中的存在者是一种时间性的存在者，"它以其作为延迟本身的时间来对抗死亡之不可避免的暴力"。这话什么意思呢？在战争中，迫在眉睫的事情就是面对死亡，但是每个人都在想方设法延迟死亡的到来，时间的含义在这里就是延迟。"人们在意志中所掌握到的是一个必死的、但也是时间性的存在者的概念……它与任何导致自因观念的因果性都有根本区别。"（页 212）在这里，列氏和海德格尔区分开来，海氏是向死而生，列氏则是逃避死亡。强调时间性的意义就在这里，并不是有限的自由使时间概念得到理解，而是时间赋予有限自由的概念以意义。这意思是说，唯有延迟才可能赋予你有限的自由，自由只是时间对必死的延迟。所以时间在这里是尚未，是逆死而在的方式，是无可逃避地接近死亡过程中的回撤。

接下来顺理成章谈及暴力。列氏说："唯有当一个延迟其死亡的存在者被呈交给暴力时，战争才能产生。"他的意思是，暴力只属于战争，而不属于一个其组成部分相互限制的总体。讲来讲去，他都在讲超越性，即便在暴力中，"这种超越并不被以否定的方式加以描述，而是肯定地显示在面容对于谋杀之暴力的道德性的抵抗中。他人的力量向已是道德性的"（页213）。按我的理解，这是要讲从战争中窥测到的伦理契机。就是说，暴力只在面对面的关系中产生，即便我暴力地杀死他者，但这个他者于我而言的意义并不在于被我杀死这一单纯否定的层面，而是在杀戮过程中他的面容对我的道德责任的拷问。所以列氏说，他人的力量向来已是道德性的，所谓"面容的伦理性临显乃在于恳求回应"。[①] 列氏强调，这种恳求回应不是柏拉图式的"好意"，而是一种朝向他者的形而上学态度。这意思是说，不是把他当作和我一样的存在者来回应，否则，他者就成为商业中的可交换者了。在这个意义上，商业的方式不是面对面的。在本节末尾，列氏指出："现在必须表明，分

[①] 在我看来，李安的电影《比利·林恩的中场战事》涉及的就是这个主题。影片中当比利·林恩用匕首刺穿恐怖分子的喉咙时，恐怖分子双目圆睁，鲜血缓缓流出，脸上写满了绝望和痛苦，这一情景对比利·林恩构成了巨大的冲击。至少在那一刻，那人在比利·林恩的眼里不会只是一个恐怖分子。

离的自由以何种具体的形式消失了，以及在何种意义上，自由在它的失落本身中得到维持并能重新浮现出来。"（页 213－214）这便是下一节要回答的问题。

第二节　商业、历史关系与面容

为什么要讲商业呢？上一节讲道，即便在诉诸暴力的战争中，他者面容的临显仍然在恳求回应，但这个恳求不是要把他当成和我一样的人，否则，他就成为商品式的存在了。这就是列氏要来谈商业这回事情的原因。在现实中，他者往往被我们把握为可交换的商品式的存在，或者反过来我们也被他者以这样的方式把握。这一现象被列氏视为主体意志与其作为之间关系的一种情形，即我们的意志在某种意义上跟我们的作为是分离的，但总有人以我们的作为来对我们的意志进行推断。这是列氏特别在意的一件事情。列氏始终强调他者的不可把握，我们永远只能与他者进行对话，而不能通过他留下的作为符号的作品去把握他，不能把作品视为其内在意志的物化凝结。总之，我们和他者不可以在作为匿名商品的意义上相互交换。

列氏从意志和作品的关系讲起。"意志确保分离的存在者是在家的。但是，在它的作品——其作品虽具有含义却喑哑无语——中，意志并没有得到表达。"（页 214）为什么说意志确保分离的存在者在家呢？分离的存在者之所以能够成立，就是因为他的意志的苏醒，他的独立。在《从存在到存在者》中，列氏论述过意志如何从无名的存在中突围。苏醒的意志按照自己的方式构造一个世界，这就是它的在家。但为什么又说它没有在作品中得到表达呢？意志一方面凭借作品向他人展露自己，但另一方面又在这种展露中隐藏自己，所以作品是匿名的。作品似乎是我们的身体性存在，而这种身体性被列氏称作"最初的自身异化的存在论机制"。说白了就是，作品似乎是我创造出来的，但在某种意义上它又背离我，我借之而显现，但也从中抽身而退，所以它是匿名的。这就是人的存在方式。

我不断创造出异于我的东西，此所谓自身异化的存在论机制。对于异化，马克思从劳动作为内在本质的外化来讲，尤其是创造性的劳动被他看作本质力量的对象化。列氏讲这个问题的针对性在于，那些已经逝去的存在者，他们只留下了一些生前作为的痕迹或作品，我们应当如何理解他们？不幸的是，我们就是根据他们留下的那些东西对他们进行裁决的，而裁决的根据则是我们作为幸存者的意志。"纳入一个陌异的意志这一点，是通过作品的居间作用发生的；作品把它自己与其作者分离开，与作者的意向分离开，与作者的占有分离开；作品为另一个意志所捕获。"（页214－215）列氏认为这就是俄狄浦斯王那样的命运悲剧中英雄意志与其命运悖反的深刻寓意。

对于列氏来说，认识到这一点是非常关键的，即创作作品是一个行为，而行为的本质是在未知中摸索。创作作品不是把一个已经完成于意识中的东西物化，而是作为一种行为，它在摸索一种不同于自己的东西，总是与外在性遭遇。"行动于其中涌现出来的未知抵制任何知识，未知并不置身于光中，因为它指示着作品从他者那里接受的意义。"（页215）这意味着摸到东西并不就是照亮东西，而是从他者那里接受"教导"。"作品被奉献给这种 Sinngebung（意义给予），从其在我中的本原来看，这种 Sinngebung 是陌异的。"这种陌异虽也处于我的权能的本质中，因为毕竟是我在摸索，但如果说摸索有什么意义的话，这意义却是他者给予我的，而并非源自我内心之光的照射。所以列氏说，作品中的作者被给予意义，以及进入不同于形成它的语境的语境的可塑性与适宜性。"没有作品，诸意志就无法构成历史。没有单纯内在的历史。在历史中，每一个意志的内在性都只能以可塑的方式——即在产品的沉默无语中——显示自身；如此这般的历史是一种家政的历史。"（页215-216）然而另一方面，"历史的统治是在现实－结果的世界中开始，在'完全作品'的世界中开始，这些作品乃是已死意志的遗物"（页216）。用已经死掉的意志的遗物去推测意志，当然就是有问题的了。

在列氏这里，作品逃避意愿。"在某种意义上，作品总是失败的行为。我并不完全是我想做的东西。"也就是说，真正的作品不是某个内在意愿的完成，但历史上留下来的作品总是被胜利者或幸存者按照自己的意志加以解释和利用。列氏说："对于其他意志来说，作品具有一种意义，作品可以服务于一个他者，并可能转而反对它自己的作者。"在这个意义上，"命运并不先于历史，它随历史而来。命运，就是修史者的历史，是幸存者的记述；幸存者对死者的作品加以解释，就是说，加以利用"。所以命运并不神秘，命运就是他者的意志对我的把捉。通过作品，意志获得一种为他者的意义，然而"通过那购买他人的金钱或杀死他人的刀剑，人们并没有从正面接近他人"（页217）。我们用金钱去购买别人的东西，或者在战争中去杀死他人，但是我们并没有真正接近他。在此意义上，列氏谈及他对唯物主义的一种理解，他说："唯物主义所包含的部分永恒真理在于这样的事实：人类意志是通过其作品而被人掌控的。"很明显，这样的唯物主义是列氏所反对的。他在这里还说了一句很有意思的话："威胁与诱惑通过滑入那把作品与意志分离开的间隙而起作用。"这是什么意思呢？他在这里要讲的是，当我们面临生存处境中的两种状态，即被人威胁和被人诱惑时，我们作为幸存者与那些历史上留下来的作品之间的关系。这里的作品不单指狭义的作品，而是一个人生前行为所遗留下的全部痕迹。

列氏据此谈及意志和身体的关系问题。他说："对于身体，人们并没有连续地和完全独立地采纳下述两种视角，即生物学的视角和从内部把身体当作本己身体的'视角'。身体的本原性在于这两个视角的一致。"这意思是说，作为物理的身体和我所意识到的身体如果是一致的，我就拥有一个本原性的身体，但在实际生活中，二者却常常处于一种分裂的状态，尤其是"在死亡中，意志像事物受到事物伤害一样受到伤害……作为意志可以被强迫、可以被奴役，它可以变为奴隶的灵魂。金钱与威胁强迫意志不仅出卖其产品，而且还强迫意志出卖其自己。或者，人类的意志并不充满英雄气概"（页218）。这意思是说，人往往并不能使自己的意志与身体完全统一，比如我心中虽不愿屈服，但身体的样态已经是卑躬屈膝，说白了就是不能自由地让自己的身体服从于自己的意志。

"在身体中，表达可以显露出来"，就是说我的身体行为完全可能表达我的意愿。但是，身体也可能以一种违背我之意愿的方式进入他人的谋略之中，即他人的威胁或诱惑导致我的身体跟我的意愿不一致。列氏在这里探讨的是意志的独立问题，他说："意愿着的存在者，并没有凭借其意愿穷尽其实存的命运。"这意思是说，虽然我意愿着，但我实存的命运并不一定就是我的意愿。列氏甚至说："拒绝用生命服侍他人，并不排除一个人用其死亡来服侍他人。命运并不必然包含悲剧。"这里需要解释一下"命运并不必然包含悲剧"是什么意思。不妨举例说明。比如说在严刑拷打面前，我宁愿自杀，如果自杀的结果符合我自杀的意图，那就意味着牺牲，有一种悲剧性的崇高。但列氏认为并非如此，因为他人的意图是我谋划不到的，而且，"这种承认并不作为思想，而是作为道德重新产生出来"（页 219）。什么意思呢？"在其通过死亡挣脱他人的努力中，意志承认了他者。"就是说我在他人面前虽然宁愿自杀也不屈服，但自杀的行为却反证了我对他的承认。这里便有一个意志的背叛和忠实的两可性问题。"意志就运行在背叛与忠实之间，它们同时描述了意志权能的独特性本身。但是，忠实并没有遗忘背叛……"这是什么意思呢？就是说我宁死不屈，我以为这是我意志的一种超越，但是"宗教意志始终是与他人的关联"，我在这个过程中始终承认了他者的存在。注意此处"宗教意志"这一用法，对于列氏来说，只要意识到他人，就说明你有宗教意志。这是他的一个界定。列氏认为，理解意志的内在性诉求，也揭示出一种与外在性的关系。这就是意志的二元性，它包含在必死性中，而必死性产生和表现在其身体性中。"死亡在会死意志中的延迟——时间——是实存的模式，是一个已经进入与他人的关联中、（与他人）分离的存在者之现实性。"

（页 220）列氏认为应该以此为出发点，探讨一种有意义的生活。

第三节　意志与死亡

这一节是紧承第二节来的。在第二节里讲过一个东西，即意志的二元性——忠实与背叛。面对别人的威胁，在那些可以想象的场景中，我们以死相争，宁死不屈，在列氏看来，这当中便有意志的二元性。在以死相争中，本来我们是为自己，但意志却背叛了我们，我们实际上承认了他人。在这个意义上，死亡已经是一个与他人相关联的事件。如此，我们就须在与他人相关联的意义上来探讨一种有意义的生活。

首先提出一个问题：有没有可能摆脱一种关于死亡的非此即彼的思想，即要么存在，要么虚无？死亡后在另一个世界里继续存在，或者说就什么也没有了，所谓人死如灯灭。我们对死亡的想象无非就是如此。列氏接下来要做的，就是告诉我们把死亡想象成绝对的虚无是不可能的，因为虚无实际上是不可能的，所以我们无须通过把死亡想象成在另一个世界里继续存在来摆脱虚无。列氏通过揭示谋杀中虚无的不可能性来说明这个道理。他以圣经中该隐杀亚伯为例。有意思的是，雨果曾经以此为题写过一首诗，我们不妨结合他的表达来阐明这个问题。在圣经里，该隐杀死亚伯以后，耶和华遣天使来向他宣布惩罚，让他去大地上流浪，该隐还说他遭受的刑罚太重。雨果的想象就建立在这个叙述之上。在雨果的诗中，流浪中的该隐无论到什么地方，都会像看见星星一样看见亚伯的那双眼睛。

那双眼睛其实就是该隐的良知，它让该隐无处藏身。①"该隐，当他杀死亚伯的时候，必定已经拥有了这种关于死亡的知识。"（页221）关于死亡的什么知识呢？也就是"这种虚无在这里显现为某种不可能性。实际上，在我的道德意识之外，他人无法作为他人呈现出来，他的面容表达出我在道德上不可能毁灭他"。在雨果的诗中，那双眼睛就是亚伯的不可摧毁的面容。所以列氏说："禁令并不是事后添加到这种可能性上的，而是从我想泯灭的双眼深处注视着我，就像那将在坟墓中注视着该隐的眼睛那样注视着我。"这道禁令就是所谓的"汝勿杀"，列氏的意思是这禁令不是在谁被杀死之后才颁布的，而是早就寓居在杀人的过程之中，也就是"从我想泯灭的双眼深处注视着我"。

对于列氏的这番见解，可能会有人提出质疑：对死亡这件事情你还能有什么想法呢？难道你想违反排中律吗？要么存在，要么虚无。如何应对这个质疑呢？列氏说我们要这样来看待这个问题，前面思考的是我们和别人的死亡的关系，现在我们来思考我们和自己的死亡的关系。他说："我与我自己的死亡的关系，把我放置到一个既不能进入存在也不能进入虚无的范畴的面前。对这种最终的非此即彼的拒绝，包含着我的死亡的意义。"也就是说，我跟我自己的死亡的关系也不是非此即彼的。那么这究竟是什么意思呢？列氏从两个方面进行阐述：一方面，死亡威胁的逼临让我感到害怕，搞得我总是心事重

---

① 参〔法〕雨果：《良心》，载《雨果文集》第九卷，程曾厚译，北京：人民文学出版社，2002年，页637—640。

重，不能进入存在；另一方面，死亡又完全不可预期，所以我又不能进入虚无。在列氏这里，意识不可能触及虚无。但无法进入虚无还有更深的含义。

我们始终要记住，列氏谈什么问题都要引入自我与他人的关系，这是其思想的一条线索。他说："死亡从彼岸威胁我，那使人害怕的未知之物，那使人畏惧的无限空间，来自于他者；而这种他异性，恰恰作为绝对的他异性，在一种邪恶的意图中或在一种正义的审判中击中我。死亡的寂静并不使他人消失，相反，它处于一种对敌意的意识之中；并且恰恰因此，它仍然使得对他人的呼唤、对他人之友爱和他人（带给我）的疗救的呼唤成为可能。"（页222）这个道理不难理解。死亡作为一种绝对他异性的威胁让我领会到某种敌意，并为之感到毛骨悚然，但同时也激发我让他人来拯救我的意识。他人就是这样经由死亡的威胁而到来的。对此，列氏精辟地总结说："医生是人之必死性的先天原则。"（页223）

在死亡观上，列氏与海德格尔截然不同。海氏是向死而生，列氏是逆死而在。为什么不能向死而生呢？在列氏这里，死亡是一个我们根本不知其为何物，但又必然会来临的东西，在这个意义上它简直就是一种暴力，而我们的生存就是尽可能地延迟这个暴力的到来，并同时期待他人的拯救。列氏说："似乎死亡的逼近一直会是与他人的关联的一种模态。"在他看来，死亡不是面对虚无，因为在死亡的逼临中我们会呼唤他者。"死亡带给意志的威胁的背后显示出死亡对一种人格间的秩序的参照，死亡并没有取消这一人格间秩序的意义。"所谓人格间秩序，就是我们和他者的关系。正是在这个意义上，列氏说死亡会引入一种对死亡加以说明的宗教系统。此处，宗教系统，按照我们前面的解释，就是一种与他者的外在性的关联。

"死亡之暴力就像一种专制那样进行威胁，它宛若来自一种陌异的意志。在死亡中实现的必然性的秩序，并不与那种统治着总体的不可抗拒的决定论的法则相似，而是与他人对我的意志的异化相似。"死亡像奥秘一样向我逼近，且不能为我的权能所触及。一个东西天天向我逼近，我却无法触及它，这当然非常可怕。甚至在所谓最后的时刻，我也无法触及死亡。列氏说，在把我和死亡分离开的那段时间，"包含着比如我的意识无法跨越的一道最后的间距"（页223-224）。这是一个很有意思的说法。就是说，我的意识和死亡之间有一段越不过去的间距，我根本不可能和死亡迎头相撞。"最后一段路程自行延伸，并无我的参与；死亡的时间溯流而上，自我在其向将来的筹划中发现自己被一种迫近运动、一种从绝对他异性来到我这里的纯粹所倾覆。"（页224）就是说在死亡这件事上，我是完全被动的，除了等待它悄无声息地逼近，我不可能有任何作为。

如果把死亡看作意识的消亡的话，拿我自己举例，做胃镜检查被麻醉时的体验或与之相仿。我做过好几次胃镜检查，也被麻醉过好几次。每一次我都想体验从意识模糊到完全失去知觉的全过程，但没有一次如愿。每次醒来时就已经做完了，躺在一个推车上。列氏也举了一个很有意思的例子，说是在爱伦·坡的小说中，"包围着叙述者的四面墙壁不断地向中间靠拢；叙述者通过注视而体验到死亡；而注视作为注视在自己面前总已经拥有一段广延，但是，它也察觉到一个时刻之持续不断的逼近，这一时刻对于等候着该时刻的自我来说属于无限的未来".[①] 这就是死亡和我们之间的距离，无限缩短，但又无法跨越。我高中的物理老师讲"无穷小"这个概念时说，无穷小就是趋于零又不等于零。我觉得这个说法很精彩，它完全可以用来描述我们所谓最后时刻和死亡的那种距离。

那么死亡威胁的本质究竟是什么呢？列氏说："迫近同时既是威胁也是延迟。""为我的存在感到害怕是我之与死亡的关系，这种害怕因此就不是对虚无的害怕，而是对暴力的害怕（因而它就一直延伸到对他人的害怕，对绝对的不可预见者的害怕）。"这对我们害怕死亡之绝对暴力的分析有一种延伸，即"一直延伸到对他人的害怕"。这是否和上面的分析相矛盾呢？上面说正是死亡的逼临会激发我们呼唤他人来拯救我们的意识。在我看来，这只是一种比喻意义上的用法，因为后边马上就做了补充说明，即这种害怕是"对绝对的不可预见者的害怕"。

继续谈必死性的问题。列氏认为，作为必死者，我们虽不是一个已经具有规定性的事物，而且还可以为自己表象其他事物，然而我们的确要承受死亡，一个绝对不可预见的他者的暴力。但即便如此，死亡也并不能剥夺我们的生命的意义。"我是一种不仅在我的存在中受到虚无威胁，而且也在我的意志中受到（另）一种意志威胁的被动性。在我的行动中，在我的意

---

① 参〔美〕爱伦·坡：《陷坑与钟摆》，载《爱伦·坡短篇小说全集惊悚悬疑卷》，曹明伦译，北京：当代中国出版社，2014年。情节与列氏所述类似，但细节不同，疑列氏记忆有误。

志的自为中，我被暴露给一个陌异的意志，这就是为什么死亡无法剥夺掉生命的全部意义。"（页 225）这是什么意思呢？按我的理解，列氏在这里把仅作为比喻意义上的陌异意志的死亡拟人化了。因为事实上，我们很难说死亡的来临有什么意志，它就是一个客观事件，如果非要把它说成是一种意志，那就是把它拟人化了。问题是列氏为什么要这么做呢？其实还是为了引入他人。如前所述，实存就是对死亡的延迟，而这里把死亡视为一种陌异意志，那么实存就是和他人相关的。但我始终觉得列氏在这里玩弄了一个很含混的逻辑，即把死亡视为一个绝对他者，然后又把绝对他者偷换为他人。列氏说："这种为他人的实存，这种对他者的欲望，这种从自我主义的引力中解放出来的善良，保存的仍然是一种人格的特征。"也就是说，通过把死亡解释为陌异意志，将其人格化，我们就承认了他人。列氏进一步说："受威胁的意志消解在欲望中；欲望不再保卫意志的诸种权能，但是它却在其自身之外有其中心，一如死亡无法剥夺其意义的善良。"意思是说，即便在遭受死亡威胁的实存中，我们也有一种朝向他人的善良意志。如此，逆死而在，就成了为他人而在。总之说来说去，死亡不是一件纯粹虚无的事情，在死亡中有跟他人的关联，而这就是时间的含义。时间，就是走出自我。

第四节　意志与时间：忍耐

这一节紧承上一节末尾的时间主题。死亡不能完全剥夺生命的意义，意义就在于时间。时间一方面表现为对死亡的延迟，另一方面表现为跟他者建立关联，后者乃是其最为重要的含义。

列氏从意志的两可性讲起。他说："意志处于不可侵犯与蜕化堕落之间这道游移不定的界线上。"（页 227）意志的不可侵犯是什么意思呢？这一点应该不难理解。比如以死明志，表现出极其坚韧乃至决绝的姿态，这是意志的一面。不管别人怎么对付我，算计我，我都不为所动；富贵不能淫，威武不能屈；等等。意志的另一面则是它的蜕化堕落，即它特别容易瓦解，"具有意志的存在者总屈从于五花八门的诱惑、宣传和酷刑"（页 226）。这就是意志的两可性，凝聚或涣散，持守或瓦解。但列氏说，意志即便在堕落中，也在无限地延迟自己。比如在酷刑中，我们承受不了，意志瓦解了，但它也在努力地延迟自己，它是一种意识，一种对暴力进行抵抗的意识。"意识是对暴力的抵抗，因为意识为预防暴力留下必要的时间。"（页 227）就是说我们始终在想办法对抗暴力，这就是时间的意义。

多亏了时间，"那为其出生所限定的存在者就可以对其自然持有一种立场；它拥有一个背景，并在此意义上就还不完全是被生出来的，它先于对它的限定或它的自然"。这不难理解。我们出生时在某种意义上是被限定的，但因为有了时间，我们就不完全是被生产出来的了。"这一点赋予创始以意义，没有什么确定之物能让创始完全停顿"，说白了，就是时间赋予我们的生命以自由的价值。与存在发生关联，就是与存在的将来发生关联，在承受存在之重负的同时，又与其保持距离。"是自由的，就是拥有时间以预防其自己在暴力威胁下的沉沦。"我们可以看到，列氏和海德格尔及萨特都不太一样。萨特的存在先于本质是有些英雄气概的，包括加缪，把西西弗、俄狄浦斯都被视为极具激情的荒诞英雄。但列氏是从负面来讲的，他是逆死而在，不是主动态的。他讲的是在死亡逼近中的逃避，如何尽可能地延迟暴力与我的接触。他把实存放在这个维度上来讲。但即便如此，列氏仍旧认为生命是一种自由。"这一点也赋予安慰以意义，因为独自飘落的泪水——即使它被拭去——如何能够被忘记，（后来的）补救如何能够具有最起码的价值，如果它没有修正瞬间本身，如果它让瞬间逃入其存在之中，如果那在泪水中闪现的痛苦无'所期待'，如果它不具有一种仍是临时的存在，如果当前已被完成。"（页227-228）这意思是说，我们的生命总是有可能的，有自由的向度，否则的话，没有任何泪水可以被忘记，没有任何痛苦可以得到安慰；或者说除非我们的生命有另一种新的可能性，而不是被当下限定和决定，否则我们是得不到任何安慰的。

接下来讲痛苦。在现实生活中，更为确定的不是死亡之不可预期的逼临，而是痛苦。痛苦是一种确定性，"在痛苦中，实在对（我的）意志的自在发挥作用，（我的）意志绝望地蜕变为对于他人意志的完全顺从。在痛苦中，意志为疾病所涣散。在害怕中，死亡仍处在未来，仍与我们保持距离；相反，痛苦则在意志中实现出那威胁着意志的存在之极端的临近"（页228）。痛苦是跟我们绑在一起的，它不像死亡那样渺茫和不可预期，而是与我们短兵相接。我们没有摆脱它的可能性。"痛苦的全部剧烈都在于摆脱痛苦的不可能性，在于从自身中找到抵抗自身的庇护所这样的不可能性；它在于脱离了任何活的源泉。（这是）回撤的不可能性。"与来临中的死亡不同，痛苦就是当下，就在这里。"那处于害怕中的、只是在未来的对于意志的否定，那对权能予以拒绝这样一种状态的紧迫，进入了当前；在这里，他者抓住我，世界影响意志、触动意志。"所以痛苦就是一种切身性的暴力。对此我们该怎么做呢？只能忍耐。痛苦是不幸的当前化，而凭借意识我们又与不幸保持着距离，这种状况即为忍耐。忍耐就是与痛苦的距离意识。在忍耐中，"意志在一种新的意义上实现掌控——在这里，死亡不再触及意识，极端的被动性变为极端的掌控。意志的自我主义濒临这样一种实存的边缘，这种实存不再强调它自身"（页228-229）。这是什么意思呢？忍耐，虽为一种被动，其中仍有掌控出场，只是这种掌控已在实存的边缘处摇摇欲坠。

列氏接着讲与痛苦相关的憎恨问题。那些对我们施加痛苦的人，出于一种憎恨，企图让我们在痛苦中物化，亦即让我们的自由意志产生异化。但列氏认为在憎恨中有一种悖论，"由此就产生了憎恨的难以满足性"（页229）。憎恨是一个悖论，即它恰恰要在没有得到满足的时候才能被满足。你出于憎恨而折磨他人并企图使其彻底物化（丧失自由意志），但在折磨他人时你又想看到他的反应，要见证你对他的物化。如果别人完全失去知觉，你的憎恨就得不到满足，你要听到别人的呐喊和咒骂才能满足，但只要他还在呐喊和咒骂，他就还没有被彻底物化。所以即便在憎恨中，你都在承认他人。"憎恨的悖谬逻辑即在于此。"总之，痛苦也好，忍耐也好，憎恨也好，最终都脱不开与他人的关系。

暴力和死亡的威胁之所以可被忍耐还在于一种情形："它只有在一个我可以因某人和为某人而死的世界中才产生……在

忍耐中，意志穿透了其自我主义的外壳，就像把它的重心移到了它之外，以便作为没有什么可以限制的欲望与善良进行意愿。"说白了就是为他人而忍耐，这不难理解。所以列氏说，暴力并不终止话语，话语就是跟他人的关系。由此出发，"接下来的分析将会进一步引出生育的维度"。

第五节　意愿的真理

我们先看页 236 的这句话："意愿的真理是它经受审判，但是它之经受审判存在于它内在生活的一种新的定向中，它的这种内在生活被唤往无限的责任。"此即本节的核心要义。"审判"是这一节的关键词。按我的理解，它关涉两种情形，即历史的审判和上帝的审判。历史的审判体现于历史的叙述，因为此种叙述必然是基于某种价值评判的叙述。列氏所心系的是那些在历史叙述中被遮蔽的不可见者，而他要做的就是为这些被遮蔽的不可见者寻求见证。让那些不可见者，他们的主体性、个别性，突破一种总体性的叙述而得以彰显，此乃正义的诉求。这就要求我们作为历史审判的主体，必须拥有一种不同于总体叙述和总体逻辑中的主体性，但在列氏看来，这样的主体性又只有在所谓上帝的审判中才得以可能。现在我们再看刚才那句话，意愿的真理经受审判，这个审判，指的就是上帝的审判，"但是它之经受审判存在于它内在生活的一种新的定向中"。什么定向呢？就是朝向他人，对他人无限负责的定向。由此我们可以认为，所谓意愿的真理，是指我们作为审判的主体，为那些被遮蔽的不可见者寻求见证的真理。这一节按我的理解就是讲这样一个总的意思。接下来我们看列氏如何展开。

列氏一开始讲意志不能完全掌握它的存在，因为死亡这件事它掌控不了。"意志是主观的——它并没有掌握住它的整个存在，因为与死亡一道，在它身上发生的是一件绝对逃脱它权能的事件。"（页230）上一节我们谈到忍耐时指出，那种不同于死亡的痛苦折磨相对于意识来说也是某种程度的暴力，但面对痛苦折磨，我们可以有一种忍耐，并在此忍耐中延迟死亡的来临。不过列氏在这里提出问题："这种免疫性是真实的抑或是仅仅主观的。"这种内在生活对于死亡的抵御，究竟是一个存在的事件呢，还是说仅仅是一种主观的感觉？接下来他就要谈这种内在生活作为一个存在事件的真实性。

为什么要来谈内在生活的真实性呢？这和整本书的主题即形而上学的欲望有关。形而上学的一端是所谓分离的存在者，而这个分离的存在者之所以成立，就是因为它所拥有的内在生活，所以列氏要来论证内在生活是一个实实在在的存在事件，而不是什么实存的附带现象。

但这和我们刚才谈及的审判问题有什么关系呢？其间的关联或许是这样的：对于历史上那些只留下其痕迹（作品）的不可见者，如果我们只是借由这些痕迹（作品）而获得关于他们的见证，那么他们就真的不可见了（这个道理在前面讲得很清楚了，即列氏完全反对经由作品逆推作者的做法）。如此，要怎样做才能让那些不可见者得到见证呢？列氏认为，这需要我们拥有一种超越历史审判的主体性，亦即内在生活的真实性，否则，我们就不可能担起那为不可见者无限负责的重任。

问题是，如何才能获得一种超越历史审判的主体性呢？列氏说："内在生活位于申辩的层次上，并且无论如何我们都不能越过这一层次……申辩要求一种审判，不是为了消失在后者将会投射出来的光明中，也不是为了像斑驳的阴影那样消散逃逸，完全相反，它是为了获得正义。"理解的关键是"后者将会投射出来的光明"这一表述，这里的"光明"是什么意思？其实就是审判据以做出的历史普遍性，很明显，在列氏这里它不是什么好东西。对于列氏来说，真正的审判是参照无限来定位的，也就是要对那些被遮蔽的不可见者负起无限的责任，但依据历史普遍性的审判"则杀死作为意志的意志"。紧接着，列氏就来探讨制度的问题，因为制度正是历史普遍性的表现形式。

拿普遍性之神黑格尔开刀一点也不奇怪："黑格尔关于自由的重要思考允许我们可以这样理解：善良意志凭其自身还不是真正的自由，只要他还没有掌握实现自己的手段。"（页231）什么手段呢？制度，具体地说，是社会政治制度——"自由并不能在社会与政治制度之外实现，它们为自由打开了新鲜空气的通道，而新鲜空气对于自由的充分发展、对于其呼吸、甚至对于其自然发生来说都是必要的。非政治的自由被解释为幻觉，因为事实上，非政治自由的信奉者或其受益者都属于政治发展的发达阶段。"这段话读起来感觉有点怪，它明明是就黑格尔而言的，却让人不由自主地想到以赛亚·伯林。在《两种自由概念》中，伯林专门批判过所谓内心的自由。在他看来，一种内心自由的概念是没有意义的，其实质是对压迫的逃避，对不义的纵容。① 学者秦晖也持同样的观点，并借此狠批了所谓"儒道互补说"。② 似乎有充足的理由讲："自由只是由于各种制度才会进入实在。自由显露在铭刻有律法的石板之上——凭借这种镶嵌，自由便具有一种制度性的实存。"然而，列氏在做了这番梳理之后立即话锋一转："一种政治的和技术的实存为意志确保了它的真理，使它变得——像我们今天说的那样——客观，而没有让它通向善良，没有清空它自我主义的重担。"这句话的前半段不难理解，也就是上述通过一种制度性的设计落实意志的自由；后半段要说的却是，这种制度性保障的自由其实是自私的，自我主义的，因为它没有通向善良，亦即没有为他人负责。所以，一般制度性的自由保障并不能让人进入伦理的状态。

这样绕了一圈之后还是回到刚才的主题，即如何让那些被历史遮蔽的不可见者的主体性得到见证。首先我们要弄清楚那些不可见者是如何被遮蔽的。列氏说："存在着一种普遍之物和非人格之物的专制，一种非人的、尽管有别于野蛮的秩序。"（页 232）前一种专制指意志被委托给制度，后一种专制指意志被它的作品替代。然后，"与这种秩序相对立，人将自己肯定为一种不可还原的、外在于其所进入之总体的个别性；这种个别性渴望着宗教的秩序，在这种秩序中，对个体的承认是在其个别性中关涉个体"。这里的关键词是"宗教的秩序"，前面

① 参〔英〕以赛亚·伯林：《自由论》，胡传胜译，南京：译林出版社，2003 年，页 186－246。

② 参秦晖：《穷则兼济天下，达则独善其身》，载《传统十论：本土社会的制度、文化及其变革》，太原：山西人民出版社，2019 年。

第三部分　面容与外在性

讲到过这个词，其义为渴望他人，走出自我。这便是列氏给出的让那些不可见者得到见证的途径，即走出历史审判，进入宗教秩序。而进入宗教秩序的具体行为则在于为那些在历史审判中缺席的不可见者进行申辩："主体性在向它确保真理的审判中的出席，并不是一种单纯数量上的出席行为，而是一种申辩。在其申辩姿态中，主体性不可能完全保持住自己，而是把自己暴露给死亡的暴力。"这意思是说，申辩其实是需要勇气并有可能付出代价的。这也就是本节开头要从意志和死亡的关系说起的根本原因。

另一方面，申辩的出场要求审判层次的升级，这是因为"审判必须被施加于一种这样的意志之上，这种意志可以在审判中为自己辩护，可以通过申辩在它的诉讼中出席，而不是消失在融贯一致的话语总体中"（页 233）。这样的审判当然只能是上帝的审判，可以把它看成是对历史审判的审判，因为在这样的审判中，历史审判所依据的"融贯一致的话语总体"失效了。而正是由于话语总体的失效，"不可见者的显示并不导向明见性。它在被保留给主体性的善良中产生出来"。这里的"明见性"其实就是话语总体，而在"主体性的善良中产生出来"则意味着不可见者所得到的见证。

至此，本小节标题所谓"意愿的真理"的含义，即在审判中为那些不可见者寻求见证这一点似乎已经讲清楚了。但实际上还有一个关键的问题没有得到解答：那使得意愿的真理可以达成的"主体性的善良"究竟是如何产生的呢？或者我们再引页 236 的那句话："意愿的真理是它经受审判，但是它之经受审判存在于它内在生活的一种新的定向中，它的这种内在生活被唤往无限的责任。"也就是说,意愿的真理源于上帝的审判,而上帝的审判则源于内在生活的一种新的定向。那么我们现在要回答的问题就成了:内在生活的新的定向何以可能?

解答的关键就在这句话中:"不可见者,乃是那不可避免地从可见历史的审判中产生的冒犯,即使历史是以理性的方式展开。"(页233)这里的"冒犯"是什么意思呢?谁冒犯谁?又为什么而冒犯?"被安排在总体中的不可见者冒犯主体性,因为本质上,历史的审判就在于把每一个申辩都转换为可见的论证,在于汲干个别性之不可耗尽的源泉,可见的论证就从这种源泉中流出,并且任何论证都不能战胜这种源泉。"(页233—234)这里应该说讲得很清楚了,所谓冒犯,指的是被审判的不可见者对审判主体的冒犯。但问题是,这样的冒犯何以可能呢?而且,因为历史审判的明见性汲干了不可见者的"个别性之不可耗尽的源泉",所以被冒犯的难道不恰恰是不可见者吗?下文的表述确实也提到了不可见者的被冒犯,但这里说的冒犯指的就是不可见者对审判主体的冒犯。

但还是那个问题,这样的冒犯何以可能?我们来看列氏的回答:"不可见的冒犯由对可见者的历史审判产生;如果这种冒犯只是作为叫喊与抗议而产生,如果它是在自我之中被感受到,那么这种冒犯将证明主体性先于审判,或主体性是对审判的拒绝。"(页234)很明显,不可见者的冒犯就是由历史审判本身带来的,而且如果没有历史审判,冒犯就只是作为叫喊与抗议,这样的冒犯是不可能触动审判主体的,因为叫喊与抗议最终都可能被总体性收编。"然而,冒犯却是作为审判本身产生的,当它在他人的面容中注视着我、控诉着我的时候——他人的临显本身是由他人所承受的这种冒犯形成的，由他人作为陌生人、寡妇、孤儿的身份形成的。"这里的关键词是"面容"以及它的"注视"和"控诉"，它回答了冒犯何以可能的问题。在列氏这里，面容的控诉是无声的，却超越一般意义上的叫喊与抗议，正是它带来了审判主体的内在生活的重新定向："个别性在审判中的提升恰恰是在审判激起的意志的无限责任中产生。审判敦促我负责，在此意义上审判被施加于我。真理形成于这种对敦促的回应中。敦促提升个别性，恰恰因为它求助于一种无限的责任。"这段表述的含义是清楚的，也是我们所熟悉的。然而有一个问题还是需要说明一下，即我们是如何看见那些不可见者的面容的——他们毕竟是不可见者。按我的理解，这只能是我们作为审判主体的想象，亦即当我们以历史的明见性去"杀死"那些不可见者"作为意志的意志"时，心中的良知会猛然苏醒。不过不是任谁都有这样的良知猛醒，正如列氏所说，那些不能突破历史总体性的存在者就"没有能力去推测在历史之可见者的底下尚有审判之不可见者"（页 236）。

接下来的表述都顺理成章了。不可见者的冒犯激发了我的善良意志，促使我的内在生活重新定向，义无反顾地从历史审判的话语总体中突围："正义并不把我含括在其普遍性的平衡状态中——正义敦促我前行，直到超逾正义的准绳，因此没有什么能够标志这一行程的终点；在法则准绳的背后，尚未勘察的善良的领地无限延伸，它使个别在场的所有资源都成为必要。因此，我作为超逾客观法则所确定的任何界限的负责任者，对于正义来说就是必要的。"（页 235）"尚未勘察的善良的领地无限延伸"可谓令人神往，但实际上我们知道，它并非令人心旷神怡的一马平川，而是人迹罕至的不毛之地、异域之境，充满了诸种险象，须得有大勇才敢踏入。正是在这个意义上，列氏把能够进入此一领地的人恰当地称为被"拣选"者："申辩的人格特征即保持在我作为我在其中实现出来的这种拣选之中。"这无可避免地让人想到在旷野里受炼四十天并经受魔鬼诱惑的耶稣，而实际上，要在绝对意义上成为列氏所谓的被拣选者，耶稣的这个高度也并不过分。这也正是下面这段话所要暗示的含义："因此人发现自己是在客观的审判中被证实，而不再被还原到它在一个总体中的位置上去。但是这种证明并不在于满足主体性的主观爱好，不在于减轻它死亡的痛苦，而在于为他人，就是说，在于质疑和害怕谋杀更甚至于死亡——这致死的一跃，忍耐（它就是痛苦的意义之所在）已经打开并衡量着它危险的空间，然而唯有卓越的个别存在者——自我——才能够实现这致死的一跃。"（页236）想一想，还有什么比耶稣经历最后的晚餐、客西马尼园之夜、被犹大出卖和被钉十字架的遭遇更能恰切地对应这段文字呢？

意愿的真理锻造了主体的个别性，而"如果没有个别性，没有主体性的唯一性，正义就是不可能的"。这不仅意味着审判主体的唯一性，同时也意指被审判的不可见者的唯一性，所以意愿的真理意味着一个主体的唯一性对另一个主体的唯一性的无限责任，归根结底也就是列氏所说的善良，而"善良就在于以这样一种方式处于存在之中：他人比自我本身更重要"（页237）。然而在列氏这里，仅只主体的个别性，对于真理来说还远远不够，"因此真理要求一种无限时间作为一种终极条件，这种时间既构成善良的条件，又构成面容的超越的条件。

自我藉之而继续存活下去的主体性的生育，是主体性的真理的条件，而主体性则是上帝审判的秘密维度"。这是异军突起的一句，来得很陡，但按照列氏的思维逻辑似乎又顺理成章。无人可以否认这样的事实：人终有一死。就本节所说的为那些不可见者寻求见证而言，"我们"作为申辩的主体，除非一直存在下去，否则见证的达成就不容乐观，而所谓正义只会迟到但不会缺席的说法，同样只能以无限时间作为前提，否则也只是一种妄念。由此可见，主体性的生育当真是主体性的真理之不可或缺的条件了。这是第四部分的核心话题，本节末尾点到为止。但有两句值得注意的关键表达："必须回溯到'尚未'这种现象扎根其间的时间的最初现象。必须回溯到父子关系，如果没有它，时间就只是永恒的影像。"两个"必须"可谓斩钉截铁，其意究竟为何？我们就带着这个问题进入第四部分。

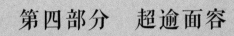

第四部分　超逾面容

这本书的写作体例并不统一，前三个部分在总题下都没有概括性或引入性的文字，但在第四部分"超逾面容"的总题下却有好几段论述，不过其内容也主要是对前述相关核心观念的回顾或再次强调，只在最后一段有对该部分重要主题即爱与生育的引入。

第一大段里的关键词是"不平等""语言""积极行为""个别性""理性""自由"等，通过对这些关键词的理解，我们可以进一步加深对前述一些重要观念的领会。"不平等"是就自我与他者的关联而言的。何以不平等？因为他者比我位高，处于教导我的位置。要特别注意列氏提到他者时常常特指穷人、陌生人、寡妇和孤儿，也就是我们常说的弱势群体，所以我说列氏的他者哲学里其实是有一种左派情怀的。在这个意义上去理解他所说的对他者的侍奉、对他者的绝对责任，等等，似乎并不玄奥，也并不难以理解。但我们也不能片面理解这个他者比我高的观念，因为列氏说自我和他者是"相互超越"的。按我的理解，这就是说在自我和他者的关系中，自我也可能被他者作为一个超越他的他者对待，所以反过来似乎也可以说自我比他者高。只不过需要强调，无论是他者比自我高，还是自我比他者高，都只能是单向度的认知，也就是说，自我不能自己揣度在他者的眼里自我比他者高，反过来，对他者来说也是如此。我不知道这个理解是否恰当，但如果不这样理解，所谓"相互超越"就不知道是什么意思了。

由于自我与他者相互超越，所以不可能有一个对他们进行辩证统一的第三者，因为如果有这样一个第三者存在，他们就会融于其同一性中，自然也就不会有什么相互超越了。然而，如果说他们虽有关联却不构成一个总体，那么他们靠什么进行关联呢？列氏说："这种被建立起来的关联——作为教导的关联、作为支配的关联、作为传递性的关联——乃是语言，并且只在面对（他人）的说话者中产生。"（页240）这个思想也并不陌生，前面已经反复地阐明过了。此处需要注意的是"只在面对（他人）的说话者中产生"这个表达，因为它涉及语言的人格性这个关键问题。对于列氏来说，语言必须对应于独立的人格，而不能是某种非人格的思想的表现，这在他对海德格尔的语言观的批判中也可以见到。

具有独立人格的对话者之间通过一种"积极行为"建立起"共通的秩序"，这又是什么意思呢？首先说"共通的秩序"，它指的当然不是那种可以将对话者囊括其中的总体性秩序，这一点很明显，不然列氏就自相矛盾了。它说的其实是通过作为符号的语言而可以在对话者之间共享的主题化世界。那么什么是"积极行为"呢？"这种积极行为对于一个人来说就在于他在他者面前就他的自由为自己进行辩护，就是说，凭借申辩为他自己进行辩护。"显然，其所涉及的就是对话者的人格身份问题。不过要特别注意的是，"申辩并不是盲目地肯定自身，而是已经求助于他人"（页240－241），也就是说，是在面对他人的超越中进行自我肯定。"积极行为"也好，"申辩"也好，瞄准的都是对话者的个别性，而对于列氏来说，个别性乃是理性不可或缺的前提："理性以这些个别性或这些特殊性为前提；这些个别性或特殊性并不是个体意义上的……而恰恰是作为对话者，作为不可取代的、在其类型中独一无二的存在者，作为面容。"（页241）就此，列氏区分出两个论断："理性创造了自我与他者之间的关联"和"他者对自我的教导创造了理性"。按我的理解，前者是指列氏所谓非人格的理性对于自我和他者的统一，个别性消融其中；后者则是列氏所认可的那种理性，即由两个相互超越的对话者所建立的关联。在后一论断的意义上，"自我的自由，既不是一个孤立的存在者的任意性，也不是一个孤立的存在者与一种对于所有人来说都是必要的、理性的和普遍的法则之间的一致"。这不难理解，这里提到的任意性和普遍法则其实是总体同一性的一体两面，互为参照，它们都不具备列氏之自由的含义。

接下来继续讲自由的含义。如上所述，这种自由是求助于他人的自我肯定，但要注意的是，"后者因此并不像一种限制那样损害它"。因为不存在限制，所以这种自由也不是所谓有限的自由。关键是这一句："我的存在并不等于它在意识中的显现。"意识到这一点，可谓走向形而上学欲望，也就是说从同一走向超越的前提。除了避免从意识显现界定我的存在，还要避免"我被还原为我在历史中的角色"，因为，"在历史中实存，乃在于把我的意识置于我之外，在于摧毁我的责任"。这一点，在第三部分第五节已经阐释得非常深入了，此不赘述。

接下来的关键词是"非人性"和"个别性"。列氏说："在人性的非人性中，（人）自身在其本身之外有其意识；这样的非人性存在于对暴力的意识中——这种暴力内在于（人）自身。"（页241－242）根据列氏接下来的解释，我们可以把这里的暴力理解为专制理性，而专制理性是对个别偏好、个别性的消除。而关于个别性，前面已经讲得很多了，这里再次给出清晰的界定："个体性的个别性处在它的理性层次本身上——

它是申辩——就是说，是从我到诸他者的具有人称的话语。"（页 242）因此，就历史审判而言，除非"历史在让我说话的情况下对我施以审判"，否则，个别性的我不会产生。但问题是，谁会让我说话呢？列氏说："这种申辩性的话语在善良中完成。"何谓善良？前述"他人比自我本身更重要"（页 237）。据此，列氏把在"历史中显现"（没有说话的权利）称为"我的政治存在"，而把"出席到本己显现中的同时向他人显现"称为"我的宗教存在"。

"在我的宗教存在中，我是处于真理之中的。"但是，这样的真理面临着死亡的威胁，因为"没有主体性，则真理就无法产生（se produire）"。此外，对于专制的顺从意味着对申辩的终止，这将同样危及我存在的真理。那么应该怎么办呢？列氏认为要进入"爱与生育的层面"，"在这一层面，自我走向超逾死亡处，并从其向自身的返回中提升出来"（页 243）。这也就是第四部分题目"超逾面容"的含义。

第一章 爱的两可性

为什么要谈爱这个话题？其实很简单，第四部分的重头戏是生育，通向生育的桥梁是家庭，而家庭的前提往往是男女之爱。你可以说没有爱也可以组成家庭，没有家庭也可以生育，但很显然，既然列氏把生育视为形而上学欲望之不可或缺的无限时间的条件，他当然要把这个条件奠立于爱这样一个更为稳定的基础之上。

但从爱到超越再到生育的距离还相当遥远。

作为形而上学事件的超越（对他人的欢迎、好客；欲望与语言）并不作为爱实现出来，但话语的超越却与爱联系在一起。

由此提出一个问题："凭借爱，超越如何同时既比语言走得远又没有语言走得远"（页244）？

再提出一个问题：爱人和爱事物有什么不同？

列氏说："就某种本质方面看，那作为超越而指向他人的爱，把我们抛回到内在性本身这一边……爱，作为与他人的关系，可以被还原为这种根本的内在性，可以摆脱任何超越，可以只寻找同类、只寻找知己，可以表现为近亲恋。"这意思是说，爱人可能只是爱自己，而爱事物才是爱一种超出自己的外在性？可以把柏拉图的《会饮篇》看成对一种内在之爱的阐释："在那里，爱把一个独特的存在者的两半重新统一在一起——把这种（爱的）冒险解释为一种向自身的返回。"列氏认为享受也可视为对这种爱的辩护，"它突出了一种处于内在与超越之界线上的事件的两可性"，"似乎，爱的超越具有的那种过分鲁莽所得到的回报是被抛回到需要这一边（en deçà）"。也就是说，爱似乎无论怎么超越都走不出内在性。

但列氏认为："爱保持为一种与他人的关联，后者转变为需要；而这种需要仍以他者和爱人（被爱者，l'aimé）之完全的、超越的外在性为前提。"（页 244−245）也就是说，列氏并不认可爱的完全内在性。如此一来，爱就具有了所谓的两可性："就他人来说，这种既显现为需要的对象同时又保持住他的他异性的可能性；或者换言之，（就自我来说）这种享受他人的可能性，这种同时既位于未及话语处又位于超逾话语处的可能性，这种相对于对话者的、同时既达到他又越过他的立场，这种需要与欲望的同时性、色欲与超越的同时性，这种可明言与不可明言的相切，构成了爱欲的独特性；在这个意义上，爱欲性乃是卓越的歧义性。"（页 245）这的确是一个值得深究的大问题。

第二章　爱欲现象学

这一章理解起来相当艰难，就像在丛生的荆棘中开路。

我们来看第一句："爱指向他人，指向处在虚弱中的他人。"（页 246）为什么说"虚弱中的他人"呢？因为"爱，就是为他人而怕，就是对他人的虚弱施以援手"。在列氏这里，这个"虚弱中的他人"又特指作为女性爱人，而"（女性）爱人的临显，与其温柔的支配方式（régime）合而为一。温柔的样式，在于一种极端的虚弱，在于一种可伤害性。""他者是他异的，是陌异于世界的，陌异于那个对于它来说过于粗鲁和过于伤人的世界。"这些表述似乎具有一种关于男性和女性之别的成见，即男人是粗鲁而肮脏的，而女性则是温柔而清洁的。这样的看法，恐怕不仅不能为一般男性所接受，想必女性也不会认可。有意思的是，这可能会让我们想起贾宝玉或诗人顾城那样的男性，因为他们就是这样看待男性和女性之别的。①

接下来的表述不太好理解，主要是对爱欲中的赤裸的思

---

① 参顾城：《"浮士德"·"红楼梦"·女儿性——与高利克对话》，载〔英〕虹影、赵毅衡编：《墓床——顾城　谢烨海外代表作品集》，北京：作家出版社，1993 年。

考。这种赤裸是一种过度的裸露，它会激起一种羞耻感，而正是这种羞耻感形成爱欲中的歧义或两可性。

一开始讲女性那种极端的脆弱位于一种生硬的超物质性的边缘，根据上下文，或许应该理解为男性爱人的过度在场的赤裸。列氏说这种赤裸是一种亵渎，"它已经亵渎着并整个地被亵渎"（页 247）。这是什么意思，何种状态既是亵渎同时又是被亵渎呢？结合后面的论述，"亵渎"在列氏这里似乎是指上文提到过的那种需要和欲望以及色欲和超越的同时性，亦即爱欲中的歧义性。那么，"它已经亵渎并整个地被亵渎"，可以理解为一方面指的是男性爱人对女性爱人的亵渎，而另一方面则是指对自身的亵渎。似乎也只能这么理解了，不然我们找不到解释的角度。

接下来的这一段似乎更难理解："本质上的被遮蔽者将自己投向光，但并没有转变为表示（signification）。它不是虚无，而是那尚未（现在）存在者。这种处于实在之门槛处的非实在性并没有像一种可能之物那样将自己呈交给把握，这里的隐秘性也没有描述一种发生在存在者身上的神秘论的（gnoséologique）偶性。"如果还没有读到后文关于生育和父子的论述，这些话几乎让人完全不知所云。据后面的表述，此处所谓"本质上的被遮蔽者"以及"那尚未（现在）存在者"，指的乃是在爱欲中孕育的儿子。难道爱欲一定要和生育联系起来吗？而生育就一定得是生儿子吗？在列氏这里恐怕就得是这样的，对此我们暂且不做评价。现在我们照此理解来释读这段话中的另外一些难解之处。说"本质上的被遮蔽者将自己投向光，但并没有转变为表示"是什么意思呢？投向光，其实就是投向观看和把握，但因为"儿子"还只是"尚未（现在）存在者"，所以它还不具备现实的面容，因而也就无所"表示"了。不过，它有面容的潜在性，这便决定了它"并没有像一种可能之物那样将自己呈交给把握"。至于说"这里的隐秘性也没有描述一种发生在存在者身上的神秘论的偶性"，则体现了列氏一贯的反他者神秘论的立场——在这里，那潜在的"儿子"并不神秘，只是"尚未（现在）存在者"而已。

接下来的一个关键词是"羞耻"。列氏说："这种隐秘性与一种它已经衰渎了但没有克服的羞耻有关。"按我的理解，这里的"羞耻"或许相当于舍勒的"羞感"，也就是精神意识对赤裸（沉浸于肉体色情，即"无耻"）的羞感。但为什么说隐秘性与羞耻相关呢？据上文，隐秘性可能是指那"尚未（现在）存在者"的"尚未"，而这个"尚未"之所以能够成为"尚未"，乃是因为爱欲中的超越，即不只是追求色情意义上的满足，还要欲望一个"儿子"，由此爱欲就处于一种羞耻的状态，故隐秘性与羞耻相关。"在爱中无法克服的羞耻，构成歧义所具有的动人之处。"何以动人？以超越的维度，也就是孕育出一个"儿子"的向度。"无耻，那总是敢于在充满色情意味的裸体的呈现中表现出来的无耻，并不是前来添加到一个中性的、在先的感知上，比如那检查着女士裸体的医生的感知。"何故？因为无耻乃是色情。但爱欲中不只有色情，爱欲还有羞耻，故"爱欲性的裸体藉之产生——呈现与存在——的方式，勾勒出无耻与衰渎的那些原初现象"。

在继续将爱欲落实到抚爱之前，列氏又对他称之为"女性状态"的虚弱做了进一步的阐明。首先，女性的温柔与优雅，虽表面相似，却并不同一。优雅在列氏这里或许只是一种感性意义上的美好品质，而列氏所谓"温柔所具有的隐秘维度中的这种深度"，却不能只在感性意义上被理解，因为如上所述，这里的"隐秘"涉及那"尚未（现在）存在者"。所以接下来这句话就可以理解了："这种脆弱性与这种无所表示（non-signifiance）之重量——它比无形式的实在所具有的重量更为沉重——的同时性或歧义性，我们称为女性状态（féminité）。"这里"无所表示之重量"，按我的理解指的就是"尚未（现在）存在者"即未来的"儿子"的重量。所以，列氏所谓的"女性状态"可以理解为孕育未来的"儿子"的状态。

好了，现在来谈爱欲的落实，也就是抚爱。列氏说："爱者（l'amant）在女性的这种虚弱面前的运动，既不是单纯的同情，也不是无动于衷；它耽于同情，它沉浸于抚爱的心满意足中。"这里的"同情"似乎不难理解，它或许指的就是前面所说的"对他人的虚弱施以援手"，那么关于"抚爱"，列氏又有什么深刻的见解呢？

"抚爱像接触一样是感性。但是抚爱超越可感者。"（页248）这是什么意思呢？抚爱者不是像饥饿的人找食物那样来满足自己，因为"抚爱就在于它不抓住什么……它寻求，它挖掘。这并不是一种解蔽的意向性，而是一种寻找的意向性：向不可见者前进"。关键是"向不可见者前进"，这确乎是抓住了抚爱的本质。抚爱摸索，前行，恰恰就在于它一直在寻找，不然的话抚爱就停止了。然而，正因为它抓不住什么，"抚爱表达着爱，但却承受着一种无能诉说之苦"。它究竟想诉说什么，表达什么？"它渴望这种表达本身，在一种不断增长的渴望中。

因此它走向比它的终点更远的地方，它追求超逾存在者，甚至是未来的存在者，后者正是作为存在者已经在敲打着存在的大门。"什么是"超逾存在者"或"未来的存在者"？按照后文关于生育的论述，似乎指的就是"儿子"。但因为这个"儿子"还并不存在，还不能有所"表示"，所以抚爱的追求不可能得到满足，并有一种"无能诉说之苦"。因此，抚爱的本质不是追求对被抚爱者的把握；相反，它始终超逾被抚爱者并指向"未来的存在者"，"超出某个自由的认同或抵制之外，抚爱寻求的是那尚未存在者"。尚未存在是一种虚空，不可预期和把握，但并不等于一般意义上的虚无。

另一方面，"在抚爱——从某方面看仍是感性的关联——中，身体已经从其形式中裸露出来，以便作为爱欲性的裸体呈交出自己。在温柔状态所具有的肉体中，身体脱离了存在者的身份"（页249）。根据上下文，这里的"身体""肉体"应该都是就女性爱人而言的。那么，女性爱人的身体在抚爱中从其形式中裸露出来，或者在温柔的状态中脱离其存在者的身份，这是什么意思呢？其实还是跟爱欲中的超越性相关，即跟那个尚未（现在）存在的"儿子"相关——孕育着"儿子"的女性爱人，也就是欲望他者（儿子）的女性爱人，她当然因其（形而上学的）欲望（非色情的需要）而走出自身的同一性（形式）了。

走出自身形式，脱离其存在者身份的女性爱人，对于抚爱者来说是既可侵犯又不可侵犯的。说可侵犯，是指她作为抚爱者色欲的对象。说不可侵犯，则是因为她身上寓居着"那尚未（现在）存在者"，在这个意义上，她是"永恒的女性"，"是童贞女，或贞洁的不断重现，是快感之接触本身中的不可触摸者，是当前中的不可触摸者——未来"。在这里，列氏赋予女性贞洁以独特的意义，亦即生育的向度。"童贞女始终保持为不可把握的，它未遭谋杀便已垂死，它失神恍惚，它躲避到它的将来之中，它超逾任何被允诺给预期的可能。"这一表述会让人联想到阿波罗追逐达芙妮的情形，然而有所不同的是，达芙妮只是单纯地逃避阿波罗的掌握，而没有一个此处所谓的"将来"供其隐身。①

列氏似乎极度迷恋女性爱人的这个逃避意象。接下去的表述可谓越写越兴奋："抚爱既不指向人，也不指向物。它迷失在一种存在者中；这种存在者消散开去，就像处于一种没有意志、甚至没有抵抗的非人格的梦中，处于一种被动性中。一种已经整个走向死亡、已经是动物性的或孩童般的无名状态中。温柔之意志通过其消隐而产生，就像扎根于一种无知于其死亡的动物性，又像沉浸于基元之虚假的稳靠性，沉浸于那对其身上发生之事一无所知的孩童状态。"这些表述是非常酒神的，而且的确就会让人联想到尼采所谓的酒神迷狂，这不只是说列氏作为写作者的迷狂，而是说列氏笔下的这个纯粹被动的女性状态似乎只能用酒神迷狂来解释了。如果说酒神迷狂是一种自我解体和献身的向度，那么这里的女性爱人朝着什么解体和献身呢？列氏马上就给出答案了："但这也是那尚未存在者（ce qui n'est pas encore）的令人眩晕的深度"。这意思是说，女性

---

① 关于阿波罗追逐达芙妮的故事，参〔古罗马〕奥维德：《变形记》，杨周翰译，北京：人民文学出版社，1964 年，页 9–12；另参意大利雕塑家贝尼尼以此为题创作的雕塑。

的温柔、消隐和被动性，本质乃是那迷失于"尚未存在者"的深度眩晕。这"尚未存在者"虽尚未存在，但女性爱人已完全为其牵引和凭附，所谓"失神恍惚""处于一种没有意志、甚至没有抵抗的非人格的梦中，处于一种被动性中，一种已经整个走向死亡、已经是动物性的或孩童般的无名状态"，均来源于此。对于这样一个处于深度眩晕中的已丧失其存在者身份的爱人，抚爱者力图在其感官的摸索中抓住点什么已是徒劳。

然而，处于如此这般深度眩晕中的女性爱人，却并不能在一种"可能者的将来"中得到一丝一毫的允诺，同样的，指向或沉浸其温柔的抚爱者也不可能得到什么。"抚爱并不行动，并不掌握诸可能。它所打破的秘密并不像一种经验那样对它进行告知。"（页250）但这一切并不意味着纯粹的消极，相反，抚爱者感动于女性爱人的温柔或被动性，并从中体会到"一种转变为幸福的受苦——快感"。需要注意的是，这里的快感不只是感官意义上的，还是欲望层次的，亦即形而上学的。为什么呢？因为抚爱者也加入了女性爱人的深度眩晕，而女性爱人的深度眩晕则来自对那"尚未（现在）存在者"的沉醉。

或许是已按捺不住其父子之思，列氏接着便对快感中的超越（欲望）来了一番大肆发挥。其论述反复围绕"解蔽""遮蔽"这对概念展开。列氏说："快感，作为亵渎，把被遮蔽者（le caché）作为被遮蔽的（caché）予以揭蔽。于是，一种非同寻常的关系就在一种这样的局面中实现出来，这种局面对于形式逻辑来说，似乎源自于矛盾：被揭蔽者（le découvert）在去蔽（la découverte）中并未丧失其神秘，被遮蔽者并未被解蔽（se dévoile），黑夜并未散去。"关于"解蔽""遮蔽"，我们较为熟悉的是海德格尔的思想。在海氏那里，简单说来，遮蔽是指此在主体性对事物本身的遮蔽，而解蔽，即所谓让存在，则是让事物摆脱此在主观性的遮蔽。但列氏在对解蔽和遮蔽的用法似乎是反着来的。被遮蔽者似指还未被主体性之光照亮之物，而解蔽则是用主体性之光去照亮处于混沌黑暗中的事物，几乎等同于霍克海默、阿多诺在《启蒙辩证法》中所说的启蒙。照此理解，我们来看这里的表述："快感，作为亵渎，把被遮蔽者（le caché）作为被遮蔽的（caché）予以揭蔽。"这是什么意思呢？什么是被遮蔽者？根据上下文，我觉得只能理解为那"尚未（现在）存在者"。而快感作为亵渎何以成了揭蔽的方式呢？如前所述，亵渎指的是色情和超越的同时性，其中的色情可以落实为感官意义上的抚摸，而抚摸作为一种掌握的方式，和观看一样均属同一性的操作，可称其为光的特殊方式，在这个意义上抚摸即一种寻求解蔽的行为。然而我们知道，如此意义上的解蔽行为不可能解蔽他者，遑论那"尚未（现在）存在者"了，所以列氏说："被揭蔽者（le découvert）在去蔽（la découverte）中并未丧失其神秘，被遮蔽者并未被解蔽（se dévoilé），黑夜并未散去。"

但如前所述，快感作为亵渎，具备色情和超越的同时性，这便是其羞耻感的来源，而"亵渎所具有之羞愧使得那本来应当已经对被揭蔽者加以探究的双眼垂了下来"。然而，在列氏这里，爱欲性的裸体（或曰快感）也是一种歧义性的言说，即在说话与放弃说话之间的那种言说，在超越和色欲之间的那种表达，这便是列氏说"在语言之有所表示（la signifiance）与虽然沉默但仍然隐藏着的色情之无所表示（la non-signifiance）

之间上演"（页 251）的意思。这是抚爱者的一面。作为被抚爱者，"女性呈示出一种超逾面容的面容"。这里，所谓"超逾面容的面容"无非还是指那"尚未（现在）存在者"。对于这个"超逾面容的面容"，抚爱者不可能触及，就是女性爱人本身，除了陷于一种深度的眩晕，也不可能有任何表达。

列氏说："在女性的面容中，表达的纯粹性已经被快感性的歧义所扰乱。表达转变为不体面（indécence），不体面已完全近乎歧义，歧义之说微乎其微，已是嘲笑与揶揄。"这段话不太好理解。什么是"表达的纯粹性"？它又被谁的"快感性的歧义"扰乱？从上下文来看，列氏讲快感似乎都只是从抚爱者即男性爱人这一面来讲，那么女性之"表达的纯粹性"如何为男性之"快感性的歧义"所扰乱呢？是因为男性爱人加重了她那为"尚未（现在）存在者"所凭附的眩晕——她的眩晕毕竟是与男性共享的爱欲中的眩晕？但"表达转变为不体面"该怎么理解呢？是说女性爱人因为眩晕而丧失了存在者的身份，其"身体已经从其形式本身中裸露出来"而显露出纯粹色情意义上的"无耻"吗？而这样的"不体面已完全近乎歧义"，是因为这种貌似色情的裸露乃是"超逾面容的面容"亦即那"尚未（现在）存在者"所致吗？暂且只能这么理解了。

基于以上对爱欲中的快感的理解，列氏认为："快感是一种纯粹经验，一种并不滑入概念的经验，一种始终保持为盲目的经验。"注意这里的"盲目"一词，它与意向相对。意向便意味着目的论（同一性）的统摄，而爱欲中的快感乃是一种亵渎（即需要与欲望、色欲与超越的同时性），其中的欲望和超越的维度不允许它被还原为一种意向性，即便还原为一种情感元素也不行，因为情感也是意向性的。在这个意义上，爱不是基于主客体结构的筹划，它始终"向着超逾可能处前行"。

接下来关于爱欲性裸体的论述不得不说是非常晦涩的，但似乎也可以沿着上文的逻辑予以解释。列氏说，"爱欲性裸体的无所表示并不先行于面容的有所表示"，这是什么意思呢？"无所表示"这个说法在前面出现过两次，即"无所表示之重量"以及"色情之无所表示"。按先前的理解，"无所表示"与那"尚未（现在）存在者"相关，那么"爱欲性裸体的无所表示"就意味着爱欲中的裸体为那"尚未（现在）存在者"所牵引的向度。如此一来，我们似乎就可以理解为什么说它"并不先行于面容的有所表示"了，因为它乃是被"面容的有所表示"牵引的。被牵引之物不可能先于牵引，这是自然而然的道理。"由于面容的纯洁的裸露并不消失在爱欲性的裸露癖中，所以爱欲性的裸体在其自身背后已经拥有形式；爱欲性的裸体来自将来，来自一种这样的将来：它所处的位置超逾了诸种可能闪烁其中的那种将来。"（页 251—252）如果我们关于"爱欲性裸体的无所表示并不先行于面容的有所表示"的解释是成立的，那么这段话理解起来就没有任何难度，而且在某种意义上，或许它还进一步支撑了我们刚才的解释。"面容在泄露（l'indiscrétion）中一直保持着神秘与难以言传；这种泄露恰恰通过它的越界的过度而证明自己。唯有那种拥有面容之坦率的存在者，才能够在色情的无所表示中对自己予以'揭蔽'。"（页 252）这里所说"越界的过度"的含义，在我看来指的就是"爱欲性的裸露癖"。至于面容〔此处我们把它理解为"尚未（现在）存在者"〕何以能够通过"爱欲性的裸露癖"证明自己，或者说表示自己，则还需要进一步解释。为此，列氏先对之前关于"表示"的那些要点进行了一番总结。

首先，面容先行于意义给予，也就是说，它自身表示，而并不需要符号表达作为中介，反过来，符号表达倒要以它为前提。所以，"人们无须解释面容，因为，一切解释都是从它出发开始"。但面容的表示究竟是一种什么样的表示呢？注意这段话："那标志着有之荒谬噪音的终结的与他人的社会关联，并不把自己构成为一个授予意义的自我的作品。为了作为思想意向之相关项的意义现象能够浮现出来，人们必须已经为他人而在——必须实存（exister）而非仅仅努力工作。"这实际上就是在回答我们刚才提出的问题：面容的表示乃是一种面对面的表示。这里面包含着一个非常重要的观念，即社会关联（也就是面对面）是意义表达的必要前提，或者说，一旦提及面容，就必然是面对面中的面容，而自身同一的主体是没有面容的。这是关于表示的第二个也是最重要的点。然后我们接着追问：面对面的关系究竟是一种什么样的关系呢？列氏说："为他人而在，并不必须使人想到任意某个目的，它不包含对某个我不知道的价值的预先设定或对它的价值提升。为他人而在——这就是成为善的。"这可以说是列氏他者伦理学思想的最为简明扼要的表述。这是一个类似于康德伦理学的绝对命令式的陈述，涉及对于道德这一伦理范畴的根本理解，即如列氏所说，"从各方面看，道德都包含了我对他人的认识"；这也涉及列氏形而上学的核心要义，即"道德意识完成形而上学，如果形而上学就在于进行超越的话"。这里需要再次说明的是，列氏的他者伦理学有明显的针对性，它瞄准的是海德格尔在

《存在与时间》里那种以本真存在为诉求的此在筹划论。归根结底，对于列氏来说，"外在性就是有所表示本身。而只有面容在其道德性中是外在的"。这句话也还需要解释。用更易懂的话来讲，它要说的意思其实是，唯有在道德性的关系中，才有面容外在性的自身呈现；或者说，只有在为他人而在的前提下，才会有面容的临显。而理解这个临显的关键，则是不能把它看成符号，亦即列氏所说："在这种临显中，面容既不像覆盖着内容的形式那样、也不像一种图像那样熠熠生辉，而是像在其背后不再有任何东西的原则之裸露。"（页 252-253）这样我们就可以看到，绕了一大圈，列氏其实是在回答我们在前面提到过的那个问题：面容如何通过"爱欲性的裸露癖"表示或证明自己？

列氏说："整个的身体——一只手或一次垂肩——都可以作为面容进行表达。存在者原初的有所表示——它的亲自呈现或它的表达——它不停地突破到其可塑的图像之外的方式，具体地产生为一种完全否定的尝试，产生为无限的抵制：抵制对作为他者的他者的谋杀；这种原初的有所表示具体地在那毫无保护的双眼的顽强抵制中产生，在那最柔和者和最无蔽者的顽强抵制中产生。"（页 253）怎么理解这段话？面容抵制谋杀似不难理解，而其抵制的方式乃是"那毫无保护的双眼"的无辜，那究竟是谁的双眼呢？当然就是面容的双眼，而面容，我们要记住，即是那"尚未（现在）存在者"。然而这和"爱欲性的裸露癖"有什么关系呢？别忘了这里的第一句话："整个的身体……都可以作为面容表达。"其基本特征乃是"女性状态的虚弱"，"女性状态的虚弱则激发起（人们）对于那在某种意义上尚未存在者的恻隐"。但为什么又说"激发起人们对于那在无耻中炫耀自己、并且尽管炫耀却并没有揭示自己者的不敬，亦即对于那自我亵渎者的不敬"？结合下文来看，"在无耻中炫耀自己"应该指的是爱欲中那种色情意义上的裸露，它既包括男性爱人的，也包括女性爱人的。但我们要注意到，列氏同时也把这个"尽管炫耀却并没有揭示自己"者称为"自我亵渎者"，这就意味着它有超越（面容）的一维。这便是列氏所说"不敬以面容为前提"的意思。具体到女性而言："女性的面容把这种光明（clarté）与这种阴影（ombre）统一在一起。女性是这样的面容：在这里，昏暗包围着并已经侵入光明。"光明即是那"尚未（现在）存在者"，而昏暗的则是"在无耻中炫耀自己"者。正是那"尚未（现在）存在者"所意味着的社会关联成为爱欲之秘密的背景或底色，这便是"爱欲的那种表面上非社会性的关系将具有一种对于社会性的参照，即使这种参照是否定性的"（页 253—254）这句话的含义，其逻辑与海德格尔说非本真也包含着对本真的领会一样。

据此，列氏批判了艺术家对女性美的处理方式。他认为，在爱欲中，"无所表示置身于面容的有所表示之中……这种在场或参照是女性之美的本原事件，是美在女性那里所具有的那种卓越意义的本原事件"（页 254），然而艺术家却用"艺术的美丽（le beau）反转了女性面容的美（la beauté）。它用图像替代将来之使人烦扰的深度，替代女性之美所昭示和遮蔽的那'比无犹少者'之深度（而非世界的深度）"。这是什么意思？其实很简单，就是在列氏看来，艺术作品中的女性美丧失了生育的维度，而正是这一维度才带给她以光明和深度。

在这个意义上，爱欲性的裸体虽然也昏暗，但它毕竟不同于艺术家手中那没有面容根基的"轻飘飘的优雅"。从表面看，"爱欲性裸体就像是一种逆向的表示……一种停止表达的表达，一种表达着它放弃表达和说话的表达……不顾说话的体面，就像没有任何严肃性"，完全处于动物性的层次——"（女性）爱人，重回缺乏责任感的孩童水平——这漂亮的小脑袋，这青春少年，这'有点傻气的'稚嫩生命——它已离开了它的人格身份……以其模棱两可性沉湎入动物性之中。"（页 254－255）这些话应该会让我们想起之前的类似表述："抚爱既不指向人，也不指向物。它迷失在一种存在者中；这种存在者消散开去，就像处于一种没有意志、甚至没有抵抗的非人格的梦中，处于一种被动性中，一种已经整个走向死亡、已经是动物性的或孩童般的无名状态中。温柔之意志通过其消隐而产生，就像扎根于一种无知于其死亡的动物性，又像沉浸于基元之虚假的稳靠性，沉浸于那对其身上发生之事一无所知的孩童状态。"何以女性爱人会处于如此这般的"动物性"状态？前面已经解释过了，此乃沉迷于那"尚未（现在）存在者"的深度眩晕所致。所以列氏说："色情的无所表示就并不等同于材料的那种麻木的无所谓。作为那丧失了表达的东西之表达的反面，它恰恰因此而指向面容。"（页 255）

总之，色情的无所表示并不真的就只是无耻的色情，它只是那"尚未（现在）存在者"的被遮蔽状态，因此，"爱欲是一种超逾任何计划、越逾任何活力的迷醉，是一种根本的冒失，是对那作为光辉和表示而已经实存者的亵渎而非解蔽。因此爱欲一往无前，直至超逾面容"。注意这里的"亵渎"一词，我们要牢记其含义，即需要和欲望、色欲和超越的同时性。正因为有超越之维，爱欲才能"一往无前，直至超逾面容"。何谓"超逾面容"？其实就是指那"尚未（现在）存在者"。但这个过程是一个相当极端的辩证法运作。在爱欲性的裸露中，或者说在色情的无所表示中，那"尚未（现在）存在者"，也就是被遮蔽者，被鲁莽地"从其羞耻中连根拔出"，这便决定了由爱通向"你"〔仍是那"尚未（现在）存在者"〕的道路必然是迂回而曲折的。所以列氏说："被遮蔽者——从未足够地被遮蔽——超逾到人格者之外并且就像它的反面，它抗拒光，它是一种处于存在与虚无之游戏之外的范畴，它超逾可能者，因为它绝对地不可掌握。"（页256）

爱欲中的相爱者沉醉于快感之中，"它排除第三者，保持私密性，始终是两个独群索居，一直是封闭的社会，是地地道道的非公共事物"。但是，"快感与无所表示者所维持的那种无与伦比的关系构成一种复合体，这种复合体并不被还原为（无所表示者的）这一无的重复，而是被还原为一些积极特征；将来以及那尚未存在者（它并不简单地是一种保持着可能者地位的存在者）就是凭借这些特征而得到确定，如果能够这么说的话"。什么是这里所说的"一些积极特征"呢？列氏说："快感的非社会性——从积极方面看乃是感觉者与被感觉者的共同体：他者并不只是一个被感觉者，而且，正是在被感觉者中感觉者得到确证……作为'被给予的'爱对于'被接受的'爱的指向，作为对爱的爱，快感并不像反思那样是一种第二级的情感，而是像自发意识那样是直接的。"（页256－257）这是要说什么呢？关键在于"并不像反思"，它意味着快感是对自我同一性的突破，因为在快感中有主体间性。"它是内在的然而又是以交互主体性的方式结构化了的，它并没有被简化至一个意识。在快感中，他者是我但又与我分离。他者在感觉活动的这种共同体中间的分离，构成了快感的强烈性。快感中的快感因素，并不是他者的那种被征服的、对象化的和物化了的自由，而是他者的未被征服的自由，我根本不追求把这种自由对象化。"（页257）所以，在爱的看似非社会性的私密中，又天然地包含着社会关联。

不过对于列氏来说，仅停留于此是不够的，在此之外，他还特意区分了爱与友爱。后者同样走向他人，但是，"爱则寻求那不具有存在者的结构而无限地是未来者，寻求那有待生出者"。鉴于"那有待出生者"在列氏思想中不可或缺、无比重要的意义，在列氏这里，爱情之爱是高于友情之爱的。

总归起来说，爱可以是自爱，是"两个人的自我主义"，但也处在他异性的深渊之上，而且在爱欲中，"与孩子的关系——对那既是他者又是我自己的孩子的热望——已经在快感中初见端倪"（页258）。这便是列氏大费周章进行爱欲现象学考察的根本甚至唯一的用心所在。

第三章　生　育

在爱欲中，被爱者既可能是需要的对象，也可能是欲望的对象，这种两可性，或者说歧义性，或许就是列氏所谓的"亵渎"。但实际上，在列氏看来，爱欲中没有主客结构，也就是说没有所谓爱者对被爱者的掌控，另一方面，被爱者也没有作为（形而上学）欲望的关联项得到揭示。不过列氏又认为，"它所揭蔽的是孩子"（页 259）。这就涉及该章要探讨的"生育"这个主题。我们要特别注意，对于列氏来说，正是因为涉及生育，爱欲现象才值得一谈。显然，这是一个有待商榷或者说容易被人诟病的观点。

生孩子这样的事情作为一个哲学话题有什么好谈的呢？有意思的是，恰恰是作为一个哲学话题，它才特别值得一谈。我们要时刻记住这本书的核心问题：形而上学欲望意味着什么？一言以蔽之，对同一性哲学的突破。而在列氏看来，生育，就是走出主体同一性困境的绝佳出路。生一个孩子，他源自我，但又毕竟是另一个人。这就是列氏想要的，一个既是我又不是我的人，他源自我的同一性，但又走出了我的同一性，他是一次创生，但又貌似我的延续。这就是下面这句话的含义："父子关系保持为一种自身的同一化，但是也保持为一种同一化的区分——一种在形式逻辑中无法预见的结构。"为什么说这是在形式逻辑中无法预见的结构呢？因为形式逻辑是同一性哲学的运行机制。黑格尔和谢林都曾言及父子关系，他们二人都谈到过父子之间的同一性关联；在列氏之里，孩子虽然源自父亲，在这个意义上，他就是父亲，但同时他又是一个陌异者，并不与父亲同属一个整体，这是列氏与黑格尔和谢林的根本不同。列氏说："它不只我的作品、我的创造物，即使我像皮格马利翁一样可能会看到我的作品重获生命。在快感中被渴求的儿子并不把自己呈交给行动，它始终与权能不相适合。"这段话很重要。在我看来，列氏的看法不只是作为一种哲学思想而富有意义，即便在现实生活中它也有其特别的价值。在现实生活中，我们会听到很多人骄傲地宣称孩子是他最得意的作品云云，殊不知这种看法不仅极其自负，同时也是对孩子人格极不尊重的表现。甚至在我看来，即便是列氏也有未能摆脱自负的嫌疑，因为他虽然一再强调孩子处于父亲的筹划和权能之外，但仍然毫无道理地宣称孩子"就是我"，不得不说这种说法无论从何种意义上讲都是武断的。

除了这一点，列氏接下来的这个说法恐怕更令人难以接受："为了孩子这一将来能够从超逾可能处、超逾计划处而突然到来，就必须要与作为女性的他人相遇。"敏感的女性主义者看到这句话可能会暴跳如雷，即便只是一般的女性，想必看到这句话都会产生极不舒服的感觉。很明显，无论列氏如何解释他的原意，都不可能让人忽视和原谅这句话把女性视为达成生育之目的的手段的含义。其实这句话之前还有一句话就已经暗含了类似的观念："在快感中被渴求的儿子并不把自己呈交给行动，它始终与权能不相适合。"讲儿子（为什么只说儿子不说女儿？这也是让人诟病之处）不被某种权能掌控这当然没有问题，但"在快感中被渴求的儿子"这个说法却问题很大，因为这里同样有一种难以被人认可的目的论观念，即快感本身并没得到认可，除非它有一个结果，或是有一个朝着结果（儿子）的意向，不然它就是堕落的。这很容易让人联想到舍勒对这个问题的看法，在舍勒那里，生育繁衍也是主体通向精神位格的必经之路。

不过还是暂时放下对列氏的父子关系论的质疑，进一步探究其生育思想的纵深关联。列氏说："生育包含了同一者（Identique）的一种二元性。生育并不指我所能掌握到的一切——我的诸种可能性。生育指的我的这样一种将来，它并不是同一（Même）之将来……然而，毕竟仍是我的历险，因此，是我的一种极其新颖的意义上的将来，尽管有不连续性。"（页260）这段话看似清楚分明，实际上却并非那么不可质疑。"同一者的一种二元性"至少从形式逻辑上讲是不成立的。同理，"我的一种极其新颖的意义上的将来，尽管有不连续性"，也不能在形式逻辑上成立。可能有人会说，形式逻辑本来就是列氏想要抛弃的东西，但问题是，我们要尊重语义表达的规范性，如果要使用形式逻辑的范畴，就还是要遵从形式逻辑的意义规范。不过，纠缠如此明显的表述矛盾并没有抓住列氏论述的用心所在。列氏看似矛盾的表述其实隐藏着这样一个难题，即他想寻找一个既非唯名论又非唯实论意义上的我（主体）。

我们来看下面这段更为关键的表述："作为主体和诸种权

能之承载者的自我，并没有穷尽自我的'概念'，并不支配主体性、本原和同一性产生于其中的所有那些范畴。无限存在，亦即，那总是重新开始的存在——它不能放弃主体性，因为没有后者它就无法重新开始——以生育的诸种形式产生。"这是极其重要的表述，只要深刻领悟它的含义，就不可能在理解列氏上走偏。结合刚才的讨论不难看到，列氏无非就是要找一个不断翻新的自我，这个不断翻新意味着它是延续性的断裂，但它"毕竟仍是我的历险"。难题在于这何以可能，即既不要唯实论的我又不要唯名论的我，但终究还得是我。

然而我想指出的是，日常实存的我，恰恰就被体验为这样的看似不可能的我。为什么这样说呢？因为现实生活中的我本就既不是唯实论的，也不只是唯名论的。也就是说，从生活轨迹上看，我们并非一根筋似的延伸（充满了意外甚至荒谬），但也不只是一堆毫无关系的碎片经历的堆积，我们还是会觉得，这一切仍然"是我"，而这之所以可能，不过是赖于记忆的帮助罢了。作为记忆库存的我，比唯实论的我少了很多内涵，却比唯名论的我多了一些落实，这样的我就可以是列氏那个不断翻新而不被同一性束缚的我。问题在于：这个不断翻新的自我是不是一定要通过繁衍意义上的生育才有可能？毫无疑问，如果没有繁衍，人类就不会延续，而列氏所谓的无限存在也就不存在了，所以繁衍看起来是必不可少的。但我以为应该这样看待无限存在的问题，即无限存在主要是一种向度，而不应该成为一件可被期待甚至可被筹划的实事。令人困惑的是，列氏在生育这个问题上似乎显得太过痴迷了，这其实就是在筹划无限，而这又恰恰违背了他念兹在兹的形而上学欲望的本意。而且我们还会看到，正是由于这个缘故，列氏竟然和尼采的思想合流了。

对于列氏来说，生育所带来的新意不同于可能者的不定性，后者仍未走出同一性的束缚，这是因为"在权能范围内，可能者的不定性并不排除自我的重复发声（la redite）；自我在冒险投身于这种不定的将来之际，最终仍安全着陆；它被束缚于自身，它承认一种仅仅是虚幻的超越，在这种超越中，自由勾勒出的仅仅是一种宿命"（页261）。与此不同，"在生育中，对这种一再重复的厌倦停止了，自我既别样又年少，然而那把其意义和方向赋予存在的自我性却又并未在这种自身放弃中失去自己。生育延续历史，却并没有同时产生衰老：无限时间并没有给一个老去的主体带来永恒的生命。无限时间穿越世代断裂，它是更好的，它因孩子之不可穷尽的青春而充满节律"。对这段话必须加倍注意，在我看来，它似乎经典地表达了列氏企图走出同一性的新形而上学之思，却又令人遗憾地再次落入旧形而上学的陷阱。问题出在哪里？就在最后一句。说"无限时间并没有给一个老去的主体带来永恒的生命"是对的，因为那个"老去的主体"终将死亡，而死亡则意味着终止和断裂。但列氏说"生育延续历史"，那么断裂的历史究竟该如何延续？是接着延续，还是间隔着延续？就像在上文中提到自我的延续性时表达的看法一样，除了记忆，不会有真正的延续，而记忆则取决于偶然性，即使生育在延续，人类在繁衍，如果记忆缺失，那么断裂就永远不可能接上。若非如此，则列氏所谓的延续就只能是生物学意义上的基因保存了，而单纯的基因又怎么称得上既是我，又是一个陌异的他者呢？然而，列氏却说"无限的时间穿越世代断裂"，并以生育带来的"孩子之不可穷尽的青春"为其内涵。这和尼采那个以无数个体的灭亡和再生来延续的酒神意志有什么区别呢？而酒神意志难道不是旧形而上学的产物吗？

接下来的这些表述似乎就印证了这一点："无限地存在，意味着以自我的诸形态产生；这一自我总是在本原处，然而它又并没有发现阻碍其实体更新的桎梏，后者本来会从其同一性本身中产生。作为哲学概念的青春如此就得到了界定。与儿子在生育中的关系并没有把我们维系在光与梦、知识与权能的这种封闭的场域中。这一关系清晰地勾连出绝对他者的时间——那权能者（celui qui peux）之实体本身的变异——它的实体转化。"自我总在本原处，但在不同的实体中不断更新，说实话，这和黑格尔的绝对精神以及尼采的酒神意志有什么根本的差异呢？

有意思的是，尽管我们可以质疑列氏的生育之思，却不能不赞同他的如下表述："存在作为复多而产生，作为分裂为同一与他者而产生。这就是存在的终极结构。它是社会，并因此，是时间。我们因此从巴门尼德的存在哲学中走出来了。"最后一句可谓全书的点题：走出巴门尼德的同一性哲学（存在即一），就是形而上学欲望的根本诉求。但令人遗憾的是（至少在我看来），列氏还是把形而上学欲望的实现途径落实在了生育之上："超越是时间，并向他人走去。但是他人并不是目的地；他人并不终止欲望的运动。欲望所欲望的他者，复又是欲望；超越超越向（la transcendence transcende vers…）那进行超越者——这就是父子关系的真正历险，是实体转化的真正历险，它允许越出可能者在主体之不可避免的老化中的单纯更新。"（页 262）可以说，破折号之前的表述都没有任何问题，但破折号之后的表述却像射出的子弹突然间拐了一个弯。有一点很清楚，世世代代从未停止过生育，但同一性的专制却没有因为这从未停止过（间或还迅猛增长）的生育而有所缓和。

第四章　爱欲中的主体性

　　生育对于走向形而上学的欲望来说必不可少，所以重点考察与生育密切相关的爱欲主体性自然也必不可少。对于爱欲中的主体性，列氏有一个看起来不免显得有点奇怪的说法："它是主体的感动，是主体的女人气；充满阳刚之气的英雄般的自我将会记得这种女人气乃与那些'严肃的事物'判然有别的事物之一。"（页263）这是什么意思呢？我们一步步来看列氏的表述。"喜欢人们爱我，这并不是一种意向"，这也是一句奇怪的话。"喜欢人们爱我"似乎很明显就是一种意向，为什么说它不是一种意向呢？关键在这里：喜欢人们爱我并不是想要一种被承认的证明，而是寻求一种快感，而"快感使主体本身变样，主体的同一性因此并不是从其权能的创始性中得到，而是从被接受的爱的被动性中得到"。这句话怎么理解？我喜欢人们爱我，说明我是有求于人的，不然的话，我一个人处在我的"权能的创始性"中就可以了，而有求于人自然就是被动了。这个被动性或女人气，恰恰是走出那所谓阳刚的权能的同一性的契机。"在爱欲关系中，源自安置（position）的主体性发生了一种富有特征的翻转，那英雄般的、充满阳刚之气的自我所发生的翻转，这一自我曾经通过安置自己而终止了有的匿名性，并确定了一种打开光的实存方式。"这里的关键词是"光"，它指的是意识之光，或者说权能之光，这里讲的爱欲关系中的翻转，实际上指的是对意识的权能之光的抑制或终止。"在这里，存在并不是作为一个总体的决定性因素产生，而是作为一种不停地重新开始而产生，因此是作为无限而产生。"存在何以能作为无限而产生？因为它跨出了意识之光的局限，"持续不断地进入（initiation）一种神秘，而非创始性（initiative）"。列氏诗意地将"进入一种神秘"的自由称为"像风一般的自由"，而"那安置着自身的主体之自由"与之相比"毫无相似之处"。

爱欲的"像风一般的自由"让自我从一再重复的厌倦中摆脱出来。"爱欲不仅把一个主体的思想延展到超逾对象与面容处。爱欲还向一个这样的将来前行：这个将来尚未存在，我将不仅掌握住它，而且我还将是它——爱欲不再具有那样一个主体的结构，这个主体就像尤利西斯那样在整个历险之后又回到他自己的岛屿。"（页 264）不用说，"这个将来尚未存在"的表述让我们联想到前述大谈特谈的生育问题。事实上，列氏马上就把它兑现了："自我的未来并不落回到该未来应当予以更新的过去之上——它凭借下面这种主体性而保持为绝对的未来：这种主体性并不在于承担表象或权能，而在于在生育中进行绝对超越。"通过这种所谓绝对的超越，爱欲主体性也超越了意向性结构，并在与（女性）他者的关系中构造自身而达成实体之转化。关键就是这个转化，它延续了实体，通向将来，"它是孩子，在某种意义上是我的孩子，或者更准确地说，是我，但并不是我本身；它并不回落到我的过去，以致与之连接在一起，从而勾勒出一种命运"（页265）。这些话基本上不用太多解释了，还是关于生育那套说法的老生常谈。

接下来出现了一个不太好理解的术语，即"那样一种同一性"。列氏说："那（真正的）自我，那卓越的同一性，已常常在那样一种同一性的边缘被觉察到：那种同一性是在那（真正的）自我背后映射出来的一个自我。"从下文的表述来看，它指的或许就是列氏所谓"非人格者和中性之物"的诸"潜在形式"，包括黑格尔的普遍之物，涂尔干的社会性事物，支配我们的自由的统计学规律，弗洛伊德的无意识，以及海德格尔那里支撑着此在的生存论因素。诸潜在形式的共同特点就在于它们相对于自我的决定性，或可称它们为拉康所说的"大他者"。毫无疑问，这样的大他者也不是列氏真正自我的出路所在。这便是接下来这段话的意旨："如果我们的论述必定引入一个主体概念，一个有别于泰斯特先生的这个绝对自我的主体概念，那么这些论述也并不导向对一个这样的自我的肯定：这个自我在那（真正的）自我背后，并不为那有意识的自我所知，且给他带来一种新的束缚。"（页266）这意思是说，真正的自我既不是一个企图绝缘于任何事物的绝对自我（即瓦莱里小说中的泰斯特先生[①]），也不是一个虽不为我知却主宰着我的非人格的大他者；相反，它一方面仍然必须是它自身，但另一方面又

---

① 在其小说《泰斯特先生》（Paul Valéry, *Monsieur Teste*, translated with an introduction by Jackson Mathews. Princeton：Princeton University Press，1973）中，瓦莱里企图通过泰斯特先生探索一种纯粹精神性存在的可能性。阿甘本为此写过一部理论著作《没有内容的人》（Giorgio Agamben, *The Man Without Content*, translated by Georgia. Stanford：Stanford University Press，1999）。

通过与女性他者的关系而解放出来。

归根结底，所谓真正的自我要通过生育才能产生。而对于列氏来说，"生育是自我之戏剧本身的一部分。通过生育概念而获得的交互主体性的事物，打开了一个平台；在这一平台上，自我既去掉了它的那种总是回转到自身的悲剧性的自我性（égoïté）；但同时，它又并没有完全消解在集体性事物中。生育证明了一种统一性，这种统一性并不与复多性对立，而是——在这个词的确切的意义上——生产（engendre）出复多性"。这段话同样是关于前述生育思想的重述。但问题在于，如果我们不能接受列氏关于父子关系突破了同一性的观点，那么这些话不过是强制命名罢了。

第五章　超越与生育

　　列氏认为在古典的理解中超越是一个自相矛盾的观念，这是什么意思呢？他的意思其实是说，在古典的理解中，主体一旦超越就把自己搞丢了，所以主体的超越即意味着主体的死亡。这当然不是列氏想要的那种超越，他想要的是那种仍然保持了主体的超越。

　　在列氏这里，死亡并非超越，因为超越"作为实体转化的变化并不返回虚无，而是确保实体的连续性，但其确保的方式又不同于凭借一个同一终点的持续存在那种方式"（页267）。这是理解的关键，即超越仍是一种连续性，但它不是目的论意义上的连续性。

　　需要深刻地反思将存在归于一的逻辑。传统哲学将每一个单一的实存者视为单子，如果讲多元，是说互为单子的实存者之间存在类型的数量意义上的多元，而不是在一个实存者内部讲多元。这就是列氏讲这段话的含义："在西方哲学中，多元制只能显示为那些实存着的诸主体的多元性（复数性，pluralité）。它从来没有显现在这些实存者的实存之中。多元（pluriel）外在于存在者的实存，它是作为已经从属于'我思'

系统的数目而被给予一个进行计数的主体。"另外，看起来多数的实存者，也会在斯宾诺莎式的统一体的综合中消弭。

与传统哲学不同，变化哲学的超越模式"是把实存作为时间而分环勾连起来；借此，这种变化哲学努力从那危及超越的一的范畴中摆脱出来。将来的迸发或筹划在进行超越。这一超越不只是凭借知识，而且凭借存在者之实存本身。实存从实存者之统一性中解放出来。用变化替代存在，这首先是在存在者之外考虑存在"（页 268）。这里的关键词是"存在者之外"。因为列氏想要的超越并不在存在者之外，所以这也不是他想要的超越模式。

变化哲学中的超越看起来是对统一性的打破，但实际上其所依赖的可能性将立即转化为权能与统治。"主体在从可能那里迸发出来的新颖中认识自己。主体在新颖中重新发现自己、掌控自己。主体的自由书写着主体的历史，这一历史是一；主体的计划勾勒出一种命运，主体是这一命运的主人与奴隶。一个实存者始终是关于权能之超越的原则。出现在这一超越之终点的，是一个渴求强力、渴望将强力神化并因此注定孤独的人。"

列氏并不认为后期海德格尔的哲学走出了传统形而上学的同一性。"事实上在海德格尔那里，被理解为权能的人类存在者始终是真理与光。因此海德格尔没有使用任何概念来描述 Dasein（此在）之有限性中已经蕴含着的与神秘的关联。"（页 269）这个见解在我看来是公正的，因为海氏所谓天地人神的四重游戏，其实始终还是以适宜于人作为运行机制的。

这一章的核心思想在于这一表述："问题的尖锐在于把自

我保持在迄今为止看起来与自我不相容的超越之中。主体难道只是知与权能的主体？难道它不在其他的意义上显示为主体？"说白了就是，主体既要超越自身，又要保持为自身。这看起来明显矛盾的事情何以可能呢？列氏认为，唯有爱欲关系中的主体可以满足这一要求。

爱欲关系并非那样一种新的存在论原则，似乎社会关联仍然消解在意识和权能的关系中。"实际上，作为集体表象，社会关联只是通过它的内容而非通过它的形式结构才与一种思想区分开来。"关键在于"内容"二字。怎么理解呢？注意紧接着的这句话："参与（la participation）以对象逻辑的基本关系为预设，甚至在列维-布留尔那里，它也被作为一种心理学的好奇加以对待。"这也就是说，在一般情况下，人们只是把他人作为好奇的对象加以看待，以对象逻辑将其收纳，自然也就不可能遭遇作为绝对面容的他人了。

列氏堪称敏锐地指出人们放过了对于生物哲学的严肃思考。生物哲学不满于机械论，但它也并不走向目的论和辩证法，因为"生命冲动是通过个体的分离而得以展播，它的轨迹是非连续的——就是说，它在其关连中是以性欲的间隔和一种特殊的二元论为预设的"。既保持展播，但又是非连续的，这正是列氏所想要的那种新的主体性的特点。正是在这个意义上，列氏认为，一直以来，性欲在弗洛伊德的快乐哲学的意义上被贬低了，"人们甚至从来都没有猜想到快感的存在论含义以及它所使用的那些不可还原的范畴……凭借性欲，主体进入与那是绝对他异的事物的关联——与一种在形式逻辑中是无法预料的类型的他异性的关联"（页 269-270）。诚然如此，但照我看来，它不一定非得通向一个所谓尚未存在者，一个孩子，以及所谓父子关系。

列氏说："不是权能：爱迸发于受伤的被动性中，在它的起始处没有创始性。性欲在我们身上既不是知也不是权能，而是我们实存的多元性本身。"（页270）不得不说，这是很深刻、很犀利的见解。"受伤的被动性"这一说法是理解的关键，罗密欧正是如此向那位劳伦斯神父解释他和朱丽叶的爱情的："突然有一个人伤害了我，同时她也被我伤害了。"①

列氏主张"生育应当被提升为存在论范畴"。但接下来不过还是那套父子关系中我就是孩子但孩子并不为我所拥有和统治的老生常谈："超越，自我在其中不再被带走，因为儿子并不是我；然而我是我的儿子。自我的生育，乃自我的超越本身。"（页270-271）

---

① 〔英〕莎士比亚：《莎士比亚全集》（一），朱生豪译，北京：中国电影出版社，1997年，页370。

第六章　子亲关系与兄弟关系（博爱）

第一段话："自我在父子关系中从自身本身中解放出来，却并没有因此停止是自我，因为自我是它的儿子。"（页 272）还是老生常谈，不用多解释了。

但注意第二段话："父子关系（la paternité）的对应物——子亲关系（filialité），父－子关系（la relation père-fils），同时既指示着一种断裂的关系又指示着一种求援（recours）。"这里的"求援"一词是什么意思呢？我们一点点来看。

列氏说父子关系是一种断裂，是要强调父子之相继不同于柏格森哲学意义上的那种绵延的连续性："以儿子的形态，存在无限地、非连续性地是历史性的，然而又没有命运在其中。"这里的关键词是"命运"。存在延展，但没有命运，意味着它总在新的起点上重新开始，而没有携带过去的重负，但这并不意味着它与过去没有关系，它要向过去"求援"："这种对过去的恢复可以作为（对过去的）求援产生：通过作为一种仍在父亲中继续存在的实存而实存，（儿子）自我构成对父亲自我——它是其孩子——的超越之回声：儿子存在（是），但不是'依靠他自己'存在，他把其存在推卸给他者，并因此拿其存在冒险；一种如此这般的实存模式是作为童年而发生，并伴随着童年所具有的那种对其父母的保护性实存的本质性求助。"这段话看起来很复杂，实际上就说了一个简单的意思：儿子需要在父母的监护下才能长大。这就是"求援"的含义。但确实需要特别注意这里的"本质性求助"这一说法，它意味着求援于父母乃是儿子存在的题中应有之义。有意思的是，列氏特别补充了一句："在这里，必须引进母性（母子关系，matenité）的概念以说明这种求援。"真是富有意味的一句补充。这意思是说，在儿子对父母的求援中母亲的付出更多吗？但如果是这样，列氏为什么总是口口声声父子关系，而不怎么讲母子关系呢？这里倒是说到了，却显得像是一个恩赐，不得不提一下罢了。

从上面这些分析可以看出，父子关系中的所谓"求援"实在没有什么特别之处。那么列氏为什么如此在意它呢？用意在这段话："但是这种对过去——儿子凭其自我性已经与之决裂——的求援，却界定了一种有别于连续性的概念，一种重新连结（renouer avec）历史之线的方式……"但说实在的，这个说法也同样乏善可陈，而且它与我们通常情况下对历史延续方式的理解也没有多大差别，即历史总在开启新页面，但这种开启常常离不开过去的孕育。

接下来的表述仍是老生常谈："（父亲）是他的儿子，意味着在他的儿子中是自我，意味着在儿子身上以实体的方式存在（是），然而又并不在它那里同一地保持自己。我们对于生育的整个分析一直都在于建立这种辩证的局面，这一局面保存着两种矛盾的运动。儿子恢复父亲的唯一性，然而又保持外在于父亲：儿子是唯一的儿子。"（页 273）这个观念前述已多次提及，不用太多解释了，值得关注的就是"辩证"二字，不过其含义也没什么新意，无非是说父亲就是儿子，但儿子又保持其唯一性。

接下来又出现了一个值得关注的词语，即"拣选"。列氏说："但是父亲对儿子的这种关系并不是像一种好运那样被添加到那向已被构成的儿子的自我上。只是父亲的爱欲才授予（儿子以）儿子的唯一性——儿子的自我作为儿子的自我并不是在享受中开始，而是在拣选中开始。"这段话之所以值得注意，是因为它提出了爱欲与拣选的关系，即除非父亲是出于爱欲而进入一段（与女性他者的）关系，否则那作为关系之结果而产生的儿子就不具备被父亲拣选的唯一性。由此就会有些疑问产生：如果仅只以一种性欲而非所谓爱欲与女性他者建立关系并产生了儿子（且不论有可能是个女儿），那这个儿子是不是就不具备唯一性，父亲就不再（在列氏哲学意义上）是这个儿子？此外，我们应该记得列氏此前并没有着意区分爱欲与性欲，且有这样的说法，即"凭借性欲，主体进入与那是绝对他异的事物的关联"，但此处又来特别强调爱欲与拣选的关系，以及"儿子的自我作为儿子的自我并不是在享受中开始"，是不是前后矛盾了呢？在我看来，列氏此处的表述难逃这些疑问的追究。另外值得注意的是，列氏关于爱欲与拣选的关系的观念，不免会使人联想到舍勒的相关思想。在舍勒那里，存在的位格要求男女关系必须建立在最符合优生学选择的基础之上。①

　　接下来谈到了本章标题里的一个关键词，即"兄弟关系"。兄弟关系有何特别的意义呢？"那在其生育中甚至从其同一性中解放出来的自我，并不能维持住它相对于这一将来的分离，如果它在其唯一的孩子中与它的将来连接在一起的话。"也就是说，主体的存在如果仅与一个唯一的孩子联系在一起，它并不能通向将来的无限，为此，引入兄弟关系就有了必要："父子关系作为一种无数的将来产生出来，被生产出来的自我同时既作为世界上的唯一者又作为众兄弟中的一员而实存。"但为什么兄弟关系就可以引向无数的将来呢？这是因为"兄弟关系（博爱）是与面容的关系本身"（页 274），而与面容的关系则通向无限。

　　兄弟关系之所以重要，是因为"人类自我在兄弟关系中确立：人人皆兄弟这一点并不是像一种道德成就那样被添加到人身上，而是构成人的自我性……在这样的兄弟关系中，与面容的关系构造起社会秩序"。但就此而言，"爱欲性事物以及将之关连起来的家庭为这种生活——在这种生活中，自我并不消失，而是被允诺给和被唤往善良——确保着胜利的无限时间，没有这种无限时间，善良就会是主观和疯狂"。最后这句话很重要，这是列氏一切论述的用心所在。

---

　　① "性爱也是一种预感，它已经引导着某个个体的饶有兴致的感知（从众多在感觉上‘可以感知的’个体中），使这个个体预感到对自己的生殖最好和最优良的质。"参《舍勒选集》（上），刘小枫选编，上海：上海三联书店，1999 年，页590。

第七章　时间的无限

　　一开始这段话需要认真理解："无限地存在——无限化——意味着没有界限地实存，因此是以本原的形态实存，以开端的形态实存，就是说，仍然是作为一种存在者实存。"（页275）关键表述是"作为一种存在者实存"，它不是那种"有的绝对不定性"，而是对混沌之有的突破，是一种升起和凸显，也是一种意识的发生。这是无限化或无限存在的前提条件，"没有那种从自身中获得其同一性的本原，无限化就不会可能。"也就是说，无限化或无限存在是相对于一个有其本原同一性的存在者而言的。"但是无限化是凭借这样一种存在者而发生，这种存在者并不陷入存在之中，它可以与存在保持一定距离，同时又与存在联系在一起；换言之，无限化是凭借在真理中实存的存在者而发生。"这里的"距离"指的是什么呢？一个存在者如何与自己的存在拉开距离？列氏解释说："与存在的距离……是作为时间、作为意识甚或作为对可能者的预期而发生。通过这种时间距离，限定者就不是限定的了，存在者在存在的同时还不存在，仍保持在悬而未决中，且能够在任何时刻开始。"这个表述很容易让人想到海德格尔关于此在的超越即能在的论述，即此在始终是其所不是。但我们又非常清楚，这当然不是列氏哲学意义上的超越，也不是列氏哲学意义上的时间意识。在列氏看来，海德格尔所说的那种超越，那种能在的时间意识，始终处于此在的权能范围之内，所以其超越也好，能在也好，时间意识也好，都不过是一种潜在的命运而已。与此相对，列氏所说的存在者与存在的距离，也就是时间意识，具有一种完全不同的结构："意识的或时间性的结构——距离的或真理的结构——取决于那拒绝总体化的存在者的基本姿态。这一拒绝作为与那不可包含者的关系而发生，作为对他异性的欢迎而发生，具言之，作为面容的呈现而发生。面容中止总体化。对他异性的欢迎因此构成意识和时间的条件。"总体来说，无限化的必要前提乃是一个能与自身拉开距离（即对他异性的欢迎）的自身同一者。

但有一个绝对的威胁可能取消这样一个既自身同一又与自身拉开距离的同一者，那就是死亡。死亡的降临将同时取消自身同一者的权能及其与自身的距离，也就是取消无限化。正是在这个意义上，列氏认为生育乃是必不可少的。"由于生育，与存在的距离不仅维系在实在的事物中；它还存在于一种与当前本身的距离之中，当前选择它的诸种可能，但是它也实现自己，并以某种方式变老，因此它凝固在限定的现实之中，已经牺牲了诸可能。"（页275—276）这段话的意思是说，如果没有生育，自身同一者可能因为死亡的迫近而退缩到自己的权能之中，这或许就是"当前选择它的诸种可能，但是它也实现自己，并以某种方式变老"的含义。

现实生活中常常可以听到的"老顽固"一词其实就蕴含着

这样的存在论内涵。随着死亡的迫近，"老顽固"往往以堕于往昔荣光的方式维持自身的权能，但"这些回忆带来梦想，却并不能带回失去的机会……这里的关键不是耽于某种我所不知道的、有关可能之物的浪漫主义，而是摆脱那转化为命运的实存之不可承受的责任，是在实存的历险中重新把握住自己，以便无限地存在。"（页276）那么，如何才能"在实在的历险中重新把握住自己，以便无限地存在"呢？列氏说只能是生育："如果没有复多性、没有不连续性——没有生育——自我就会一直是一个这样的主体：在它里面，所有的历险都会回转为一种命运的历险。一个能够拥有一种有别于我自己之命运的命运的存在者，是一个能够生育的存在者。在父子关系中，自我穿过不可避免的死亡之限定而延续到他者中；在这样的父子关系中，时间凭借其不连续性而战胜衰老与命运。"这话说得一点都不含糊，完全堵死了一个不愿意或不能够生育的存在者通向真理（无限存在）的可能性。

回忆之所以是不足的，甚至是不可取的，是因为"回忆奠定在过去的这种不可变质性之中，奠定在自我向自身的返回之中"。所以回忆不会带来新的存在可能性，与其说它"修补"着过去，毋宁说它"承载着全部过去"而等待死亡的迫近。列氏的这一观点或不为我们认同，但我们要理解他的思维方式，在他看来，"在这一新的瞬间向旧的瞬间的返回中，寓居着连续性（对于过去）的拯救性"。也就是说，在列氏这里，无论我们怎样重新感受和理解过去，始终是在与当下相关的连续性中进行的，因而意味着我们没有走出自我同一的窠臼，没有处于真正的时间性中，后者唯有在对他异性的欲望中才得以可能。

相对于回忆的保守性，"生育的非连续性的时间使一种绝对的青春、一种重新开端得以可能；与此同时，它把一种与重新开始了的过去的关系留给这种重新开端，这种关系处于一种向着过去的自由返回之中（这是有别于记忆之自由的自由），处于自由的阐释和自由的选择之中，处于一种完全被宽恕了的实存之中"（页 276－277）。这里有两个关键词，一是"青春"，一是"宽恕"。在前面，我故意放过了一句很重要的话："自我在那最轻飘的、最少持久性的、最仁慈和最大程度走向将来的存在中持存，这一持存产生出不可弥补者，并因此产生出界限。"（页 276）这里说的其实就是（形而上学）存在的"青春"特性，即它总是向前，一直向前，所以它是"最轻飘的、最少持久性的"。但为什么是"最仁慈"的呢？因为它有接纳和好客的姿态，尽可能毫无保留（所谓"最大程度"）地迎接新事物。这样的青春特性也被列氏视为生育所开启的存在之特性，而更为重要的则是，唯有生育方能让存在永葆如此这般的青春。

青春的存在没有重负，所以它易于宽恕，并且使得向着过去的返回也是自由的。青春的存在之所以能够宽恕过去，还因为它是一种胜利，即相对于衰老和必死的胜利。不过，此一胜利并不意味着彻底的遗忘，而是仍然保留着与过去的积极关联："宽恕在一种比遗忘更强的意义上是积极的；遗忘并不涉及被遗忘事件的现实，而宽恕则作用于过去，它以某种方式在纯化过去事件的同时重复着该事件。"（页 277）这一区别意味着"被宽恕的存在者并不是清白无辜的存在者"，但"它允许在宽恕中辨别出幸福之盈余；这是和解的陌生的幸福，是

felix culpa（幸运之罪），后者是一种人们对之不再感到惊讶的日常经验的所予物"。这些表述不免晦涩，按我的理解，既然是从生育讲起，此处的"过去"和前述"青春"的关系其实就是父与子的关系，所以"宽恕"就是儿子对父亲的宽恕。对于父亲的过错，儿子既没有遗忘，也不认为他"清白无辜"，他采取了一种"纯化"的方式来对待它。怎么纯化呢？列氏没有给出解释，但随后的"和解"一词似乎就是答案。正如父亲既是儿子又不是儿子，儿子也既是父亲又不是父亲，所以他能站在自身的此岸眺望父亲的彼岸，在断裂的延续中领会成长的意味，并由此"辨别出幸福之盈余"。

宽恕之所以可能，或者说和解之所以可能，是因为通过生育，"他人延伸到自我"，"但是恰恰如此，他也能从这一过去中扣留住那古老的欲望——那赋予这一过去以生命的欲望，那被每一个面容的他异性更为深刻地增加和深化的欲望"。由此，"时间的本质要素，在于它是一出戏剧，一出多幕剧，在其中，下一幕解开上一幕的情节。存在不再是作为不可避免的当前一下子发生。实在是它现在所是者，但它将再一次地是，在另一次它将被自由地恢复和宽恕"（页278）。这段话里的关键表达是"不再是作为不可避免的当前"，它意味着生育的最大意义就在于对决定论或宿命论的摆脱，因为每一次新的生命都是重启，而不只是照旧延续。只不过在我看来，列氏以"一出戏剧"比喻存在之不断刷新似乎有些不妥。至少就传统戏剧而言，一部剧无论有多少幕戏，其实都是一个有机整体，这便意味着它的每一部分都有为整体服务的意味，这显然不是列氏所要的含义。

298

我们如果不纠缠列氏的这个比喻，还是能够较为清楚地领会他要强调的重点，即所谓非连续性中的延续，或如他所说，"穿过一个绝对的间隔来到我这里"。这样的延续，既非前后瞬间彼此漠不相关的数学式相续，亦非柏格森式的持续的绵延。在此，海德格尔也再次受到批判："构成时间之本质的，并不是如海德格尔所认为的那样是存在的有限性，而是它的无限。死亡的终止并不是像存在的终点那样逼近，而是像一种未知之物那样逼近，这种未知之物作为未知之物悬搁起权能。"由此，"复活构成时间的首要事件。因此在存在中并没有连续性。时间是不连续的。一个瞬间并不是通过绽出不间断地从另一个瞬间中流出。在其连续中，瞬间——遭遇死亡并复活。死亡与复活构成时间。但是这样一种形式结构预设了从自我到他人的关系，并且在其根基处预设了生育，生育贯穿那构成时间的不连续"。这些观点我们已经非常熟悉了，不用更多解释。值得注意的是列氏之"复活"与海氏之"绽出"的重大差异，前者是穿越间隔或壕沟的新生，后者则是绵延流逝中的喷涌。

生育带来复活，复活带来重新开端，而重新开端则带来时间的无限化。但时间无限化的意义究竟是什么呢？列氏说："时间的无限存在，在当今善良所遭遇到的失败的背后，确保着作为真理之条件的审判的处境。凭借生育，我拥有一种无限时间，它对于真理被言说出来是必要的；对于申辩的特殊论转化为有效的善良是必要的，这种善良把申辩的自我保持在它的特殊性之中——历史并没有粉碎这种据说仍然是主观的一致（accord）。"（页278-279）要理解这段话，需要回顾第三部分第三章第五节"意愿的真理"的相关表述。简单说来就是，如果我要为历史中那些沉默的他者申辩（即走向善良），那么首先我得绝对维护我作为申辩者的唯一性（特殊性），然后我还得让这样的申辩得到无限期的承诺，为此我就必须拥有无限的时间，而为了拥有无限的时间，我就必须生育。本书结语第九小节对此也有清晰阐述，可参看。

列氏最后提出了一个颇有意味的问题："无限时间也使它所允诺的真理重新成为问题。人身上除了幸福之外还残存着的那对幸福的永恒的梦想，并不是一种单纯的迷误。真理同时既要求一种无限时间，又要求一种它能够封闭的时间——一种已完成的时间。"（页279）老实说，这段话并不好懂。说"人身上除了幸福之外还残存着的那对幸福的永恒的梦想"是什么意思呢？按我的理解，此处的"幸福"或许指的是重新开端的那种青春感，所以"那对幸福的永恒的梦想"或许就意味着对青春永驻的渴望，正如浮士德幻想那自由的乐土时所喊的那样："真美啊！停一停吧！"但这样一来，就与时间的无限化冲突了。所以列氏马上就说道："时间的完成并不是死亡，而是弥赛亚的时间；在这种时间中，持久者（le perpétuel）变为永恒（éternel）。"何谓"弥赛亚的时间"？考虑到列氏受犹太教影响的背景，"弥赛亚的时间"应指犹太教所谓弥赛亚降临、世界终末之后的永恒时间；但如果考虑到列氏所受基督教影响的背景，"弥赛亚的时间"或许就是阿甘本所认为的永恒随时可能临在的当下时间。① 就本书的思想而言，我认为后一种意义的

---

① 参〔意〕乔治·阿甘本：《剩余的时间——解读〈罗马书〉》，钱立卿译，长春：吉林出版集团有限责任公司，2011年，页86—89。

"弥赛亚时间"似乎才是列氏所要的那种时间。但列氏认为这个问题已超出本书的范围，所以点到为止，未予展开，我们也就不做进一步的阐述了。

结　语

从某种意义上讲，本书可以从这个结语读起。当然，我也不很确定这种读法是否妥当，我的意思主要是说，这个结语堪称全书核心观念的浓缩，几乎一切关键性的表达都在其中了。

一、从相似到同一

这里是要强调本书价值理念上对形式逻辑和黑格尔辩证法的拒绝。本书的核心是探讨一种伦理学意义上的社会关系，这种社会关系不能被还原为心理学意义上的社会关系，后者表现为"以决定性的方式反映在形式逻辑内的基本范畴"。列氏以存在逻辑对抗形式逻辑。以存在逻辑看，"一个概念在它达到它的个体化时（所获得）的规定并不是由于加入了某种最终的种差而产生，即使这种最终的种差来自质料。如此这般地在最后的种中获得的个体性就会无法辨别"（页280）。也就是说，个体化不可能在类似种差这样的形式逻辑中获得其规定。黑格尔的辩证法也与这样的个体化相对，它通过诉诸外部确定将个体还原为概念，但对于列氏来说，"个体的同一性既不在于与它自身相似，也不在于让它自己由指示它的手指从外部确定，而在于成为同一（le même）——在于成为自身本身，在于从内部自我认同"。但传统形而上学通过观看的形式逻辑将"这一个"组织到总体之中。相反，在列氏的形而上学这里，"社会关系是这样一种关系（Relation）的原初展开：它不再将自身交给会吞没其对象的观看，而是在面对面（face à face）中以从自我到他者的方式获得实现"（页281）。

二、存在是外在性

"存在是外在性"，言简意赅。"外在性于是不再会有任何意谓，因为它会把那为（外在性）这种称呼进行辩护的内在性本身包含进来。""不再会有任何意谓"是关键表达。其义是说，外在性不是与内在性相对而言的，否则又会成为它的相关项而被内在化。所以列氏说："如果我们肯定一个不能溶解在客观性中的主体、一个外在性会与之对立的主体，那么外在性也并不会因此得到维持。（因为）这样外在性就会具有一种相对的意义，就如大相对于小一般。"在此意义上，必须避免一种全景视角，因为全景视角会将一切都转化为整体中的部分，而所谓外在性也就不复存在了。

列氏用"面对面"来取代"侧视"以说明外在性。外在性不为侧视所见，因为只要是被侧视之物，终归会与侧视者一起被纳入某个统觉总体，但面对面与侧视不同，"面对面从一个点出发建立自身，这个点与外在性分离得如此彻底，以至于它凭其自身维持自己，这便是自我"（页282）。也就是说，在面对面的关系中，自我不是参照外在性定位自身的，它与外在性彻底分离，唯有如此，它才可能与外在面对面。列氏说："人的真正本质呈现在他的面容中；在其面容内，人无限地有别于暴力，有别于那种与我的暴力相似的暴力，那种与我的暴力针锋相对的暴力，那种已经在一个历史世界——我们于其中分有同一体系——中与我的暴力相搏斗的暴力。"这段表述的关键词毫无疑问就是"暴力"二字，要深刻领会列氏在这里使用这个词语的用心所在。可以说，这涉及全书的写作意图，即反传统形而上学的同一性专制，反主客体辩证法，提出追逐无限的形而上学欲望，根本意图就是要避免人与人之间的暴力关系。为什么同一性的专制与暴力相关？其实很简单，同一性专制的统治逻辑就是消除异己，消解他异性，而他者又必然反抗，这就必然导致暴力冲突，即一种暴力和另一种暴力之间的冲突。这种暴力就来自一种"侧视"，或者说一种横向观看，即对可能危及自身同一者的警惕性观看，企图统治、支配乃至消灭他者的观看。对此，列氏主张以一种面对面的方式使其变形，以达成"主体间性空间的弯曲（courbure）"。这是什么意思呢？"面容以其并不引起暴力的、且来自高处的呼唤制止和瘫痪我的暴力。"也就是说，它让侧视的观看变形，上升且失去暴力的冲击性。这就是所谓"主体间性空间的弯曲"的含义。

如上所述，"主体间性空间的弯曲"乃是存在真理实现自身的方式，这一弯曲决定了主体性对外在性之"完全反思"的不可能性，但"'完全反思'的不可能性并非是由于主体性的缺陷"，相反，如果外在性被反思性规定为所谓"客观"，"恰恰会意味着形而上学真理的破灭，意味着在其本义上的至高真理的失落"。这里的关键是把"主体间性空间的弯曲"和暴力性的"视角"区分开来，前者以形而上学欲望的方式朝向外在性，而后者则将外在性显现为形象，把捉为与其同一之物。在两种方式之间，列氏当然倾向于"主体间性空间的弯曲"，并且认为只要存在"主体间性空间的弯曲"，暴力的任意性视角就必然遭到抛弃。

我们始终要牢记，在列氏这里，伦理学乃是第一哲学，所以与外在性相关的"主体间性空间的弯曲"最终还得落实为人与人关系的伦理学内涵："'空间的弯曲'表达着人类存在者之间的关系。他人位我之上……作为他人的人从外面来到我们这里，作为（与我们）分离者——或圣者（saint）——作为面容来到我们这里。他的外在性，即他对我的呼唤，就是他的真理。"这是关于外在性之伦理学内涵的极为清晰的阐释。社会的多元就建立在对这样的外在性的确认上。

三、有限与无限

对于总体化逻辑而言，外在性及与其相连的复多性乃无限或一之沉沦，是存在之脓肿或毒瘤，必须消灭之，化解之。"相反，形而上学、与外在性亦即至上性的关联却意味着：对于有限来说，有限与无限的关联并不在于有限被其所面对者吸纳，而是在于有限寓于其本己存在，自存于己，在此世行动。"（页283）这个表达很关键，虽然同样的意思已经重复多遍，但值得再次提醒，即与无限的关系，其一端必为有限的分离的存在者自身，没有这一端，也就谈不上与无限的关系。所以列氏接着提醒道："如果善良所具有的素朴幸福把我们与上帝混为一体，那么这种幸福就会颠倒它的意义并且会变质。"这是什么意思呢？关于善良的含义我们都清楚了，即走出自我，朝向他人，而朝向他人即是好客，或许这就是列氏所谓"素朴幸福"的含义。想想我们急不可耐地出门见朋友，或是备好一切等待朋友光临时的心境，对此或可意会。但在列氏看来这里埋藏着一种危险，即在我们与朋友（作为他人即上帝）之间丧失距离，要求一种没有间隙的其乐融融，果真如此，那素朴的幸福就要变质了。理解了这层意思，我们便可以领会接下来的这番表述："将存在理解为外在性——与存在的全景性生存、与外在性产生于其中的总体一刀两断——将让我们能够理解有限的意义，而无限中间的有限之限制也无须要求无限发生一种不可理喻的沉沦；有限性也无须是一种对无限的乡愁，一种思归之病。将存在确立为外在性，就是将无限领会为（有限）对它的欲望，进而认识到，无限的发生要求分离，要求产生自我或起源的绝对任意性。"

总之，分离所具有的限制的特征不能在缺陷的意义上被理解，也就是列氏所说在相对于"无限地多"之"少"的意义上被理解，其之所以被规定为分离，是为了保证无限之溢出。打一个不一定恰当的比方，这就像往装满水的杯子里继续倒水，水会溢出来一样。就社会关系而言，这种分离的限制所保证的是"所有相对于存在的盈余之溢出本身、所有善之溢出本身"，所以说"有限的否定性应该从这善出发获得理解"。这又是什么意思？其实很简单，即有限或分离的限制，是在承认他者即盈余的意义上而言的，而不是就有限或分离自身之不足，或被他者捆绑、威胁而言的。在这个意义上，社会关系不在于重建存在整体。"相对于一的至福而言，相对它的那种否定或吸收他者从而一无所遇的著名自由而言，分离所开辟的冒险绝对是闻所未闻的。一种超出存在之外、超出于一的至福之外的善——就是它宣布了一种严格的创造概念，这种创造既不会是对一的否定和限制，也不会是从一中的流溢。外在性不是否定，而是优越。"（页284）这里的"优越"一词，其实也是对上述"素朴幸福"之来源的一种解释。

四、创　造

上一小节谈到超出存在之外的善，它宣布了一种严格的创造概念，这一节就专门来处理创造这个话题。

关于创造，我们最容易想到的可能就是创世神话，列氏首先谈到的就是神学的创世观。但很明显，这恰恰是他无法接受的一种创造观："神学粗鲁地用存在论的语言来处理上帝与受造物之关系的观念。它预设了与存在相符的总体在逻辑上的优先性。""粗鲁"一词表达了列氏对于神学创世观的不客气的评价，而第二句话则非常清楚地解释了原因。只要总体优先，超越就无从谈起，而创造也同样无从谈起："但超越恰恰拒绝总体，它与一种会从外部包含它的观点格格不入……超越者，就是那不会被包含者。"如此，传统神学的创世观应该这样被改写："上帝从他的永恒中走出来以便创造世界"。这里的关键是，不能把永恒的上帝和他所创造的世界归入一个整体，因为上帝和他所创造的世界的关系就像列氏哲学意义上的无限和有限的关系，即他者与同一的关系。"然而这样一来，凭借着其先于我之创始的表示（signification），他人便与上帝相似。这种表示先于我之Sinngebung（意义给予）的创始活动。"这个类比很清晰，而且会让我们觉得将他人比作上帝这一说法并不夸张和突兀。

在列氏看来，肯定从无到有的创造，对于传统神学创世论那样的存在论哲学来说是一个威胁和质疑。为什么被威胁和质疑了呢？因为"永恒内存在着万物的预备性共同体（la communauté préable）"。这就是列氏为什么不能接受传统神学创世论，因为所谓"预备性共同体"就是一种预定，一种命运，如果说上帝创世的话，那么他所创的世界不过就是这个"预备性共同体"的落实而已，或者最多就是把亚里士多德所说的潜能演变为现实，根本谈不上什么无中生有的创造。创造的概念之所以非常重要，是因为"对于超越所预设之分离的绝对间隔来说，没有比创造一词更好的词汇能述说它了；在创造中，被肯定的不仅有存在者之间的亲属关系，而且有它们之间的根本异质性以及它们出自虚无的彼此外在性"（页 285）。在这里，"异质性"和"彼此外在性"是关键词，它是列氏面对面关系中所强调的那种特征。这种异质性和彼此外在性保证了对于相互限制的解除，从而也为创造提供了空间："在创造的情形中……自我的意志并不从他者的邻近中获得限制；他者作为超越者，并不限定自我的意志。诸我并不形成总体……我们从不知道在意志的自由游戏中是什么意志在暗中控制着游戏；我们不知道谁在和谁玩。但当面容呈现并要求正义的时候，便有一种原则穿透了所有这些晕眩和战栗。"难解的可能是最后一句话。那是一种什么样的原则呢？照我的理解，或许就是对于绝对他者的听从，视他人为上帝。

五、外在性与语言

头两段对全书意旨做清晰点题，即反对传统形而上学的全景式存在观。列氏讲拒绝总体，讲复多性，讲诸存在者在同一性中的和解的不可能性，瞄准的都是全景式存在观。

列氏指出："自柏拉图至海德格尔的哲学而言，全景式的实存和它的解蔽意味着存在的发生本身，因为，真理或解蔽既是存在——Seiendes（存在者）的 Sein（存在）——的作为或本质德能，同时也是真理最终会引导的人的任何行为的作为或本质德能。"（页286）这就是列氏不能接受全景式存在观的原因，这样一种全景式存在观的真理，其实就像黑格尔的绝对精神那样，一切存在者的自由意志不过都是其"狡计"的作为，也就是傀儡而已。

列氏更进一步指出这种全景式存在观更为隐蔽的实现途径，即现象学哲学："那种倾向于把意向性显示为对可见者和观念之瞄准的分析，则表明了这种作为存在的终极德能、作为存在者之存在的全景统治。"这句话需要好好琢磨一下。为什么意向性分析与全景统治有关？大家可以想象一幅文艺复兴时期的全景透视图，如果你把图中的灭点想象为意识，或许就可以理解这个问题了。或者简单一点讲，在现象学哲学的视野里，世界之存在不过是意识的显现，所以意识统领一切，这当然就意味着对存在者之存在的全景统治了。与此相对，列氏明确宣称："本书的论点之一就是，拒绝将意向行为-意向相关项（noèse-noème）的结构视为意向性的原始结构（这并不等于将意向性解释为一种逻辑关系或因果关系）。"那么意向性的原始结构应该是怎样的呢？其实就是社会关系，第二部分第一章第一节对此有详尽阐释。

第三段开头的这句话其实就是呼应意向性的原始结构的："事实上，存在的外在性并不意味着复多性之间是没有关联的。只是那联结这种复多性的关联并不填满分离的深渊，它证实这一分离。"上一段其实就已经谈到过这一点："总体的破裂，对存在的全景结构的揭发抗议——所涉及的是存在的实存本身，而非拒绝系统的诸存在者的组合（collocation）或配置。"这里的诸存在者的组合其实就是复多性的关联。构成复多性关联的诸存在者具有彼此之间的外在性和异质性，所以这种关联不会填充相互分离之间的裂缝或深渊。但它们靠什么而关联呢？"在这样的一种关联中，我们已认识到那只有在面对面中才产生出来的语言；并且在语言内我们也已认识到教导。"也就是说，是语言及其教导在诸存在者之间进行关联，并且让诸存在者相互之间摆脱"意向行为－意向相关项"的结构。

语言何以能做到这一点呢？在列氏看来，在对话中，那与我对话的他者不可能被我以适合我之内在尺度的方式所把握，因为"话语的外在性不会转化为内在性。无论如何，对话者都不能在一种内心中找到位置。他总是在外面"（页287）。这就是他者不可能成为现象学意义上的意识相关项的根本原因。由此，相互分离的诸存在者之间通过对话构成一种"没有关联的关联"："分离开的存在各'段'间的关联是一种面对面，一种不可还原的终极关系。""不可还原"一词是理解的关键，意思是说面对面的两端都不会被纳入某个总体，从而被还原为某个总体的部分。在这个意义上，对话者相互之间都不可能"把握"对方，因为"在思想刚刚把握住的对话者背后，一个对话者重又出现，就像在任何对确定性的否定之背后，仍有我思的确定性在"。这就是列氏说不能由作品逆推作者的根本原因。所以接下来列氏说了一句极其深刻的话："哲学从来都不是智慧，因为哲学刚刚含括的对话者又已经挣脱了它。"可以说，列氏这整本书的工作都是在反思和拒绝那种自以为把握了一切奥义的自负的智慧。

列氏强调反哲学的智慧之思，其实就是反西方思想中那股强大的知识论传统对外在性的吞没，相反，"话语的面对面恰恰不将主体系缚在客体上，它不同于那本质上是相即的主题化行为，因为任何概念都不能抓住外在性"。黑格尔的哲学堪称这个传统的顶峰。说到底，绝对精神不过是黑格尔脑子里的绝对精神，它笼罩一切，将所有事物一网打尽，不能忍受任何徘徊于精神之外的东西。这一点在现代哲学家萨特那里也可以看到，其哲理小说《厌恶》就是对这一倾向的神经质表达。"然而，外在性的超越难道只会见证一种未完成的思想，并会在总体内被克服？外在性必须要转化为内在性吗？这种外在性是恶的吗？"这一问可谓直击要害，堪称面向整个西方传统形而上学的灵魂之问。

对于传统形而上学来说，外在性意味着一种恶，一种消散或沉沦，它是对主体性或内在性的威胁和削弱，所以要想方设法消灭它，或是拯救它。列氏哲学要恢复的恰恰就是这个被视为恶的外在性的声誉。他说："如此一种外在性在他人中敞现，远离主题化。"（页 288）外在性如何在他人中敞现呢？在对话中。"在表达中，显示与被显示者合二为一，被显示者出席到它自己的显示之中，因而一直处于任何会从它那里扣留下来的形象之外，并在我们谈到某人作自我介绍（se présente）的意义上自我呈现（se présente）：这个人说出他的名字以便于称呼，尽管他总留在他的呈现的根源处。"这个表述会让我们联想到前面所讲列氏对于我们以作品接近作者的做法的质疑。在第二部分第五章第二节里有这样一句："作品的作者如果是从作品出发而被接近，他就将只是作为内容而被呈现出来。"也就是说，在对话中我们不可能将表达者（被显示者）主题化、对象化，因为他总处于其表达的内容之外，而"我们曾将外在存在者的这种呈现称为面容，这一存在者在我们的世界内找不到任何参照物"。找不到参照物就意味着我们无法将其纳入一个总体或系统，只能任其所是。

为什么在对话中我们无法将他人主题化、对象化？因为"言辞拒绝观看，因为说话者不只交出自身的某些形象，而且他还亲身呈现于他的言辞内，绝对外在于他会留下的任何形象"。但言辞究竟是如何做到这一点的呢？列氏认为："语言是因着表示而对 Sinngebung 的不断越出。这种在大小上超出了自我之尺度的在场（呈现）并没有被重新吸纳入我的观看。"也就是说，在对话里，如果说言辞是表达者的显示，那么表达者始终是在听者通过言辞所获取的意义之外显示，而且永远不与之相即，在这个意义上，"话语（le Discours）是与神的交谈（discours），而不是与平等者的交谈。形而上学就是这种与神之间的语言的本质，它通往高于存在之处"。

六、表达与形象

先反复申说一个已经表达过的意思：表达溢出了形象，形象只是内在于我的思想的东西，只是我从他人的表达中捕获的那一部分，而非他人表达的全部。"他人的在场（呈现）或表达，所有表示（含义）的根源，并不是像一种智性本质那样被沉思（观照），而是作为语言被听到，因此是从外部起作用。"（页 289）这句话里几乎含有一种对感官的优劣比较，即听觉优于视觉。这是很有意思的一个思想。从前面的很多表述里我们就已经看到，列氏对观看的方式颇多微词，几乎将其等同于传统形而上学的痼疾。事实上，观看和理性的关联的确是西方思想的传统，就算是现象学直观，也还是这个传统的延伸，所以列氏揪住观看不放并不奇怪。其实海德格尔批判西方的传统形而上学，同样曾经诉诸听觉的优越性，比如"出窍地倾听存在者的天命"一类的说法。其实我们还可以联系尼采的思想，他更倾向于酒神（音乐）而非日神（造型），同样显示出对听觉的青睐。在列氏看来，观看之所以不足，是因为"所有的直观都依据某种不能还原为直观的表示（含义）。表示（含义）来自比直观更遥远的地方，是唯一的远方来客"。"更遥远的地方"是什么地方？其实就是无限。

这里对听觉优于视觉的强调，真正的意旨在于强调表达的在场性。从前面的很多表述已经可以看出，列氏赋予表达的在场性以极其重要的意义。他对于我们从某人留下的作品去猜度或是逆推某人意志、思想的做法很不以为然，因为在他看来，作品一旦产生，那表达它的意志即已消隐，而作品则并不被意志认可为它想要表达的东西。所以，表达（以言辞而实现的面容的在场）的意义不同于一般的意义，由是，表达与劳动严格区分开来。劳动产生作品，匿名的作品，可以被货币购买的作品；语言（的表达）与之不同，"在这里，我出席到我的显示之中，那不可替换且时刻警觉的显示之中"。为什么需要时刻警觉？或许是因为那已被表达并为倾听者所捕获的东西只是一种形象，而表示者（被显示者）却很容易被基于这种形象的观看固化。所以列氏认为："劳动不是一种表达。在获得劳动成果的同时，我使生产它的邻人失去神圣性。"（页290）

列氏将对从作品出发理解人性的做法的批判上升到是否正义的高度。从作品出发被理解的人性，被他称为"可互换之人的人性，（是）交互关系的人性"。从前面的论述可知，列氏反对理解的交互性和平等性，而提出一种所谓"主体间性空间的弯曲"，也就是说视他人为上帝（参结语第二小节），唯有如此，理解才是正义的。正义是什么？"正义是一种说话的权利。"但如果我们把人类存在者只是把握为他的作品的总和时，我们实际上就剥夺了他的说话的权利。由此，"正义就在于使表达重新成为可能，在表达中，人以非相互性的方式表现为独一无二的"。但问题是，如何才能做到这一点呢？列氏认为只有诉诸宗教这一条途径了："或许就是在这里，宗教的视角得以打开。"这个问题在第三章第二节已经有过论述，在那里，列氏说道："在这种作为宗教意识的辩护与宽恕的可能性中，内在性趋向于与存在相符合；这种可能性面对着我向之说话的他人而敞开。"（页220）

七、反对关于中性之物的哲学

这一节表达清晰，且非常重要，其核心要义是对西方哲学中列氏所谓中性之物的批判。什么是中性之物？就是那种将存在者个体淹没或消解于其中的更大甚至是终极的神秘主体，通过这样的淹没或消解，存在的个体印记就被抹掉了，此即"中性"的含义。黑格尔的理性，海德格尔的存在者之存在，都是这类中性之物。在列氏看来，但凡沉浸于这样的中性之物，哲学就宣告终结了："关于中性之物的哲学，不管它的各种思想运动在其起源和影响上多么不同，它们都一致地宣布哲学终结。因为它们颂扬那种没有任何面容去命令的服从。"（页290）后一句话是关键，它点明了这一哲学观念的伦理指向。正是在这个意义上，列氏关于分离的存在者的哲学观念也获得其切实的伦理内涵："本书对享受之分离的坚持一直受这样的必要性的引导，即那种要将自我从处境中解放出来的必要性：哲学家们已经逐渐将自我融进处境中，就像在黑格尔的观念论中理性完全吞没掉主体一样。"这就很清楚了，对个体人格的绝对尊重乃是反中性之物哲学观的根本意旨。

有意思的是，列氏不仅在唯物论中洞悉到一种中性之物的核心观念，而且还将海氏后期哲学也归入这样的唯物论中："海德格尔的后期哲学就变成了这种耻辱的唯物论。它把存在的开启置于人在天地间的居住之中，置于对诸神的等待和人的陪伴之中，它把风景或'静物'升格为人的本原。"（页291）不得不说，这是非常犀利的洞见。在列氏看来，这样的哲学迷恋的都是"并非人言的逻各斯"；事实上，这也正是海氏"道

第四部分　超逾面容

315

说（Ereignis）"的含义。但与之相反，列氏斩钉截铁地指出："存在是在人与人之间的关联内上演，是欲望而不是需要在命令着行为。欲望——形而上学的、不是出于欠缺的渴望——对一个人（格）的欲望。"这一简明扼要的表达，也堪称理解列氏哲学的一把钥匙。

八、主体性

本节顺理成章地再次强调主体性的必要性。与此相关，对于存在外在性的确认乃是关键："外在性产生于它自己的真理中，产生于一种主体域中，其产生是为了分离的存在者。"注意这句话里的"主体域"不是就人而言的主体域，而是指外在性本身。理解的关键是，恰恰需要承认这样一个不可能与自己化合为整体的外在本身，作为人的所谓分离的存在者的主体性才得以可能。分离的存在者"是一种本质的自足，它在自我展开中"，就此而言，它拒绝语境化的考察。

接着看第二段："在形而上学的思想内，有限拥有无限观念；在这里，发生了根本的分离，同时也发生了与他者的关联——我们为这种形而上学的思想保留了意向性、对……意识这个术语。"这段话堪称对形而上学欲望的最为简明和最为精准的概括。"有限拥有无限观念"，这何以可能？但这恰恰就是形而上学欲望的本质。它之所以可能，关键就在于"在这里，发生了根本的分离"。这是什么意思呢？其实这一点在上一段里已经表达得很清楚了。谁和谁分离？当然就是有限的存在者和无限而绝对的他者之间的分离。唯有出现了这样的分离，那有限的存在者才会燃起对无限的绝对他者的欲望，因为这无限的绝对他者不在其同一性的把捉之内，所以除了欲望它，心向往之，不可能有其他的与之建立联系的方式。如是理解，我们也就知道为什么会有"同时也发生了与他者的关联"这样的表达了。

接下来需要重点的理解就是"意向性""意识"这两个词语。首先，列氏把有限对于无限的欲望仍然命名为一种意向性，但又强调这不是一般意义上的意向性："这种意向性是对于言辞的关注或者对面容的欢迎，是好客而不是主题化。"什么是一般意义上的意向性？就是这里所说的"主题化"。而欲望作为非一般意义上的意向性，则是"好客"和"欢迎"，其义是说欲望主体并不把与之关联的欲望对象纳入自身，而是始终与其保持既关联又分离的关系。其次，这句话也很关键："自身意识并不是我所具有的对他者的形而上学意识的一种辩证反驳。"这又是什么意思呢？关键在于理解"辩证反驳"这个说法。什么叫"辩证反驳"？只要讲辩证，就一定会讲统一，也就是说，辩证是关于统一的辩证，因此辩证反驳也是在承认统一这个前提下的反驳。明晓其义，我们就能理解为什么列氏会说自身意识并不是对形而上学意识的一种辩证反驳了：自身意识与形而上学意识是两种完全不同的意识，不在一个统一体内，否则也就不会有什么形而上学的欲望了。

如何理解分离的存在者的意向性也是一个很重要的问题。我们来看这句话："在任何对于自身的观看之前，自身意识以保持自己的方式实现自己；它作为身体植入自身之内，它把自己保持在其内在性中，保持在其家中。"要深刻地理解这句话的含义，需要回顾前面列氏关于分离的存在者身体地确立自身的阐述。分离的存在者身体地确立自身，意味着不能把分离的存在者分解为意识和对象这两个环节，然后再去解决二者如何连接或者化合的问题。"意识之与自身的关联尤其不是对于自身的表象。"这是因为在形成关于自身的表象之前，意识已经通过享受所实现的分离而得以成形，而在享受中是没有所谓与意识关联的表象的。"于是，自身意识从积极方面实现了分离，没有被还原为一种对它与之分离开的存在的否定。"这句话很重要，而理解的关键则在于"积极"二字。为什么说是积极的？因为分离的存在者是在享受中，也就是在与元素的融合中实现其分离的，所以它不是以否定外在的消极的方式获得其自身的存在的。这样的积极非常重要，"它恰恰因此而能够欢迎它与之分离的那个存在"。也就是说，这样的积极也是形而上学欲望的前提。

第三段继续讲分离的存在者，理解起来没什么难度，还是我们熟悉的那些说法，不过这些表述还是值得重温。"一个其本质被同一性穷尽了的存在者的内在的同一化，同一（le Même）的同一化，亦即个体化，不会损害某种被称为分离的关系的关系项。"（页291-292）这意思是说，在有限与无限的关联中，有限之个体化同一性不会危及无限。接下来一大段都在说明其不会危及其关联项即无限的原因："即它不是通过那种凭借其与大全的关系和其在系统中的位置以定义自身的方式置身于存在中，而是从自身出发置身于存在中。"（页292）这个说法很重要。试想一下我们一般意义上的存在，可以说无不是通过在某一系统中的定位被认知的。而列氏提醒我们，作为形而上学欲望之必不可少的一端的分离的存在者，它仅从自身出发，而不是从某个系统中的定位（就像 GPS 定位那样）出发，所以它才不会危及无限（虽然事实上它危及不到），或更准确地说，才不会错认无限，以一种同一性的惯性将之纳入自身。当然，列氏马上就做了重要的补充：分离"只有通过打开内在性的维度才能在存在内发生"。这也就是第九小节要谈论的问题。

九、主体性的维持——内在生活的现实和国家的现实——主体性的意义

这一节涉及一个重大的，也是列氏哲学不可回避的话题，即个人与国家的关系。从前述许多表达里可以看到，列氏着意论述的形而上学欲望需要以分离的存在者为其不可或缺的一端，而这个分离的存在者是"从自身出发置身于存在中"的，也就是说，虽然它有朝向绝对他者的欲望，但它本身拒绝任何组织、系统的收纳。然而，如果我们说国家毋庸置疑是一个系统和组织的话，那么列氏所言的分离的存在者似乎就和国家格格不入了。不过我们又相信列氏也不会走到否认人在国家中生存这一基本事实的极端地步。所以引人期待的是，他将如何处理二者之间的紧张关系呢？

我们来看列氏的表述："由于他人的面容让我们与第三者（le tiers）发生了关系，自我与他人的形而上学关联就悄悄进入我们这样的形式，并催生了国家、机构、法律这些普遍性之根源。"这句话有两个理解点。一个是从自我与他人的形而上学关系进入以"我们"为名的共在形式。这是"由于他人的面容让我们与第三者发生了关系"。这话怎么理解呢？在第三部

分第二章第六节"他人与诸他者"里有过关于这个问题的论述，在那里，列氏说道："在'我们之间'发生的任何事情都与所有人相关，那注视着我的面容置身于公共秩序的朗朗乾坤之中……"老实说，这不难理解，所以似乎用不着太多的解释了。

另一个是以"我们"为名的共在形式成为催生国家、机构、法律这些普遍性的根源。这意思其实是说，国家、机构、法律这些普遍性系统是为"我们"而在的，是"我们"的需求在先，而不是这些普遍性的系统在先。这个道理看起来似乎简单而寻常，不会有人反对，但列氏却认为有加以强调的必要。他所担心的是恰恰相反的情形，即那些本来只是为"我们"的需要提供服务的诸种普遍性系统，却反过来以真理的名义对"我们"进行压制。如列氏所言："但自治的政治在其自身内蕴含着专制。政治使那引起它的自我与他者变形，因为它根据普遍性的法则来审判自我与他者，因此就像（对自我与他者进行）缺席审判那样。"这里有一个关键词，即"缺席审判"。为什么在普遍性的法则下自我和他者就缺席了呢？

要搞清楚这个问题，需要回溯到第三部分第三章第五节"意愿的真理"。在那里，列氏虽然承认自由获得制度性保障的合理性，但又认为这种制度性的保障一方面没有使人摆脱自我主义的重负（即便它表现为对系统压制的抗议），另一方面又因为它的非人格性而显得过于冷酷，从而无法让人走向善良（在列氏这里指对他人的绝对崇奉）。这样便有了列氏的这番慷慨陈词："如何能够将这些普遍的、亦即可见的原则傲慢地与他者的面容对立起来，而同时不在这种非人格的正义的残酷面前退却！并且从此，如何可能不引入作为善良之唯一可能源泉的自我的主体性？"理顺了这个逻辑，我们就能理解列氏为个人与国家关系问题所提供的解答了："形而上学因此将我们带入了作为唯一性的自我的实现内，国家的作为应当在与这种实现的关联中得到定位和形塑。"也就是说，唯一的自我的实现乃国家作为的前提，而非相反。

但接下来关于自我唯一性的论述，列氏端出的还是那套我们非常熟悉的观点："自我的不可代替的唯一性以对立于国家的方式而维持着自己，它通过生育来实现自身。"（页293）富有讽刺意味的是，现实中有时发生的恰恰是相反的事情，即生育不是我们维持自我唯一性的途径，相反倒是国家利益诉求强加于个人身上的手段。姑且不论这点，我们先来看看列氏强调自我的唯一性的根本原因，以及如何由这个原因过渡到对生育的强调。列氏说："我们在坚持个人（le personnel）不可以还原为国家的普遍性时所求助的，并不是某些纯粹主体性的事件，这些事件会迷失在理性现实所嘲笑的内在性的沙堆里；我们所求助的是超越的向度和视角，这种超越的向度和视角与政治的向度和视角同样实在，甚至更真实，因为在超越中，自我性（ipséité）的申辩并没有消失。"这段表述是很重要的，它阐明了在列氏那里坚持自我唯一性之根本的价值诉求所在，即不是对于单纯主体的维护，也不在于强调基于自我主义的抗议——即便它是针对专制压迫的呼声——而是朝向一种超越的向度和视角。那么我们要搞清楚的就是：这个"超越"的含义究竟为何？其实这句话里已经给出答案了，就是"自我性的申辩"。申辩什么？为谁申辩？还是要回到"意愿的真理"一节进行理解。一方面，面对历史的审判，这种申辩是为那些沉默的他者进行的，但其前提是申辩者的自我唯一性必须得到绝对的维护；另一方面，如果要让这种申辩得到无限期的承诺，就必须期待一个无限时间中的申辩主体，为此，生育似乎就是必不可少的途径。

我认为也只有在这个意义上，列氏对于生育的执念才可以理解，也就是说，只有生命的延续才能在某种意义上让正义得到承诺。我们或者替那些被侮辱的和被损害的已经长眠于地下的兄弟姐妹讨回名义上的公道，或者自己作为那些被侮辱的和被损害的人的后代（列氏所谓"儿子"）直接为自己进行申辩。所以列氏讲："生育确保现时成为将来的前厅。它使得所谓内心的和只是主体的生活似乎躲避于其中的那种地下状态走向了存在。"或许这就是列氏所谓超越的历史内涵，而这样的超越对于列氏来说，必须以生育的不断延续所代表的无限时间来保障。其实在"意愿的真理"一节里列氏就表达过，真理要求一种无限时间作为终极条件，"这种时间既构成善良的条件，又构成面容的超越的条件"。

接下来的内容无非就是说真理判断面前的主体既不是为了进入一个总体，也不能被简单地还原为基于自我主义对总体化的抗议。这一观点前面已经阐释得比较清楚了，但接下来有些表述还需要好好理解。列氏说："生育及其打开的视角证明了分离的存在论特征。"这是什么意思呢？我认为就是朝向无限。但对于生育打开的无限时间的维度，列氏却也有特别的说明："但生育并不在一种主体的历史内重新焊接一个破碎总体的诸片段。生育打开一种无限的不连续的时间。"对于这个问题，在第四部分第四章和第七章都已经阐述得很清楚了，所以不再赘述。但也要提示一点，为什么要强调不连续性？其实道理很简单，因为要是没有这种不连续性，生育带来的不过就是同一的延续，就是总体化的继续统治罢了。要看到，上引的两句话实际上是有因果关系的。

接下来有个关键词，即"事实性"。列氏说：生育"将主体置于超逾事实性所预设且并不越过的可能性之处，并由此把主体从其事实性中解放出来；它通过允许主体成为一个他者，而从主体那里剥夺掉了命定性的最后踪迹"。这段话似乎是不难理解的，但其实也有值得剖析之处。主体如何从其事实性中解放出来？尤其如果一个人已经死亡，他还如何能摆脱他的命定性的轨迹？很多人根本就不相信过往的历史可以通过某种方式得到改变，像哲学家叔本华就是一个典型的例子，他反对黑格尔那种绝对精神的辩证法，认为已经产生的苦难就只能永远是苦难，不可能通过什么辩证法的运作而得到救赎。那么，我们可以说列氏也在这里玩弄辩证法吗？我知道如果我说是，那些列氏的崇拜者将会强烈地反对我。然而，如果我说不是，我又不能说服我自己。关于这一点，我在对第四部分"生育"一章的阐释里已经表达过我的看法了。

本从节最后一句话是形而上学欲望的简明表达："主体性的根本要求保存于爱欲之中——但在这种他异性中，自我性是仁慈的（优雅的，gracieuse），它卸下了自我主义的重负。""仁慈"一词是关键。何来仁慈？通俗一点讲，它是要求和占有的反面，也就是自我主义的反面。我们和他者关联，但并不对他提出要求，不奢望和他并入一个整体（无论是以我化他，还是以他化我），而是单纯地朝向他，欲望他，崇拜他。

十、超逾存在

超逾存在？这个说法听起来很奇怪，人无论如何都是存在的，怎么可能超逾存在呢？所以，这个"存在"必然有特别的含义。我认为这一小节暗中瞄准的还是海德格尔的以操心为特征的存在论，所谓超逾存在，其实是指超逾如此这般的操心的存在。

不过我们要注意列氏对超逾存在的论述思路。何以操心的存在论不可取？因为有比操心的存在更大的东西，或者说在伦理上更有价值的东西，又或者一言以蔽之，有超逾操心的存在之局限的东西，这就是外在性。列氏形而上学欲望的一个重要前提就是坚定的外在性信仰，以及对于分离的主体性的认知。为了达到外在性，就必须走出主题化或客体化，尤其不能将外在性归结为观照外物之心理或意识结构。列氏斩钉截铁地指出："坚固之物并不被归结为由观照它的观看所具有的冷静确立起来的结构，而是凭借它与它所穿过的时间的关系得到刻画的。客体的存在是持续，是对空乏时间的填充，不带任何对作为终结的死亡的慰藉。"（页293-294）这段话不难理解，但后一句耐人寻味，需要做些阐释。坚固之物在时间之流中长存，这跟对死亡的慰藉有何关联？其实答案就在这一问之中。那外在的坚固之物与我们的死亡有何关联呢？它是它，我是我，本来就没有关联，我们不能自作多情地将其主题化，以为可以寄寓点什么在它身上，这么做是非常幼稚的。如果认识到这一点，那么我们对外在性的认知以及由此而带来的存在感就完全不一样了："如果外在性并不在于作为主题呈现自己，而是在于被欲望，那么，欲望外在性的分离的存在者之实存就不再在于为存在操心。实存在一种与总体之持续不同的向度上具有意义，它能走到超逾存在之处。"（页294）所以，超逾存在的关键就是走出操心的存在并燃起对外在性（他者）的欲望。不过对于列氏来说，这种对他者的欲望需要从伦理上落实为"为他人而在的善良"，而不单纯是一种认知意义上的欲望。

十一、被授权的自由

第一段不难理解，核心观念是要讲自由与外在性的关系。或许就是第一句话有点难度，我们来看一下："语言以面容的在场（呈现，la présence）开始；外在性在如此这般的语言中的在场，并不是作为肯定而发生，后者的形式意义不会再有所发展。"前半句比较好理解，但也值得强调。对于列氏来说，语言的主要意义就在于呈现面容，而这个面容却绝不等同于已经说出的语言，已经说出的语言只是一个普遍性的东西，但面容不能被普遍性溶解。后半句说外在性在语言中的在场并不作为肯定而发生，所指的或许就是这个含义，包括说语言的形式意义不会再有所发展，也是就它诉诸普遍性而言，而普遍性则没有什么新意。

余下的部分都比较好理解了，接着看这一句："与面容的关系作为善良而发生。存在的外在性乃道德性本身。"这实际上把上一小节"超逾存在"的含义说得更简明清晰了，尤其是"存在的外在性乃道德性本身"，可谓明心见性之语。"自由，这一构建了自我、处于任意中的分离事件，同时也保持着与外在性的关系，这一外在性在道德上抵抗着存在内的任何居有活动和总体化活动。"这句话一方面再次解释了何为形而上学欲望的模式（也就是自由的任意的分离者与外在性的关系），另一方面也点明了形而上学欲望的伦理内涵，即对一切总体化行为的抵抗。

接下来反复阐述的都是这个意思，关键点是自由与外在性的关系。在列氏这里，自由必须诉诸与外在性的关联，否则就不可能成立。这就是下面这句话的含义："如果自由被置于这种与外在性的关系之外，那么在复多性内的任何关联都只会造成一个存在者被另一个存在者所掌有（la saisie）。"这或许与一般情况下我们对自由的理解不同——自由常常被理解为对关系的摆脱，但在列氏这里却恰恰相反。不过换个角度看，列氏的自由的确也在某种意义上是对关系的摆脱，具体来说，就是通过与外在性的关系而摆脱被一个总体所决定的处境。可能有人会说，这无非就是从一种关系进入另一种关系，有什么自由可言呢？要注意，在被总体所决定这种意义上的关系，跟与外在性的关系在性质上截然不同。与外在性的关系并不剥夺分离的存在者的自由，分离的存在者只是朝向外在性，与外在性虽有关联但保持自身的独立。与之相反，在一种被总体决定的关系中，一存在者要么被别的存在者吞并，要么与之携手进入一个囊括它们的整体，从而丧失自己的面容。

在列氏这里，知识和暴力都是总体性的表现。他说："知识或暴力在复多性内会显现为实现存在的事件。"这里的"存在"指的就是总体的存在，讲复多性会显现为实现存在的事件，意思是说所谓的复多性不过是总体实现自己的辩证环节，比如黑格尔的绝对精神就是这样一种总体的典型形态。列氏形而上学与这样一种总体化运作完全不同，如其所言："如果形而上学的运动所走向的是如其所是的超越者，那么超越就不是指对所是者（ce quiest）的居有，而是对它的敬重。真理是对存在的敬重，这便是形而上学真理的意义。"（页295）有意思的是，似乎这也是海德格尔后期哲学的取向，但列氏恐怕不会认同这一点。事实上，后期海德格尔的天地人神相互映射的思想也并没有真正摆脱人类中心主义的痕迹，因为那可能只不过是一种策略而非本体论意义上的转向。而眼下流行的所谓生态主义也不过如此，这种思想对自然的尊重主要不过是人类基于自身利害的考量而已。

第二段的核心观念是要讲，列氏形而上学并非一种非理性主义，更不是反对自由。上一段对知识和哲学的批判很容易让人把列氏形而上学视为一种非理性主义或反理性主义，因此列氏特别针对这一潜在的反驳做了一番辩护。他说："如果我们与以自由——作为存在的尺度——为首位的传统相反，质疑视觉在存在内的首要性，如果我们质疑人类的控制要伸展至逻各斯的层次这样一种要求——那么我们既没有（因此）远离理性主义，也没有（因此）远离自由的理想。"这段话怎么讲？大致意思是清楚的，也就是反对传统理性那种宰制一切的冲动，所以说质疑人类控制伸展至逻各斯的层次。但为什么还要"质疑视觉在存在内的首要性"呢？这需要回到第三部分第一章去寻找答案，在那里，列氏对观看和同一性的关系做了详尽的阐述，我们如果理解二者之间的关系，就不会对"质疑视觉在存在内的首要性"这一说法感到奇怪了。质疑视觉在存在内的首要性，就是质疑同一性的观看在存在内的首要性，关于这一点，我们应该早就领会了。然而还有一个问题：为什么反对理性宰制一切的冲动并没有远离理性主义以及自由的理想呢？

显然，列氏的理性是别样的理性，列氏的自由也是别样的自由。"理性和自由在我们看来乃是奠基在在先的存在结构中，这些存在结构的最初关连由形而上学的运动或敬重、正义——等同于真理——勾勒出来。"这里的关键词是"存在结构"和"形而上学"。列氏意义上的理性和自由奠基于一种别样的存在结构，它之所以别样，是因为它由一种别样的形而上学勾勒出来。基于这样一种别样的形而上学，列氏对自由有全新的理解。传统哲学把自由理解为一种摆脱束缚或突破局限的辩护，但在列氏这里，自由的任意性决定了它无需任何辩护。这里提到了两个重要的人物，即海德格尔和萨特，其哲学就是现代哲学自由观的典型表达，但其自由内涵却并没有什么新意，无论是海德格尔的"被抛"，还是萨特的"恶心"（也就是不能忍受外在性对其意识的入侵），蕴含的都不过是一种自我辩护意义上的自由观。用列氏的话来说就是，"对于自由来说，不会有比发现自身为有限这事更大的丑闻了"，其根由正在于"存在与那真正保持为外在性的事物是不相容的"。

所以，自由观的关键乃在于如何对待外在性。一种执着于摆脱束缚或突破局限的自由观，要么愤愤于外在性的重重阻碍，要么以知识或暴力的方式把外在性消灭掉。对此，列氏尖锐发问："他人的在场难道没有对自由的素朴的合法性提出疑问吗？自由难道没有作为一种对自身的羞愧而向它本身显现出来吗？在还原为自身之时，它不是一种僭越吗？"（页296）这一连串发问需要解释一下。其中素朴的合法性意义上的自由，指的就是上述所批判的那种以突破局限为取向的自由；对自身感到羞愧的自由应该就是列氏形而上学意义上的自由；还原为自身的那种自由，则是一种任意性的自由。第一种自由我们已经理解了，第二种自由接下来就会有阐释，那么第三种自由即还原为自身的自由是一种什么样的自由呢？列氏说："自由的非理性并不在于它的界限，而在于它的任意性的无限。自由必须为它自身辩护。当它还原为它本身时，它并不是在至上性中获得实现，而是在任意性中获得实现。"这究竟是什么意思呢？列氏为什么要讲这样一种自由呢？他的思路或许是这样的：自由为自己辩护，它可以以一种抗议的姿态拒绝外在性的限制，但这不可取；还有一条路径，就是以自身作为本体进行辩护（就像为艺术而艺术一样），但这条路径同样为列氏所否定，因为"自由无法由自由进行辩护"。那么怎样辩护才是合理的呢？列氏说："为存在给出理由或处于真理之中，这既非统握（理解，comprendre）也非掌握（se saisir de…），相反，是非排斥性地与他人相遇，亦即在正义内与他人相遇。"也就是说，诉诸正义（非排斥性地与他人相遇）才是自由的正确的辩护方式。这个正义意义上的自由，其实也就是上述第二种自由。

搞懂了列氏的自由观，第三段就不难理解了，无非就是说因为接纳了他人（所谓非排斥性地与其相遇），我们那股子不顾一切的自发性蛮劲就会在"不可谋杀"的道德诫令下收敛。在列氏这里，知识和暴力都是谋杀。

值得注意的是列氏由此提到了笛卡尔。笛卡尔一般被认为属于典型的理性主义传统，尤其是他的"我思故我在"所确立的主体性更被视为传统形而上学的基石之一。但我们应该还记得，列氏对笛卡尔有不同的理解，并因此而对他刮目相看。这是为什么呢？我们来看这句话："那对真理的自由依附，认识活动，那在笛卡尔看来确定性依附于某种清楚观念的自由意志，便寻求一种并不与这种清楚分明的观念本身之光辉相一致的理由。"关键在于后半句，即"寻求一种并不与这种清楚分明的观念本身之光辉相一致的理由"。这意思是说，对于笛卡尔来说，意志之自由不只意味着依附于某种清晰明证的观念，它还寻求一种自身之外的理由，而这个自身之外的理由不是其清晰明证的观念光辉可以照亮的。这其实就是列氏的形而上学诉求，同时也是其道德诉求（也就是外在性信仰），这样的诉求并不质疑那清晰明证的观念，但可以让它"最大限度地经受失败"。这里的"失败"是什么意思呢？在我看来，它不是那种憎恨有限的自由所招致的失败（比如萨特的"恶心"），而是因意识到外在性的真理而将自己置于"不可谋杀"诫令之下的道德羞愧。

羞愧源于他者对自我的质疑，由此产生列氏哲学意义上的自由，亦即对无限的欲望。列氏认为，对自由的道德辩护"并没有一个结果的身份，而是作为运动和生活实现自身，它的本质在于一个人对自己的自由提出无限的要求，在于对其自由的彻底不宽容"。这是一个富有意味的表达，其中"对其自由的彻底不宽容"是什么意思呢？其实就是对他者的无限欲望。基于这样一种意义上的自由会将自我置于被审判的处境："我在其中并不是孤独一人，而是受到审判。（这便是）最初的社会性：人与人的关联是在审判我的正义的严肃性中，而不是在为我开脱的爱之中。"（页296－297）"审判"这个词听起来很严重，我们在社会关系中处于被审判的境地，这一说法恐怕很难让大多数人接受。不过，这个"审判"不是常见的法庭审判，也不是一般意义上公共生活中的道德审判，而是"对于自身的无限要求"（页297）。要求什么呢？在面对面中欲望他者。这也就是列氏形而上学的伦理内涵，而对于列氏来说，"道德并不是哲学的一个分枝，而是第一哲学"。

十二、存在作为善良——自我——多元论——和平

本节的标题即是本节内容的关键词。

何谓"存在作为善良"？对此我们不应该感到难解了。"善良"的含义即为他人而在，这也是列氏形而上学欲望的根本含义。关键是理解无限的欲望与为他人而在之间的关系。简单说来就是，无限的欲望（在列氏这里以生育为前提）使主体走出同一性的囚笼，舍此便不可能为他人而在。

"然而，'为他人而在'并非是对陷入普遍之中的自我的否定。"这是要讲自我与为他人而在之间的关系。自我（分离的存在者）乃是为他人而在（形而上学欲望）的必不可少的前提，所以为他人而在并不否定自我。但为什么说"并非是对陷入普遍之中的自我的否定"呢？从上下文来看，列氏的本意是说为他人而在是一种面对面的关系，这种面对面的关系拒绝一个外在于关系的全景对关系两方的收纳；如果自我与他人的关系可以被一个笼罩他们的全体收纳的话，双方就在这样的收纳中同时遭到否定，亦即普遍性的否定，而面对面关系不是这样的否定。

要特别注意接下来的这道郑重声明："整个这部书都反对这样一种理解。面对面并不是共存的一种模态，甚至也不是一项所能拥有的关于另一项的知识（其本身是全景性的）的一种模态，而是存在的原初发生，关系项的所有可能组合都要回溯到存在的这一原初发生。"这是极其重要的表述。为什么强调"存在的原初发生"？这跟一般意义上作为所谓宇宙之初的浑沌有什么区别？区别很大。后者是没有人格的，而我们知道列氏对于非人格化的存在是极为警惕并坚决否定的。这便是强调面对面关系作为存在的原初发生的意义所在：其一，面对面的关系是一种人格间关系；其二，面对面的关系杜绝或封死了一种非人格化存在作为前提的可能性，并使得善良（为他人而在）得以可能。善良就是走出自我的同一性，向绝对他者无限开放，但前提是没有收纳自我和他者的全景。"善良乃在于前往这样一种地方：任何照亮一切、亦即全景性的思想都不会先行到此，善良就是前往其不知所往之处。作为在一种源始冒失中的绝对冒险，善良乃是超越本身。"（页298）这样一种关于善良的解释可能让人觉得非常新奇。我们当然都知道这是列氏哲学赋予"善良"一词的独特含义，而我想说的是，这也并非强制阐释，因为善良的本义就是为他者（人和物）着想，就像教养的含义就是走出自我中心一样。

总之，善良就是自我超越，是形而上学的欲望。这又意味着两个方面的否定：一是对孤独的自我主义抗议的否定，一是对非人格化理性的否定。"把存在视为欲望，就是同时排斥孤立主体的存在论和在历史内实现自己的非人格理性的存在论。"记住这两点，对列氏形而上学的理解就不会有太大的偏差。

这里需要对排斥孤立主体的存在论这一思想再做一点说明。排斥孤立主体的存在论将是一种什么样的存在论呢？其实就是善良和欲望，而列氏将不再称其为存在论。"存在论"在列氏这里似乎已经不是一个好词了，它意味着上述列氏形而上学要否定的两个方面。欲望和善良意味着主体在超越中掌握自己，"从内部掌握自己——把自己作为自我产生出来——乃是由那已经转向外部的同一种姿态掌握自己，这一姿态之转向外部乃是为了向外倾注（extra-verser），为了显示（manifester）——为了回应其所掌握者——为了表达"。注意"把自己作为自我产生出来"这个说法，这是理解的关键。这意思是说自我不是固存在那里的东西，而是被产生出来的。如何产生？"向外倾注（extra-verser）"。这一思想在享受产生分离的自我这一观念中就已经有所表达了，即自我本身就是在对元素的沉浸中产生的，它没有先验哲学（从笛卡尔、康德到胡塞尔）中主体的那种纯粹的内在性。享受中的自我向外倾注是其题中应有之义，而形而上学欲望则是更高一级的向外倾注，其途径是以语言为媒介的表达，因为"语言的本质则是善良，或者说，语言的本质是友爱和好客"。以语言建立的与他者的关系，是一种既分离又关联的关系："同一与他者在存在论上的分裂这一基本事实，乃是同一与他者的非排斥性的关联。"

存在作为善良的另一个关节点乃是多元论及与其相关的和平。"多元论在从自我出发而达于他者的善良之中实现出来"，而在列氏这里，不可能有一个笼罩自我与他者的全景，所以要特别强调，多元一定不是某一全体中的貌似多元，因为那样的多元终将为全体所整合。对此，列氏还有一个较为特别的说法："唯有在此善良中，那作为绝对他者的他者才可以产生出来，同时不存在这样的事情：一种对此运动的所谓侧视（une vue latérale）会拥有某种在这一运动中掌握某种真理的权利，这种真理要高于那在善良本身中发生的真理。"何谓"侧视"？结语第二小节"存在是外在性"中专门有过解释，即同一性的侧性横看。侧视也是一种整体性收纳，所以多元论跟它是格格不入的。不过另一方面，多元论拒绝整体性的收纳，却并不意味着多元各方就没有自己的统一方式，"多元性的统一是和平，而不是构成多元性之成分的融贯一致"（页299）。对于我们来说，这个说法似乎很容易理解，它不就是孔子所讲的"和而不同"吗？但在我看来，我们只能从字面上采用这个说法，因为孔子讲和而不同是就君子之交而言的，而所谓君子之交是说他们有共同的道德理想，并且这个道德理想对于他们而言是有列氏所说的那种普遍性约束力的。

接下来列氏把和平问题引向了他念兹在兹的生育主题："和平从一个自我出发得到设想，这个自我确保道德与现实的汇合，就是说，确保无限时间，后者通过生育而就是这个自我的时间。"在前面的分析里，我对列氏的生育思想多有不以为然甚至调侃之意，但在这里我想肯定其所内含的某种价值关怀，即那些被侮辱的与被损害的，遭受种种不公而长眠于地下的人们，只有在无限时间的长河里，其人格尊严才有被唤回的一丝可能。这便是列氏接下来这段话的含义："在真理于其中被陈述出来的审判面前，依然会有人格性的自我持留下来，此审判将从这个自我的外部到来；它不是来自某种非人格的理性，这理性用诡计欺骗人（格），并在他们的缺席中进行宣判。"

对于列氏来说，无限时间只有通过生育才能得到保证，而生育则在家庭中得到保障，因为家庭乃是"情欲的瞬间与父子关系的无限在其中结合为一的处境"。这个说法不难理解。我们当然可以非婚生育，但就通常的生育而言，还是家庭的方式最为可靠。而对于家庭的存在特性，列氏也有特别的界定："家庭不单是来源于一种对动物性的理性治理，也不单标志着通往国家之匿名普遍性的一个阶段。它在国家之外自我认同，尽管国家给它保留某种界线。"这个表述里关键的是家庭与国家的关系。显然，列氏拒绝以国家的名义对家庭进行整合，原因在于："作为人的时间源泉，家庭让主体性置身于审判之下的同时又保持说话。"这意思是说，家庭乃是主体之无限时间的诞生地，其不可遏止的超越性当然就与国家的匿名普遍性格格不入了。"在那生活于生育之无限时间内的主体的对立面，端坐着国家以其阳刚的德性所产生的孤立的和英雄式的存在者。"注意这里"阳刚的德性"这一表述，它与列氏形而上学那种好客的柔性截然对立（参第三章第三节）。"阳刚的德性所产生的孤立的英雄式的存在者"对于多数人而言可能都有一种难以抵御的感召力，但对于列氏来说却意味着同一性的自我欺瞒："这就好像它的主体性通过在一种连续的时间中返回自身而能够避免反对自身，就好像同一性本身在这种连续的时间内并不被确立为某种纠缠，就好像在那于千变万化中仍持续着的同一性之内，'烦闷，这一拥有不朽范围的忧愁无趣的果实'一直不曾胜出。"（页 299—300）这一表述颇富意味，关键词是"纠缠"和"烦闷"，在列氏眼里，同一性就是令人烦闷的自我纠缠，但可悲的是它并不自知。